普林斯頓大受歡迎的
佛學與現代心理學

令人神往的
靜坐開悟

羅伯・賴特 Robert Wright——著
宋宜真——譯　嚴瑋泓——審訂

Why Buddhism is True

The Science and Philosophy of Meditation and Enlightenment

作家：在你離去之前請告訴我。降生人世，最糟糕的是什麼？

艾格涅絲：僅僅這樣存在著。知道我的視線因雙眼而模糊，我的聽力因雙耳而發沉，我清明的思緒受困於晦暗混沌的腦子。請問你有看過腦子嗎？

作家：你是在告訴我，這就是我們的錯嗎？我們還能怎樣呢？

——奧古斯特·史特林堡的創作劇本《夢幻劇》，凱蘿·邱吉爾改編

導讀——用科學、常識的語言，表述佛法心智培育的智慧吧！

溫宗堃

做爲一名佛學思想研究者與正念的教學者，讀此書後我最想說的是，讓我們一起向作者學習，用科學的、常識的語言來表述佛法心智培育的智慧吧！

早期佛典曾將佛陀比喻爲一位生命的大醫王。如同良醫清楚知道疾病的症狀、原因、預後情況以及治療方法，佛陀也洞然明白生命的苦難、苦的原因、苦的熄滅，和導向苦滅的方法。佛教徒相信，佛陀爲人生苦難提供了精確的診斷並提出有效的應對。但何以能這麼說、如何說？爲什麼佛法是眞的？對許多人而言仍模糊不清。解答這個困惑，正是本書的宗旨。

在佛典中，這位出生在印度人間的佛陀，被描述爲擅於運用聽者能理解的語言，巧妙運用生活中可見材料，以類比、譬喻、故事講述祂所要表達的眞理。在二十一世紀人們普遍以科學爲信仰的時代，善巧運用科學常識來闡述佛法智慧，可以說是非常明智而有效的方式。本書作者便是嘗試從演化心理學等科學的角度，論述佛法傳統的「共同核心」對人生的診斷和藥方，根本上正確無誤。

從科學，找到理解的新角度

本書內容飽滿而富有深度，留待讀者自行發掘。我在此僅分享個人覺得被吸引的內容以及一點反思。

作者認爲，從演化心理學來說，物競天擇所設計出的人類腦袋，是爲了繁衍後代，而非認清事實眞相，本是讓人們受苦，而非享樂。大腦的功能之一便是製造幻覺以迷惑、誤導，甚至奴役我們，例如：自以爲自己是掌控者、ＣＥＯ，而這一切都是爲了延續後代。如此用演化心理學來說明人類心智的局限與生命的困境，這是現代的「格義佛教」，卻也是非常有創意，而且頗具說服力的詮釋進路。

作者運用演化心理學的「心智模組」來論述佛法「無我」的思想，也是非常新穎有趣的詮釋。這理論認爲人的內心有許多模組（靜坐時看到內心不由自主冒出的思緒，就知道模組有千百種）。模組行爲的啓動並非取決於某個CEO，而是取決於應付外在環境並有利物競天擇的運算法則，而這和感受密切相關。因此，改變其運用方式的重點，也在於我們如何面對、處理「感受」。

親身實踐，體會徹底的改變

如果作者只是在以心理學詮解佛法，而自己未曾實踐佛法的道路——「心智培育」，我對此書的興趣便會大減。讓人高興的是，作者自己也是內觀禪修的實踐者。書中提到作者自己本有注意力不足過動症，原是屬難以進入靜坐世界的那一類人。但二○○三年第一次參加七日內觀禪修的經驗徹底改變他。

他學會客觀地觀察身心的不舒服，疼痛不再如過往疼痛。他領悟到，既然疼痛的感受可以透過新的觀察方式而改變爲不那麼疼痛，那疼痛感受本身便是一種錯覺。如此，人所感知的現實，是否可能也是某種錯覺。持續多年的內觀／正念練習，讓作者本身有很好的體驗——「這表示你的生活較不易受到誤導人的或不具效益的感受所支配。」「能讓你與美更相融」。

作者對靜坐練習的了解並不膚淺，才能說出這樣的評論：「佛教的重點難道不在於面對痛苦更甚於逃避痛苦？並且藉由面對痛苦、不妥協地注視著痛苦，來摧毀痛苦嗎？」我也喜歡作者詼諧而認眞的描述他自身靜坐練習的體悟。尤其最後一章，作者列出他持續在日常生活中每日練習的五個原因，這鼓勵讀者將靜坐練習納為生活常態的作息。

作者在談及「開悟」的章節，也是令我頗爲欣賞的部分。他提到「最完整、最傳統佛教意義上的開悟，並不僅止於本書主要陳述的形而上向度。開悟還有明確的道德向度。」開悟並不是讓人爲所欲爲、無視道德，而是違反物競天擇，成爲一個消除物我限界，不再自私自利，更加符合道德的人。

充分理解，激發持續改善的動力

作者撰寫此書，除了想證成佛法爲眞，更重要的是他認爲佛陀的心智訓練能克服或瓦解「部落主義」——因爲宗教、種族、國族和意識型態，導致群體之間的爭辯以及公開衝突。如同許多倡導佛教禪修的西方人（像是將正念訓練帶入主流醫學界的正念減壓創始人，喬．卡巴金博士），作者雖然未談及佛法中看似形而上的「業」與「輪迴」的思想（這似是許多西方人難以吸收的佛教思想），但是，他們都相信，光憑佛教禪修和其所蘊含的哲學思想與倫理價值，便能逐步改變這個看似越來越分化對立的世界。

以科學證成和詮解佛法，固然有好處，但「科學」無法解釋的事，未必就是不存在、不合理。例如，作者不相信的「業」與「輪迴」。站在佛法內部的立場而言，現代科學本身畢竟有著「唯物」的傾向。我們也須留意這傾向可能無法正確解釋佛法的論述，甚至違反佛法的根本理念。舉例而言，把心識作用解釋爲純粹大腦活動的結果，就完全與佛法背道而馳。

最後，我想向所有的朋友推薦這本書，因爲這書中所闡述的西方心理學、佛法思想，或作者個人關於靜坐的理解與體驗，都可以引人深思，值得細細品味。我相信讀過這本書的朋友，都會對佛法和靜坐有更多的理解，並能進而找到開始嘗試、重新拾取，或持續深化個人靜坐練習的動力。

（本文作者為臺灣正念發展協會理事長、法鼓文理學院佛教學系助理教授、喬．卡巴金博士認證之正念減壓課程導師）

目錄 · Contents

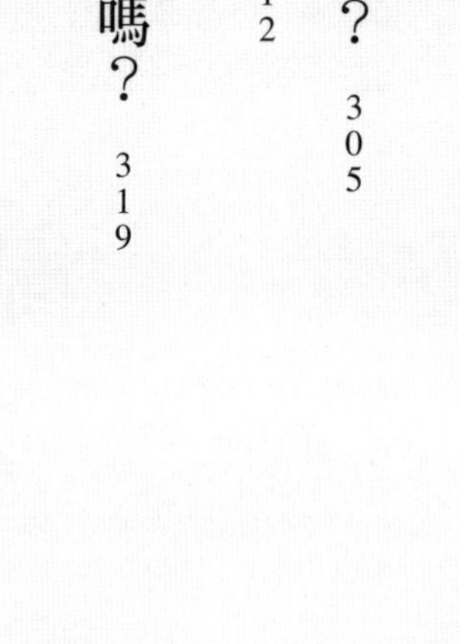

給讀者的話

我得在你開始閱讀本書前，先仔細交代一下我的寫作方向：

一、我要談論的並不包含佛教的「超自然」，或像是輪迴之類更奇異的形上學部分。本書中將探討自然的部分，那些確切落在現代心理學和哲學範疇之內的概念。也就是說，我會談談佛教中某些較爲凸出，甚至可說是基進的主張。而如果你認眞看待這些見解，或能革新看待自己和世界的觀點，這本書就是想讓你認眞看待佛教。

二、當然，我知道沒有所謂的「一種佛教」，有的只是擁護不同教義的各種佛教傳統。不過，這本書著重的是這些傳統的「共通核心」，也就是各大佛教派別都擁有的基本思想。各個派別重視的程度略有不同，也可能多少會採取不同形式。

三、在本書中，我不會去碰觸佛教心理學和哲學中細微的枝節。舉例來說，早期佛教之阿毘達摩早期文獻的結集就聲稱意識共有八十九種，其中十二種是不健康的。本書

絕不會評價這項主張。聽到這，你應該鬆了一口氣吧！

四、事實上，佛教要傳達的一項重要課題，就是去懷疑你的直覺，不要相信這個你一般用來感知世界眞理的方式。某些早期佛教著作甚至懷疑「眞相」是否存在。但其實，佛陀最著名的宣講中，就列出一般所謂的「四聖諦」（四項眞理）。所以，**「眞理」**這個詞在佛教思想中是有討論空間的。不論如何，我會努力以適度的謙遜和謹慎，去論證佛教針對人生困境提出的診斷，基本上是正確的。而佛教開出的處方，也是確實有效又極度重要的。

五、認定佛教核心思想，並不必然表示得要否定其他靈性或哲學傳統。佛教思想和其他智慧傳統，有時候會在理論上產生緊張關係，但多半都是和平共處的。達賴喇嘛就說過：「你從佛教習得的，不是要讓你成為更好的佛教徒，而是讓原本的你變得更好。」

01 選擇紅色藥丸

希望這問題不會過度誇大人類的處境：你看過《駭客任務》這部電影嗎？

事情從尼歐（基努．李維飾演）這個人開始，他發現自己一直活在夢中，而他過去所認爲的人生，其實只是經過精心設計的幻相。當他身處幻境時，眞正的身體其實是躺在棺木大小的培養槽中，而他對這一切毫不知情。事實上，有成千上萬個培養槽，裡面躺著各自身處幻境的人類。這些人類由機器人母體主宰，各個吸吮著夢境而得到安撫。

尼歐面對了一個選擇：要繼續活在幻相中？還是在眞實世界中覺醒？這一幕是電影中知名的「紅色藥丸」場景。反抗者進入尼歐的夢境與他接觸（嚴格來說，應該是反抗者的化身進入他的夢境）。反抗者的領袖墨菲斯（勞倫斯．費許朋飾演）對尼歐解釋了情況：「尼歐，你是奴隸，就跟其他人一樣。你們生來就受到奴役，被囚禁在無法品嘗、無法觀看、無法觸摸的心靈監獄裡。」這個監獄稱爲「母體」，但是墨菲斯無法對尼歐解釋母體究竟是什麼，要讓他有整體的概念，唯一的辦法就是「讓他親自去看看」。他拿出一紅一藍兩顆藥丸。尼歐可以選擇藍色藥丸，回到原來的狀態中繼續做夢；也可以選擇紅色藥丸，那他就能撕破假象進入眞實。

尼歐選擇了紅色藥丸。

這是個非常嚴峻的選擇：要活在幻相和奴役之中的人生？還是要活在洞察和自由之中的人生？不愧是好萊塢影片，把這項選擇呈現得十分戲劇化。然而，我們在眞實世界中遇到人生的重大選擇時，場景總是平凡許多，絕對沒有電影中這麼事關重大。但在電影上映後，許多人卻從中看到自己人生的縮影。

這裡所說的「許多人」，可能就是你口中的西方佛教徒。他們住在美國等西方國家，其中大多數並非從小就是佛教徒，但在某個時候接受了佛教。或者說，至少他們接受了**某個版本**的佛教，斷淨某些超自然的元素，如對輪迴以及諸多神明的信仰等。然而，這些元素卻是亞洲佛教常見的。這些西方佛教徒所著重的宗教修行：沉浸在佛教的哲學中靜坐。（譯注：meditation，「靜坐」是適合所有宗教的譯名，在漢傳佛教中則稱爲「禪修」。本書主要還是使用靜坐）這點，在亞洲佛教中比較常是僧人在遵行，而非一般信衆會在日常生活中實行的。（西方人對佛教的兩個最常見錯誤概念是：佛教無神，以及主要修行內容是靜坐。事實上，亞洲佛教徒大多相信神明，只是並非無所不能的創世之神，而一般信衆也不靜坐的。）

早在看到《駭客任務》之前，這些西方佛教徒就已經相信他們過去所認爲的世界只是一種錯覺。不是那種徹頭徹尾的幻覺，而是遭受嚴重變形的實相，並反過來扭曲他們對人生的追求，使得自己及周遭的人只能吞下惡果。

多虧了靜坐以及佛教哲學，現在他們覺得自己對事物看得更透澈了。對他們來說，《駭客任務》就像是他們所經歷的大衆版人生寓言。這部電影也因此成爲所謂的「佛法電影」。

「佛法」有好幾種意義，包括佛陀的教導，以及信徒回應這些教導所應該遵行的道路。在電影《駭客任務》之後，要表達「我追隨佛法」，便出現了這個新潮說法：「我選擇紅色藥丸。」

我在一九九九年《駭客任務》上映時，便看了這部電影。幾個月後，我發現自己跟這部電影有某種連結。導演華卓斯基兄弟爲了讓基努·李維飾演尼歐一角，讓他閱讀了三本書。其中一本，就是我在幾年前的著作《性·演化·達爾文：人是道德的動物？》

我不確定導演究竟在這本書和這部電影之間看到什麼連結，但我知道自己發現的關連。演化心理學可以用各種方式來描述，而我書中採用的方式是：研究由天擇所設計出的人類腦袋是如何誤導我們，甚至奴役我們。

別誤會我的意思。天擇有其好處，而我也寧願經由天擇被創造出來，而非從未透過演化而生——據我所知，這也是宇宙所提供的兩個選項。演化的產物，絕對不是**全然**關於奴役和錯覺的故事。演化過的腦，透過眾多方式讓我們得以自主，而且讓我們對眞實的觀點，基本上都是正確的。

不過，天擇關注的事情最終只有一項：讓基因能產生下一代。（或許要特別強調「關注」兩字，畢竟天擇是盲目的過程，沒有具備意識的設計者參與其中。）這些過去讓基因得以擴散的特徵，已經在世代個體中開枝散葉，至於無法達成的特徵，就如殘枝敗葉倒在路邊。通過這項考驗的特徵也包含心理特徵，成了內建在腦袋中的結構和運行法則，形塑出我們的日常經驗。

如果你問：「是哪些種類的知覺、思想和感覺能引領我們度過每日的生活？」就最基本的標準來說，答案至少不會是：「就是那些能夠正確描繪出實相的思想、感覺和知覺。」因爲就**「最最基本」**的標準來說，答案會是：「就是那些能夠讓我們祖先的基因傳播到下一代的思想、感覺和知覺。」嚴格來說，這些是否給予我們實相的眞實觀點，並不是重點。而且就結果來看，它們有時候也的確不是眞實的。因爲大腦有許多功能，其中一項就是用來迷惑我們。

並不是說這樣有什麼錯。有時候，我最快樂的時刻就是來自幻想。舉例來說，我相信自己每掉一顆牙，牙仙子就會造訪一次。但是，幻想也可能帶來不愉快的時刻。不只是那些事後回想起來，顯然如可怕噩夢般的想像時刻。我所指的，有時候你可能還不認爲是幻想。例如焦慮得徹夜難眠之時；或是連續幾天都感到絕望甚至沮喪之時；或是對人們湧出陣陣強烈的恨意之時，而這股恨意可能確實讓你在瞬間覺得暢快，卻會慢慢侵蝕你的人格；或是對自己出現陣陣強烈的恨意之時；或是感到貪婪，認爲自己非得要去購物、吃吃喝喝，遠超出你健康的人生所能供應之時。

焦慮、絕望、恨意、貪婪，這些感知都不是噩夢的那種幻想。但如果你仔細察驗，就會發現這些都含有幻想的元素，而沒有這些元素，你會過得更好。

而如果你認爲**自己**會因此過得更好，不妨試想一下**整個世界**會變得如何？畢竟，絕望、恨意、貪婪這類的感覺，都可以醞釀出戰爭和暴行。所以，如果我所說的爲眞，如果這些導致人類苦難和殘酷遭遇的基本源頭，在很大程度上來說是幻想的產物，那麼，揭露這些幻想就有其價值。

聽起來很合理吧？不過，就在我書寫關於演化心理學的著作後，沒多久我就發現一個重要問題：揭露幻想的價值，在於你用什麼方式去揭露。有時候，了解自我受苦的終極根源，本身價值並不會太大。

日常的幻想

讓我們看看一個簡單卻基本的例子：你吃了一些垃圾食物，感到短暫的滿足。但緊接著才過了幾分鐘，你就覺得自己對這些食物已無力招架，或許還渴望再吃更多。爲什麼這是說明日常幻想的好例子，理由有二：

第一，這闡明了我們的幻想可以有多麼隱微。當你相信自己是彌賽亞，或者外國特務正密謀暗殺你，那麼大吃一盒撒滿糖粉的甜甜圈，可說是毫無意義。本書將討論的許多幻想之源也是如此：這些都跟錯覺比較有關，而不是對「幻想」一詞更戲劇化的理解。也就是說，事情並不像眼睛所見的那樣。在本書最後，我也會主張，所有這些錯覺加總起來，將大幅度扭曲眞實，徹頭徹尾如幻想般失去方向。

垃圾食物適合說明日常幻想的第二個理由，是因爲這是佛陀教導的基礎。好吧，並不是如**字面般**的基礎，畢竟兩千五百年前佛陀說法時，今日這些垃圾食物並不存在。我的意思是，佛陀教導的基礎，就是人類整體的動力會受到感官愉悅的強大吸引，而這種歡愉最多也只是像風一樣瞬間即逝。佛陀要傳遞的主要訊息之一，就是我們所追求的愉悅會迅速消逝，讓我們只會渴望更多，耗費光陰去追尋下一個能滿足自己的事物：下一個撒滿糖粉的甜甜圈、下一次性交、下一次職務升遷，或下一次網購。但這些刺激總是會消逝，並讓我們想要更多。英國搖滾樂隊滾石樂團有句歌詞就是「我無法獲得滿足」，而依照佛教教義，這就是人類的狀態。

確實，佛陀斷言生命充滿痛苦。但有些學者認為，**「痛苦」**其實無法完整傳達出「苦」的涵義（梵語原文：**dukkha**，佛教第一聖諦）。就某些目的來說，「**dukkha**」還可以譯為「不滿足」。

那麼，追求甜甜圈、性愛、升遷或是網購，到底哪個部分是錯覺？不同的追求會連結到不同的錯覺，但目前我們可以專注於這些渴求的共同錯覺：高估其能帶來的快樂。

我要重申，幻想本身十分隱微。如果我問你，是否認為獲得升遷、下次考試拿A，或是再吃一個甜甜圈能帶給你永恆的至福？你一定會說「不」。但另一方面，我們卻常以偏頗的期待在追求這些事物。我們會花較多時間來預想升遷之後那種意氣風發的模樣，而不是升遷帶來的煩惱。或許這背後還有某種沒說出口的意義：一旦達成長期追求的目標、一旦抵達顚峰，我們就能夠放鬆下來，或至少認爲事情會持續變得更好。同樣地，當我們看到那裡擺了一塊甜甜圈，會立即想像這有多好吃，而不是想到吃了一塊之後，沒多久又會想再吃一塊，也不會想到因攝取大量糖分而產生的亢奮情緒退去之後，會感到些微疲倦或暴躁。

愉悅為何消逝？

爲何這類的扭曲會內建在人類的期望當中？

針對這個問題，不需要火箭科學家來解釋，演化生物學家就能解決。或是只要願意花點時間想想演化是如何運作的人，也都能勝任。

基本邏輯就是：人類是在天擇的「設計」下，去做特定事情，以幫助我們祖先把基因傳遞給下一代。這些事情包括：吃喝、性交、贏得他人尊敬，以及打敗競爭者。再次說明我把「設計」二字加上引號，是因爲天擇不是具有意識和智慧的設計者，只是無意識的過程。儘管如此，天擇確實創造出生物，彷彿這位有意識的設計者在手忙腳亂一陣之後，讓生物成爲有效的基因傳播者。

所以，做爲一種思想實驗，把天擇視爲「設計者」可說是十分合理。再把你自己放進這整個計畫中後追問：「如果你要設計出善於散播自身基因的生物，要如何讓他們奮力追求這些目標？」換句話說，假設有吃有喝、有性交、能傲視群倫又可以擊敗對手，才有助於我們的祖先散播基因，那麼你該如何設計他們的大腦，讓他們能追求這些目標？我認爲至少有三項設計的基本原則是合理的：

一、完成這些目標應要能帶來愉悅感，畢竟動物（包含人類）都想追求能帶來愉悅的事物。

二、愉悅不應永遠持續。畢竟，如果愉悅感沒有消退，我們就不會再去尋求；第一餐就會是最後一餐，因爲永遠不再感到飢餓。性交也是，只要做過一次，終生就沐浴在性愛歡騰的餘暉之下。如此一來，基因就無法大量繁殖到下一代了！

三、動物的大腦應該要更專注在「原則一」，遠勝於「原則二」。也就是愉悅會伴隨著目標達成而出現，並且很快就會隨之消散。畢竟，如果你專注在原則一，就會以純粹的喜好追求食物、性愛和社會地位這類事情。要是專注在原則二，那麼你一開始就會躊躇而矛盾。例如，你可能會問：「如果愉悅感這麼快就消散，而消散後只會讓你想要更多，那麼熱烈追求愉悅的意義何在？」接著，在你還沒想清楚怎麼回事前，就對生命充滿厭倦，並且希望自己主修哲學。

如果把這三項設計原則放在一起，你所得到的「人類困境合理解釋」，就跟佛陀診斷的一樣。「是的，」祂說，「愉悅感瞬間即逝，而且不斷讓我們感到不滿足。」原因是，愉悅感的消逝是天擇設計而出，唯有如此接踵而至的不滿足，才會讓我們追求更多愉悅感。畢竟，天擇「不希望」我們快樂，只「希望」我們有生產力，也就是**真的能生產**。而要我們具有生產力，就是讓我們能強烈期待愉悅感，但愉悅感本身卻無法非常持久。

多巴胺是一種神經傳遞物質，和愉悅感、期待歡愉感受的情緒有關。因此科學家可以在觀察多巴胺時，看到上述邏輯在生物化學上發揮功能。他們針對猴子進行一項開創性的研究：在猴子舌頭滴上香甜的果汁，同時監控會釋放出多巴胺的神經元。果然不出所料，當猴子舌頭一碰觸到果汁，就立即釋放出多巴胺。接著，再訓練到只要燈一開，猴子就會期待有果汁滴下。到後來，只要燈一開，神經元產生的多巴胺就越來越多，而當舌頭碰觸到果汁之後，產生的多巴胺就越來越少。

我們無法確切得知這些猴子有什麼感覺。但看來隨著時間過去，牠們**期望**甜味所帶來愉悅感越來越高，①但甜味真正帶來的愉悅感卻越降越低。若把這個推測轉換到人類日常處境的話，就是：

如果你初次嘗到某種讓你感到愉悅的事物——例如，假設你一輩子都沒吃過甜甜圈，這時有人遞給你一塊並要你嘗嘗。你咬了一口，甜甜圈的滋味滲入味蕾，接著你體內的多巴胺大爆發。然而，一旦你成了甜甜圈忠實主顧，那麼多巴胺釋出的高峰，就會變成是你熱切盯著甜甜圈、卻未真正咬下去的這段時間。此外，你這時咬下甜甜圈之後所釋放出的多巴胺，數量也會遠少於你的舌尖與甜甜圈初次相遇的瞬間。

咬下甜甜圈前所出現的多巴胺大爆發，就是讓你獲得更大喜樂的承諾；咬下甜甜圈後的多巴胺驟降，在某種意義上意味著承諾的落空，或至少這是在生物化學上承認之前

① 雖然多巴胺升高通常伴隨著愉悅，但許多研究人員現在相信，多巴胺不會引發愉悅感，而是會因為其他原因而伴隨著愉悅感出現，並且更直接牽涉到對愉悅感的期待和渴望，而不是愉悅的經驗本身。出於當前的目的，主要的問題在於，無論出於何種原因，多巴胺的下降可能反映了猴子習慣了果汁之後，獲得的愉悅感也逐漸降低（這種假設與人類常見的經驗一致，也就是當愉悅的刺激重複出現，獲得的愉悅感就會衰減）。由光線觸發的多巴胺增加可能反映了對愉悅的高度期待。事實上，根據目前的想法，多巴胺與主觀現象之間很可能不僅是具有相關性，而是有因果關係。

的過度承諾。你相信這個承諾（預期的愉悅感比吃到後獲得的愉悅感更大），就某種程度上來說就是遭到誤導，或是讓我用更激烈的說法——你被騙了。

這說來有點殘酷，但你對天擇能有什麼期待？它的工作就是要建造出能散播基因的機器。如果這部機器需要加入一些錯覺才能運作，那麼，裡頭就會有錯覺。

毫無幫助的「洞見」

因此，出現了一種能認清錯覺的科學之光，稱爲「達爾文之光」。從天擇的角度來看待事情，就能理解錯覺爲何會內建在我們的天性之中，而我們也更有理由將之認定成一種錯覺。不過，如果你的目標是要眞正讓你從錯覺之中釋放，這道光的價值就很有限（這也是我要稍微離題的主因）。

不相信嗎？試試這個簡單的實驗：

步驟一：反思這個事實：我們對甜甜圈等甜食的欲望是一種錯覺，這種欲望隱約承諾我們持久的愉悅感，而不是屈從於它將導致的結果，但欲望同時卻又蒙蔽可能隨之而來的失望。

步驟二：在你反思「面前十五公分處有塊撒滿糖粉的甜甜圈」這項事實的同時，如果你跟我一樣，就不會感覺到自己對甜甜圈的欲望神奇地減弱了。

這就是我栽入演化心理學之後所發現的事實：知道關於自身處境的眞相（至少是演化心理學所能提供的眞相），未必能幫你過得更好。事實上，還可能過得更糟。因爲你仍然困在人類自然的週期中：追求愉悅感，然後發現終究歸於徒勞——心理學家有時稱之爲「快樂水車」。但現在，你有新的理由可以看穿這一切的荒謬。換句話說，現在你知道這是一部刻意設計成讓你不斷踩踏的水車，無法眞正帶你到任何地方。即便如此，你仍不斷踩個不停！

糖粉甜甜圈只是冰山一角。眞相是，覺察到人類對於飲食缺乏自制力的背後，還有個達爾文式的運作邏輯，好像也不是那麼令人不舒服。事實上，你可能還會覺得這個邏輯提供了一個讓你感到欣慰的藉口：要對抗大自然實在太辛苦了，是吧？但演化心理學也讓我更加窺見到錯覺如何形塑人類其他行爲。例如我對待他人的方式，以及我對待自己的方式（在各種意義上）。在這些領域裡，達爾文式的自我意識，有時還眞讓人非常不舒服。

藏傳佛教的禪修大師明就仁波切說：「快樂的追尋，到最後其實只剩下兩種選擇：你可以選擇『覺察煩惱時產生的不安』，或選擇『被煩惱掌控的不安』。」（譯注：採用《世界上最快樂的人》江翰雯、德噶翻譯小組譯文）他的意思是，如果某部分的心智會阻撓你了解何謂真正的快樂，而你想把自己從這些心智中釋放出來，首先必須「覺察到這些心智」，而這可能會讓你感到不愉悅。

好吧，那就這樣。這是一種痛苦的自我意識形式，但值得付出，因爲最終能引導我們獲得深刻的快樂。不過，我從演化心理學獲得的，卻是最糟糕的版本：既有痛苦的自我意識，又無法獲致深刻的快樂。也就是同時擁有窺見煩惱時產生的心慌意亂，也擁有被煩惱掌控的六神無主。

耶穌說：「我就是道路、眞理、生命。」在演化生理學的幫助下，我覺得自己已經尋獲了眞理。不過，很顯然我還沒找到道路。這足以讓我對耶穌說的另一句話感到好奇：「眞理必叫你們得以自由。」我覺得自己已經知曉人類天性的基本眞理，也從未如此清楚了解各種錯覺如何禁錮著我。但是，明白這項眞理並不等於得到可以逃出生天的通行證。

那麼，是否有另一個版本能讓我獲得自由的眞理？我不這麼認爲。至少，我不認爲在科學呈現的眞理之外，還有**其他**選項。

不管你喜不喜歡，我們就是在天擇的過程被創造出來的。但在我寫出《性．演化．達爾文》之後幾年，我確實開始好奇，是否有條道路能讓眞理**變得可操作**？也就是說，是否有條道路，能把關於人類天性和處境的科學眞理，轉換成某種形式，不但可拿來辨認並解釋那奴役我們的錯覺，甚至幫助我們從錯覺中掙脫而出？我開始好奇，過去聽說的西方佛教，是否就是這條道路？或許眾多佛陀教導跟現代心理科學所說的，基本上是同一件事。也或許在很大程度上，靜坐只是從不同的道路來領會眞理。而且，經由這條道路，確實能夠對這些事實提供一些幫助。

所以，二〇〇三年八月，我前往麻州的鄉間，參加人生首次的禪修營。整整一個禮拜都在靜坐，遠離所有令人分神的事物，諸如電子郵件、外在世界的新聞以及與人說話等。

關於正念的眞理

如果你懷疑「靜修」（retreat）是否眞能帶來任何劇烈或深刻的改變，這是可以原諒的。大體上來說，靜修屬於「正念靜坐」（mindfulness meditation）的傳統，這種靜坐在西方也開始出現，且在隨後數年成了主流。就如一般所述，正念靜坐要培養的就是「正念」，而這並沒有那麼深或是那麼怪異。以正念度日，就是要專注，留心眼前此刻發生的事情，並以清楚、直接的方式來體驗，不被各式混亂的心智所遮蔽。停下腳步，聞一下玫瑰的香氣。

目前爲止，這仍是對正念的正確描述，但還不夠。一般所認爲的「專注」，只是正念的開端。

但就某方面而言，這也是引入歧途的開端。如果你鑽研古代佛教著作，不會找到要人們停下腳步聞聞花香的諸般勸戒，即使你專注在與「sati」（正念的巴利文原文）有關的主題亦然。確實，有時看來這些著作傳遞著非常不一樣的訊息。像是以《大念處經》爲基礎所做的《四念處》，這本古老的佛教文本（最接近的概念就是正念聖經）就提醒了我們，身體有「種種不淨充滿其中」，並引導我們對諸如「髮、髦、爪、齒、粗細薄膚、皮、肉、筋、骨、心、腎、肝、肺、大腸、小腸、脾、胃、摶糞、腦及腦根、淚、汗、涕、唾、膿、血、肪、髓、涎、膽、小便」這類的身體成分進行沉思靜坐。它還呼喚我們想像自己的屍體「已死一日、二日或三日，變成腫脹、瘀黑且潰爛」。

我不知道是否有任何書名爲《停下腳步，聞聞糞便》的正念靜坐暢銷書，也沒聽過有靜坐大師建議人們針對自己的膽、痰、膿，或是自己終究會成爲的腐爛屍體沉思靜坐。古代的靜坐傳統，在今日呈現出的是篩選過的樣貌，有些甚至是精心修飾過的。

這裡沒有什麼見不得人的事。經過篩選後所呈現出的現代版佛教，即便有時有點創新，也沒有什麼錯。所有靈性傳統都會演化、因時地制宜。而今日在歐美獲得信衆追隨的佛教，也是這種演化的產物。

就我們的目的來說，最主要的問題是：這種產出二十一世紀西方特有佛教的演化，並未嚴格連結起當前的靜修與古代思想。現代正念靜坐與古代正念靜坐並不完全相同，但是兩者擁有同樣的哲學基礎。如果你沿著背後的邏輯順藤摸瓜而上，會發現兩者都強烈主張：就隱喻上的意義來說，我們都住在母體中。不論現世的正念靜坐有時可能呈現的模樣爲何，如果以嚴格的方式來修行，你可能會看到墨菲斯說的紅色藥丸能讓你看到的東西。也就是——「讓你看看兔子洞究竟有多深」。

在第一次的禪修營中，我擁有頗爲強大的體驗，大到足以讓我想去一探兔子洞的深淺。我因此閱讀了更多佛教哲思作品、與佛教專家交談，然後進行更多靜坐，最後甚至養成每日靜坐的習慣。

我所經歷的這一切，讓我更清楚了解為何《駭客任務》會成為所謂的「佛法電影」。即便演化心理學已經讓我曉得人類天生就是受欺騙的，但事實證明，佛教繪製出一幅更加戲劇性的畫面。

在佛教徒眼中，「錯覺」以比我想像中更微妙也更具滲透力的方式觸擊人們的日常知覺及思想，而這些方法在我看來，是自有其道理的。換句話說，這種錯覺可以解釋成經由天擇設計之後的大腦自然產物。越是研究佛教，我就越覺得佛教基進；而我越是以現代心理學來檢驗，就越覺得佛教有道理；母體的眞實生活（也就是我們眞正身處的境遇），就更像電影中所描繪的那樣。或許沒有那麼離奇古怪，但深刻的欺騙以及終極的壓迫，還有人類亟需脫逃的處境，卻是若合符節。

好消息是：如果你想逃離母體，佛教的修行以及哲學能提供你有力的希望。提供解方的不止有佛教，其他靈性傳統也對人類困境提出洞見和智慧。但只有佛教的修行以及背後的哲學，能以如此坦率又廣泛的方式來面對這種處境。而一旦這種解方有了成效，帶來的不僅是快樂，還有澄明的視界：你掌握事物的實相，或至少掌握著的某些東西，遠比我們日常所見的更接近眞實。

近年來，有些人開始靜坐是為了治療。他們以正念的基礎進行靜坐，目的是為了減壓，或是解決某些特定的個人問題。但他們可能沒有想到，他們所從事的靜坐可以是深刻的靈性工程，甚至轉變他們的世界觀。他們完全不知道自己就站在選擇的門口，要不要踏進去，只有他自己能決定。

一如墨菲斯對尼歐所說：「我只能帶你到門口，你必須自己走過去。」這本書也希望能帶大家到門口，讓你們知道門後面大概有什麼，並以科學的觀點解釋何以門後所宣稱的事物，會比人們所熟悉的世界更加眞實。

02 關於靜坐的弔詭

或許我不該告訴你，我在首次靜坐所獲得的大成功，因爲靜坐**不應該有**所謂的成功與否。只要是好老師都會說，如果你以成功與否來談論靜坐，就誤解了何謂靜坐。

但我現在得先偏離這個正統看法。如果我不認爲人們可以藉由靜坐達成某些事情，我就不會鼓吹靜坐。如果人們無法達成這些事，那麼這就是失敗的靜坐（也就是成功靜坐的相反），對吧？

誠然，人們在靜坐時，最好不要擁有**想要成功的念頭**，因爲這會阻礙你成功。假定你確實獲得靜坐上的「成功」，可能因而提升到新的心境。而比起過往的心境，你會變得更不執著於對成功的追求、較不專注於獲致某種遙不可及的物質目標，而更能覺察當下。

總而言之，你可以在不追求成功的情況下，獲得最大成功。而靜坐成功，或許就意味著不那麼關切成功與否（至少指的是常規定義下的成功）。如果這聽起來太過弔詭，令你無法忍受，或許你現在就該闔起這本書，因為後面還會不斷提到佛教修行或是教導的弔詭。不過我也要說，現代物理學中也有弔詭的部分（例如電子同時是粒子也是波），而現代物理學仍運作得很好。所以或許你還會繼續讀下去。

總之，我會違反協定，說說我第一次靜坐「成功」的事蹟。但在這之前，我還要再違反另一項協定，談談我天生是個多麼糟糕的靜坐者。畢竟，在靜坐沒有所謂成功或失敗的鐵律之下，不該談論自己的靜坐功力有多糟糕，似乎是理所當然的推論。要是我認定靜坐還是有成功或失敗可言，那麼我可能也就不吝於談論我的失敗經驗。

接招了。

假設你以達成正念靜坐的難易度——坐下、聚焦於呼吸、緩緩沉浸到平靜的狀態、不動情感地觀察——來排列全世界的人，在光譜的一端，你會看到巴比．奈特。他是以脹紅暴怒臉龐聞名的大學籃球教練，有一次甚至還把椅子扔進球場。而在光譜的另一端，可能會是達賴喇嘛，或是已故的佛瑞德．羅傑斯（譯注：美國電視名人，也是音樂家、主持人、作家、製作人、牧師，以善良慈祥的形象呈現在觀眾面前）。我自己的位置，則會比較接近奈特那邊。我是沒有把椅子丟進球場過，不過我四歲時曾把雞腿扔到來家中用餐的客人身上，十二歲時則把球棒扔到姊夫身上。還好，我拿東西丟人的嗜好隨著年紀漸長而消逝，不過我潛藏的易怒個性並未完全消失。而易怒對於正念靜坐並沒有幫助。

再加上（或許也有些關連），我對其他人類的態度也會阻礙我修得慈悲（metta），而這是在進行某種靜坐時應該持有的心境。多年前我在《新共和國》雜誌工作，當時的編輯邁克爾．金斯利半開玩笑地說，我應該開個叫做〈厭世者〉的專欄。

事實上，這還太過簡化我的問題。我對人類本身並不抱持敵對態度，我甚至對人類還十分熱情，但我跟個別的人就是處不來。我常懷疑人們的動機和個性，而這種批判性的評價會加劇成為持久性的刻薄論斷。特別是對那些在我認為重要的道德或政治議題上和我意見相左的人，我的態度會格外強硬。一旦把這些人放置在批判的意識形態邊界另一端，我就無法以寬大和憐憫的心態對待他們。

更重要的是，我還有注意力不足過動症。即使對擁有正常專注力的人，靜坐都不是一件容易的事，而我連這點專注力都沒有。

如果說有條光譜，顯示出最有能力與最無法靜坐的人，其中有件事情會很有趣：那些最無法靜坐的，也是最需要從靜坐獲得助益的人！我個人認為，就算達賴喇嘛從未靜坐，他仍然會是很好相處的人。他可能天生就不是那種渾身帶刺，需要磨去稜角的人，佛瑞德．羅傑斯也是。而我和巴比．奈特，則同屬於另一種人。

這就帶到第二個弔詭之處：靜坐所能幫助你克服的問題，通常也是讓你最難進入靜坐的關卡。靜坐確實能幫助你延長專注的時間，緩和你的怒氣，並讓你比較不那麼愛批評你的人類同伴。不幸的是，短暫的專注力、暴躁的脾氣，以及好下論斷，都會阻礙靜坐的進展。這對我來說可不是什麼好消息。

靜坐的路上縱有諸般阻礙，仍然有其光明面。這讓我成爲很好的白老鼠，代替其他人成爲試驗品。畢竟，即使我在這個次第上的得分高於一般人，但多數人其實也還是遠高於平均值。隨著時代變遷，他們的得分也可能比過去還高。因爲娛樂科技已使注意力不足的情況更爲常見。此外，現代環境中還有某些因素，或是某些科技、文化、政治，或是以上總和的因素，觸發你對人做出苛刻的評論，並讓怒氣一觸即發。只要看看這些「部落主義」，因爲宗教、種族、國族和意識型態，導致群體爭辯及公開衝突就知道了。除此之外，似乎也有越來越多人開始藉由與其他族群的針鋒相對，來界定自己的身分認同。

我認爲這些部落主義是我們這個時代最大的問題，足以讓這千年來邁向全球整合的運動走上回頭路、撕裂因科技而凝聚的全球社會網絡。在世界仍受到核武威脅，而生物科技已經開啓生化武器這個潘朵拉的盒子之際，你可以想像，我們的「部落化衝動」正把我們推向眞正的黑暗時代。

或者，我也可能扯遠了。無論如何，我會爲你準備一場「地球正處於危急存亡之秋」的完整版激昂講道。但是你不需要跟我一樣，懷抱著世界末日般的恐懼，而認爲靜坐對這個世界會有所助益，可以幫助更多人克服好鬥的部落主義傾向。要是靜坐可以幫助**我**克服這種心理狀態、撲滅怒氣，讓我更平靜地思考自己的敵人（不論是眞正的對手還是假想的仇人），那麼，它也可以幫助任何人克服這些問題。就這點而言，我確實可做爲示範性的白老鼠。在我眼中，我自己可是人類最大問題的活範例。而在微觀的世界中，我就是這個世界的問題所在。

二〇〇三年八月，我在麻州鄉間參加禪修營，以萬般認眞的態度展開我的實驗鼠生涯。我認定靜坐十分値得探索，也知道隨意的實驗無法讓我這樣的人有什麼進展。

新兵訓練正要展開，因此我報名了內觀禪修學會的禪七，地點就坐落在巴爾鎭的愉悅街上，街名頗爲吉祥。我每天坐禪整整五個半小時，再行禪同樣長的時間。至於剩下的時間，扣除三餐（用餐期間禁語），再加上早上一小時的「禪修」（我是在空無一物的走廊上進行），以及傍晚聆聽一小時的「法語」，一天就差不多過完了。這樣很好，因爲如果你還有時間得耗，傳統的耗時間方式在這裡是行不通的。此處沒有電視、沒有網絡，沒有外界的一切訊息。你也不能帶書進來讀或是寫任何東西（我偷偷違反後面這項規定，才能把事情記錄下來。我當時並沒有打算寫這本書，但我是個作家，認爲所有發生的事情幾乎都有利於我的寫作）。當然了，也不能說話。

這個日常作息聽起來或許不那麼累人，畢竟除了禪修，其他事情都跟我們一般認定的工作毫無瓜葛，但剛開始前幾天還挺折磨人的。你有試過盤腿坐在蒲團上，並聚焦於自己的呼吸上嗎？這可不是在野餐，尤其當你像我一樣不善於聚焦在自己的呼吸時，更是如此。在靜坐的前幾日，我在整整四十五分鐘的課程中，甚至無法連續專注在自己的呼吸上達到十次。我之所以知道，是因爲我在計算！只要數到第三或第四次，我的心神就開始遊蕩，然後不知道自己數到哪裡了，屢試不爽。有時候其實是我仍在數數，但腦子已經想到別的事情，沒有以意識去感受呼吸。

每次發生這種事，我就會生自己的氣，而且在禪七的前幾天，我變得越來越生氣——而這對我並沒有幫助。接著，我的怒氣開始擴及到那些做得比我好的人身上，大概有八十人這麼多吧——也就是在場的所有人。想像一下，要與八十個做得比你好的人，待在一起一整週！那些人都「成功」了，而你卻「一敗塗地」。

我的重大突破

到了第五天早上，我終於有了重大突破。早餐之後，我喝了太多自己帶來的即溶咖啡，導致接著要開始靜坐時，出現咖啡因攝取過多的典型症狀：下顎緊繃到令我不適，覺得自己在咬牙切齒，不斷干擾我保持專注。與這種干擾搏鬥了一會兒，最後我索性放棄搏鬥，把注意力轉移到緊繃的下顎。或者，我並不是眞的「轉移」了注意力，而是「擴大」了注意力：我繼續意識到自己在呼吸，但是退讓到後方，讓惱人的下顎緊繃感移動到舞臺中央。

順帶一提，這種重新調整注意力的做法是完全沒有問題的。在典型的正念靜坐教導中，聚焦於呼吸的關鍵在於：並非只聚焦在呼吸，還要穩定心緒，讓它從一般所關注的事情中釋放出來。如此一來，你便可在清明、從容、緩和的方式中，觀察到當下發生的事情。而所謂「當下發生的事情」，當然也包括那個瞬間發生在你內心的事，那些從內部湧出的感受：悲傷、焦慮、煩惱、放鬆、喜悅等。而你試著要從不同於以往的觀點來經歷這些感受，既不緊抓著這些美好感受不放，也不逃離那些不好的感受，而是直接了當地去經歷、去觀察。這種視角的更動，將會徹底、持久地改變你和自身感受之間的關係。要是一切進行順利，你便可以不再成爲這些感受的俘虜。

攝取過量咖啡因，讓我的下顎緊繃不已。但當我把某些注意力投入其中，卻突然間能夠以前所未有的新視角看待自己內在的生命。我記得當時想的是：「是的，咬牙切齒的感覺還在。過去我會認定這是不愉快的感覺，但現在這感覺就位在我的下顎，只是我並不存在於我的下顎，我在這裡，在頭腦裡。」我不再跟這種感受攪和在一起。

我想可以這麼說：我正客觀地觀看這種感受。在那個空間、那個時刻，這種感受再也無法掌控我。這是非常奇怪的事情，我不太愉快，但這感受卻不再讓我感到不悅，又沒有眞正離開。

這裡又出現了弔詭之處（別說我沒警告過你！）。那是我首次擴大注意力的範圍，把那討厭又惱人的下顎緊繃感也一併涵蓋進去，但這也讓我卸下對於這感覺的抗拒。在某種意義上，我接受，甚至擁抱了過去一直拒斥的感覺。但是，更接近這種感受後，卻反而能與之保持某種距離，保持某種程度的超脫。（或是，由於某些技術上的原因，有些大師會喜歡用「不執著」一詞來描述這種狀態。）這些可能會在靜坐中不斷重複發生：接受，甚至擁抱不愉快的感受，能讓你與之保持必要的距離，因而縮減了這種不悅感。

事實上，當我感到非常悲傷時，偶爾也會這麼做（即使你從未靜坐過，也可以試試看）：坐下，閉上雙眼，然後研究我的悲傷：接受悲傷的出現，然後觀察它是如何讓我有此感受。例如，即使我可能還沒難過到眞正哭出來，但這感受確實強烈存在於眼睛周圍。一旦我眞的開始哭，悲傷的感受就會跟著湧出。之前還未這樣做時，我從未注意到這個現象。在我的經驗中，仔細觀察自己的悲傷，再加上某種程度的接納，確實能讓自己感到愉快一點。

現在，有個基本的重要問題：我所知覺到的感受，哪個「比較眞」？是不愉快？還是當它退去時，緊接著轉變成中性的感受？換句話說：起初的不愉快是錯覺嗎？當然了，我轉移觀點後，不愉快的感受便消失了，而能藉由改變觀點而驅散的事，通常就稱為「錯覺」。但除此之外，是否還有可以視之爲錯覺的其他理由？

這個問題遠大於我那超越了咖啡因攝取過量，以及陷入憂鬱的小插曲。原則上，這個問題也適用於所有負面的感受：恐懼、焦慮、厭惡、自厭等等。想像一下這種情況：所有人（或至少是多數人）的負面感受都是錯覺，而且還可以從某種特定觀點來觀照這些感受而加以驅除。

疼痛，卻不傷人

毫無疑問，靜坐訓練能讓某些人對原本無法承受的疼痛變得漠然。

一九六三年六月，越南僧人釋廣德公開抗議越南政府不公對待佛教徒。他以蓮花坐的姿勢，安坐在西貢街上。另一位僧人澆淋汽油在他身上，接著釋廣德說：「在我閉上雙眼去見佛祖之前，我懇求總統吳廷琰能以憐憫之心對待人民，並履行宗教平等的諾言，以保國家長治久安。」接著他點燃了火柴。

親眼見證整起事件的記者大衛．哈伯斯坦寫道：「在他燃燒的過程中，他沒有抽動過一塊肌肉，沒有發出一點喊叫，他本人出奇地鎮靜，和周圍哀號的民眾形成了鮮明的對比。」

現在，你或許會認爲釋廣德根本不是讓自己從錯覺中釋放出來，而是在錯覺中**受苦**。畢竟，事實是他最後把自己燒死了。所以，如果他缺乏一般被燒死時會有的強烈疼痛與適度觸動身體的危機警報，那麼是否表示在某種意義上，他沒有了解到疼痛的意義？

我不斷圍繞著一個重要問題打轉：我們「正常的」感受、想法和知覺，在某種意義上就是錯覺。這個問題之所以重要，原因有二。第一個原因很簡單也很實際：顯然，如果許多不愉快的感受（包括焦慮、恐懼、自厭、憂鬱等等）就某種程度而言都是錯覺，而且可以藉由靜坐來驅逐或減弱其對我們的掌控，這確實是可以善加運用的好消息。第二個原因乍看之下偏理論，但也具有實用的價值，即搞清楚自己的感受何時會誤導我們，將有助於闡明這些困惑：佛教對於心靈，以及心靈與現實的關係，有時是否就像聽來般瘋狂？人所感知到的現實（或是相當大部分的現實），眞的只是錯覺嗎？

這個問題把我們帶往佛教哲學的深處，因爲這是一般在描述靜坐時，不常探究的部分。想當然耳，這類描述多半會聚焦在短時間內見效的事情，如降低壓力、提升自尊等，而不會深入其形成及興盛的哲學脈絡。將靜坐視爲純粹的治療工具，這是完全沒有問題的。雖然無法深入改變你對現實世界的觀點，但是這對你仍然是好的，對世界應該也會是好的。

儘管如此，你若以這種方式使用靜坐，就不是選擇服用紅色藥丸。

「選擇紅色藥丸」，意味著去叩問關於感知者與被感知物之間的關係，並且檢驗我們以什麼來支援對現實的正常觀點。如果你正認眞思考要服用紅色藥丸，你也會好奇佛教對世界的觀點，是否不僅「有益健康」，更有哲學上的意義。

「佛教的觀點，以及關於什麼是眞、什麼是假等看似亂七八糟的概念，在現代科學的亮光下有任何意義嗎？」這是我在下一章會談到的問題，當然，這也是本書會不斷論及的部分。我們會看到，這個問題不僅在純粹的哲學層面上有其重要性，對於我們應該如何度日也有所暗示。但與其說它「療癒」，或許說它擁有「靈性上」的意義更為合適。

但容我先提醒一句。嚴格來說，並沒有「佛教的世界觀」這回事。佛教建立之後沒多久，就在大約公元前五世紀左右，分裂爲兩個詮釋不同的學派。最後，就像基督宗教有天主教和新教，伊斯蘭教有遜尼派和什葉派，佛教也因爲對教義抱持不同觀點，而出現分支。

佛教最根本分裂爲兩個部派，就是上座部佛教（又稱南傳佛教或小乘佛教）以及大乘佛教（又稱北傳佛教）。我的靜坐傳統內觀，就是來自上座部佛教。你可以在釋廣德隸屬的大乘佛教中，找到關於錯覺最廣泛的概念。某些大乘佛教徒甚至支持某種「唯識」教義，主張更爲極端的輪迴觀，把經由意識所「知覺」到的事物，都消弭爲想像出來的虛構事物。這個派別的佛教思想，顯然最能與電影《駭客任務》產生共鳴，卻不是大乘佛教中最大宗的派別。不過，即便是主流的佛教思想家都接受某種版本的「空」。

這是個很微妙的概念，很難只用幾個字來傳達（用很多字也一樣難表達）。不過至少我們所看到的世界，並非如表面上那樣具有鮮明又實質的存在。

此外，佛教還有個很著名的概念，就是「我」也是個錯覺。是的，那個「我」，就是「自我」。在這個觀點中，那個在思考的「你」、那個在感覺的「你」、那個在做決定的「你」，其實並不眞的存在。①

如果將兩種基本佛教觀放在一起，也就是無我以及空的概念，就會出現一個基進的觀點：你的內在世界和外在世界，都不是表面看起來的那樣。

多數人若不認爲這兩種觀念十分瘋狂，至少也會感到可疑。我再次強調，既然這兩個觀念的前提是：人們天生就會被迷惑，那麼就不該讓人們對世界的自然反應，阻礙我們探索世界。這本書花了不小的篇幅在探索這兩種觀念，而我希望能展現出這兩項都十

① 在大乘佛教中（基於種種原因，這部分我會在第十三章專章討論），「空」這個字通常涵蓋了「無我」這個概念。但在上座部佛教，「無我」基本上與「空」的所有廣泛概念分開處理（空的概念在上座部佛教則較不那麼顯著）。在這本書中，我在使用「無我」和「空」的概念時，意義不會重疊。本書中的「空」，會比大乘佛教所指更為狹義，純粹是指「那外在」的世界。

分合理。

我們對「那外在」的世界，及「這內在」的世界（也就是腦袋中的世界）會有的自然反應，深深誤導著我們。更重要的是，佛教主張，未能清楚看待這兩個世界，會讓人遭受莫大苦楚。而靜坐，可以幫助我們更清楚地觀看。

探索佛教世界觀的科學基礎，不是指靜坐可以減少受苦。如果你要的是這類證據，有許多容易取得且廣泛報導的相關研究。這裡的「科學基礎」，除了指人在靜坐以及改變對實相的觀點時，腦袋中所發生的事（我會提到一些更重要的腦部掃描研究）。還意指透過現代心理學提供的所有工具，探究如下問題：

人類爲什麼天生會受騙、受迷惑？這又是經由哪些特定方式達成？這些幻想實際上是如何運作的？幻想何以讓我們受苦？我們又是如何因此導致他人受苦？何以佛教驅逐幻想的解方會有用，特別是其中靜坐的部分？要讓這解方充分發揮作用，又意味著什麼？換句話說，靜坐之路難以達成的狀態（有時稱之爲覺知），眞的符合解方所承諾的結果嗎？以全然的澄明看待世界，又會是什麼樣子？

既然談到世界：那麼，要拯救世界，讓這個星球不因部落主義心態的蔓延而落入混亂和殺戮的處境，眞的只要淨化全世界人們的視界就好嗎？我不應該用「只要」這兩個字，因爲如果錯覺顯然深深鑲嵌於我們的內在，那麼要驅逐這種錯覺，必得耗費一番功夫。儘管如此，若能知道爲了永久的和平而奮戰，是否也同時是替眞理抗爭也不錯。只要我們承擔起拯救世界的艱鉅任務，那麼一箭雙鵰又何樂而不爲！另外，這樣想也很好：當人們追求著解脫之道（藉由靜坐，試著把世界看得更**透澈**，並在這過程中縮減自身所受的苦），也正廣泛地在幫助人類。對個人救贖的追尋，也因此躍升爲對群體救贖的探索。

要進行這項重大探究，第一步就是更仔細地查看我們的感受：疼痛、愉悅、恐懼、焦慮、愛、情欲等等。這些感受在形塑我們的知覺時，扮演了很重大的角色，甚至比多數人所理解的都還重要。但感受是可靠的嚮導嗎？

下一章，我們就要來探究這個問題。

03 感受何時會成爲錯覺？

在這個章名之上，還盤旋著更大的問題：這裡我們到底要討論什麼？錯覺就是某個東西看起來是眞的，但其實不是。甚至是，當我們說這些感受是「眞的」還是「假的」，又是什麼意思？感受就在那裡，如果我們感覺得到，那就是感受。是眞的感受，不是想像出來的感受。完畢。

關於這個觀點，還有些東西需要補充。事實上，佛教哲學的其中一個重要教導就是「感受」。如果我們接受感受的來去爲生活的一部分，而不把它們視爲具有深刻的意義來應對，我們通常會過得更好。學習接受感受的來去，是正念靜坐的重大部分。已經有許多獲得滿足的靜坐者證實，這是有功效的。

儘管如此，說這有效，不等於說這在智性上也是卓有成效的。你對某些感受的反應較小能讓你過得更快樂，不等於你對這個世界有更眞實的認識。或許這就像是痲醉劑，隔絕了真實世界透過感受給你的反饋，因而麻痺了你的疼痛。或許讓你進入夢想世界的是靜坐，而非你的正常意識。

如果我們想知道靜坐是否真能讓你更接近真相，探究這點能幫上你的忙：「若不是靜坐讓你從某些感受中解脫而出，那些感受是否就會把你帶離真相？」所以我們需要設法處理這個公認難對付的問題：「我們的感受在某種程度上是『假的』嗎？還是『真的』？還是有些是假有些是真？又，哪些是假哪些是真？」

要處理這些問題，其中一個方法就是回溯到演化時期，回溯到那遙遠的過去。回溯到人類首度出現感受的時刻。遺憾的是，無人知曉那一刻是何時，甚至不知大約是何時。要回溯到動物出現的時刻嗎？是哪種動物？爬蟲類？是漂浮在海面的黏稠物？還是細菌之類的單細胞生物？

之所以很難界定那個時刻，原因之一是人類的感受有項奇特的特性：你永遠無法絕對、斷然地確定，在你以外的其他人或其他事物擁有何種感受。感受的其中一部分定義就是，這是私密的、非外顯的。所以，例如我就無法確實知道，我的狗佛雷瑟是否擁有感受。也許搖搖尾巴就單純只是一個動作，沒有其他意義！

不過，一如我嚴正懷疑自己是唯一擁有感受的人類，我也嚴正質疑人類是唯一擁有感受的物種。我猜想，我的黑猩猩遠親看似受到痛苦時，牠就是真的很痛苦。而如果從生物行爲的複雜性下手，由高到低去探究，也就是從黑猩猩開始往下到狼、蜥蜴、水母，甚至到細菌（搞什麼！），我還眞不知道要從哪裡畫出**「以下生物無感受」**的界線。

總之，不論感受是何時首度浮現，行爲科學家大致能同意「好感受」和「壞感受」的原始功能，就是驅使生物去趨近那些對他們好的事物，以及避開那些對他們壞的事物。例如，養分能讓生物存活，因此天擇機制會偏愛那些能給予生物感受的基因，引導生物趨近含有養分的東西，也就是食物。（你可能對這種感受十分熟悉。）相反地，那些會傷害或殺死生物的東西，最好避開。因此天擇會給予生物傾向於避開這些事物的感受，也就是厭惡感。趨近或避開是最基本的行爲選項，而感受看來就是天擇讓生物做出（就天擇而言）正確抉擇的工具。

畢竟，一般動物不會聰明到能思考：「嗯，這個東西富含碳水化合物，可以給我能量，所以我要建立習慣去趨近它、攝取它。」事實上，一般動物甚至沒有聰明到能去想：「食物對我好，所以我要趨近它。」

感受因而成了這類思考的代表。在寒冷夜晚，營火釋放出的溫暖令人心動，意味著保持溫暖對我們而言比保持寒冷要有益。碰觸到火所引起的疼痛，意味著這對我們而言太熱了。諸如此類的感受就是傳達訊息給生物，告訴牠們哪些東西好、哪些又對牠們壞。一如生物學家喬治・羅梅斯在一八八四年（達爾文《物種源始》問世之後二十五年）所說的：「愉悅與疼痛必然是伴隨著生物演化過程而產生，由於生物在這個過程會獲益但也會受害，因此這些感受是爲了讓生物接近對其有益的，避開對其有害的。」

這提供了一個方向，讓我們思考感受是眞是假的問題。

感受是內建於生物體內的設計，讓我們**對周遭事物做出判斷**。通常，這些判斷是關於這些事物對生物的存活好壞（即使有時是關於對該生物的近親是好還是壞，特別是對其後代，畢竟近親與自己擁有這麼多相同的基因）。所以我們可以說，如果生物內建的判斷是正確的，也就是，如果那些驅使生物接近的事物對牠是好的，或是那些驅使生物避開的事物對其確實是壞的，那麼這些感受就是「眞的」。我們也可以說，如果感受導致生物踏入歧途，也就是生物追隨感受所獲得的事物對其是壞的，①那麼這感受就是「假的」或是「虛幻的」。

這並不是在生物學脈絡下唯一能定義**眞假**的方式，但這確實是其中一種手段。所以讓我們來看看，這個定義可以讓我們獲得多大的進展。

老調重彈

回到糖粉甜甜圈。對我個人而言，甜甜圈會帶來非常溫暖的感受，溫暖到如果我聽任感受的引導，早餐、午餐、晚餐以及點心都會吃甜甜圈。不過，我也確實被告知，每天吃下那麼多甜甜圈對我不好。所以，我猜想自己所感受到的糖粉甜甜圈吸引力，可說是假的：這些甜甜圈讓我**感覺**很好，但這是錯覺，因爲這些甜甜圈對我並不好。這當然

---

① 有些哲學家認為，感受其實永遠不會導致生物做任何事。這想法稱為「副現象論」（epiphenomenalism），也就是主觀經驗會受生物物理運作的影響，但從不去影響這些運作。如果副現象論的觀點是正確的，那麼我用來描述感受的原始功能，也就是讓生物趨近／避開對牠好／壞的事物，嚴格來說是不對的。（事實上，在副現象論的觀點中，感受的存在是種神祕的事物，因為它們沒有明顯的功能。）但即便如此，我們可以公允地說，不愉悅的感受會伴隨著使生物避開對牠們不利事物的行為，因此不愉悅的感受表明了，在天擇的「觀點」中，厭惡是恰當的。在這種意義上，感受的意義在副現象論的意識觀與在其他理論的意識觀，基本上是相同的。而且，順帶一提，如果副現象論的觀點是正確的，那麼行為科學家所說關於感受的大部分內容（也就是力陳或暗示感受具有功能性）嚴格來說並不準確。因此，嚴格來說，行為科學文獻應該充斥著免責聲明，就跟我在這邊所做的聲明一樣。但是，這些免責聲明並不是要從根本上破壞感受與行為隨附出現的分析。

是讓人難以接受的消息，讓人想起美國歌手路德·英格拉歌曲中的悲傷歌詞：「如果愛你是場錯誤，那我寧願犯錯。」

這倒讓我們懷疑：天擇怎麼會讓這種事情發生？感受難道不應該引導我們做出對自己好的事情嗎？確實應該如此，但問題在於：我們的感受是天擇在特定環境中所設計的，而這個環境裡沒有垃圾食物，能得到的最甜美食物就是水果。因此，嗜甜能為我們帶來好處，能給我們「眞的」感受，因為這些引領我們走向那些對我們好的事物。但在現代，以「零卡路里」烹飪科學為特色的環境中，這些感受就變成「假的」，或沒那麼眞實可靠。有時感受會告訴我們某些東西對我們是好的，但其實不然。

回到人類初次出現感受的時期，有些感受當初對我們祖先是有益的，現在卻未必對我們有好處。就拿「路怒症」來說，你會想對那些在車道上對你做出不當行為，或是對無禮駕駛的人飽以老拳，這是十分人性的表現。但你也得承認：即便被激怒是不愉快的，但是憤怒的感受本身，卻帶有幾分愉悅：你覺得自己在發出「正義的怒火」。而佛陀也說，憤怒乃「端蜜而根毒」。（編注：出自南傳佛教《相應部》，指憤怒帶著其有毒的根與甜蜜的頂端。其中「端蜜」指的是回報憤怒、回罵非難、回擊攻擊後所出現的歡樂之感，而「根毒」是指苦果）

你可以了解，為何天擇讓正義的怒火充滿吸引力：在小型的狩獵採集村落中，如果有人占了你便宜，諸如偷你的食物、竊取你的配偶，或是視你如糞土，你就該給他點教訓。畢竟，如果他學會藉由傷害你來得到自己想要的，就可能會一而再、再而三做出同樣的事。更糟的是，**周圍的人**也會看到你是可以欺負的，因而用同樣方式惡待你。在這種關係緊密又封閉的人際環境中，是值得你花點時間爲自己遭受的委屈大發雷霆。你會去對抗欺負自己的人，面對面來場激烈的搏鬥。即使打輸了，甚至被揍得很慘，你的對抗行爲仍在告訴周遭的人，你不是可以任意踐踏的，而這樣的訊息隨著時間過去，還會有加乘效果。

你或許已經在琢磨，這股正義的怒火在現代的高速公路上是否仍然有效。你很可能再也遇不到那個你想狠狠揍上一頓的惡駕駛、周遭會目睹你報復行爲的駕駛。因此，你盡情發洩怒氣可能帶來的所有益處，也可能都得不到。至於你要付出的代價……我猜想，比起在狩獵採集社會中跟對方互毆，以時速一三〇公里追逐另一輛車的致死機率會大得多。

所以，你可以說路怒這種症頭是「假的」。這讓你**感覺**不錯，但是這種良好的感受其實是錯覺。因爲一般而言，屈從於這種感覺的吸引力，會讓你做出對生物不利的舉動。

還有很多類似路怒這種感受的例子，而這些感受都是「假的」：暴怒的結果，最好的情況就是毫無益處，最糟的情況則是適得其反。所以，如果靜坐真的讓你從這些感受的束縛中解脫出來，在某種意義上，表示靜坐還可以驅逐錯覺。當你跟隨自己的感受，就隱含表示你同意的錯覺是「好的」；這錯覺還認定，由報復心所引發的憤怒基本上是「好的」。結果就是，這感受一點都不好，它甚至對你自己毫無助益。

所以，這是定義感受「眞」「假」的一個方式：如果感受是好的，但是導向的結果對我們並不眞的好，那這感受就是假的。

但是，還有另一種理解方式。畢竟，某些感受不止是感受。它們不僅僅可以從對生物的好壞來**判斷**，還伴隨了對於環境眞實而明確的信念，更與生物的福祉有所關連。很顯然地，這些信念的眞假可以頗直接了當地就此論定。

錯誤肯定

假設你知道自己要徒步旅行的路線，會穿越響尾蛇的地盤。而你之所以知道，是因爲僅在一年之前，有人曾獨自徒步到該區附近時被響尾蛇咬死。現在，假設你腳邊的樹叢出現一陣騷動。這股騷動不僅讓你湧出一股恐懼感，也讓你感覺到自己害怕響尾蛇就在腳邊。事實上，就在你迅速轉向腳邊騷動的樹叢、恐懼到達極點之時，你可能會清楚「預視」到一條響尾蛇。但結果其實只是一隻蜥蜴，但在那幾分之一秒的瞬間，牠看起來就像條蛇。這確實就是錯覺，你的確相信那裡有個並不存在的東西，而你也確實「看到」了。

這類錯誤知覺就是所謂的「錯誤肯定」。從天擇的觀點來看，這是一種特徵，而非缺陷。即使在你短暫認定中所看到的那條響尾蛇，一百次裡可能有九十九次都是錯的，但有可能那唯一的一次剛好救了你一命。在天擇的計算中，只要攸關生死，做對了那一%就能抵消其他九九%的錯誤，即便你會在那九十九次中受到短暫驚嚇。

因此，響尾蛇錯覺、甜甜圈，和路怒症錯覺之間，實際上有幾點差異：

一、響尾蛇錯覺是清楚明確的，這確實是對大自然的錯誤知覺及瞬間的錯誤信念。

二、響尾蛇的例子中，你的情感確實照著天擇的設計運作。換句話說，響尾蛇錯覺並不是「環境錯配」的結果。這跟天擇在狩獵採集環境中設計出的「眞」感受，到了現代環境中反成了「假」感受，是不一樣的情況。天擇反而是刻意把這個感受設計成錯覺，而且**幾乎適用**所有情況。這種感受讓你充滿信心，迅速判斷切身環境，讓你堅信這「非常可靠的假象」。這提醒我們，天擇的設計並不是要讓你的心智看清世界，而是擁有能守護自身基因的知覺和信念。

三、長期而言，響尾蛇錯覺或許對你是好的。

這項錯覺能讓你免於受到傷害，否則你很可能因此受傷。同樣的情況也會發生在其他類似的錯覺，所以你擁有的可能不是響尾蛇錯覺，而是與生活處境更相關的其他錯覺。或許當你走夜路回家時，會害怕身後的腳步聲是搶匪。即使你可能猜錯，但要是你一輩子都小心翼翼地過街，或許就能預防會發生在你身上的犯罪事件。

我擔心的是，這兩種錯覺的實際分界並沒有聽來這麼清楚明白。這聽起來或許就像是：有兩種假感受，一種是不自然的、「環境錯配」式的感受；另一種則是出於自然、「錯誤肯定」式的感受。前者你應該要永遠避開，後者的指示則可以合理遵從。但在眞實世界中，兩者之間的界線並不那麼清晰。

舉例來說：你是否曾經懼怕自己對某人說的話冒犯了對方，因此你一陣子都不想再看到這個人？之所以如此，是因爲你並不太認識對方。若要你打電話或是寄電子郵件確認她是否受到冒犯，或是澄清自己並無冒犯之意，會是件非常尷尬的事。

顧慮自己是否冒犯到對方的這種感受，本身是出於天性、是自然的。與人們保持良好關係，能大幅提高我們祖先生存和繁衍後代的機會。又或許，在某些例子中，即使你的感受強烈告訴自己冒犯了他人，但其實只是誇大了。然而，這可能也是出於天性、是自然的、是另一項錯誤肯定：自我的犯錯意識「被設計」得如此強大，讓你更常做出修補的舉動，以免哪次眞的冒犯他人。

但修補若變得很難，一切就**不怎麼自然**了。在狩獵採集村落中，你所擔心的冒犯對象可能就住在八十公尺之外的地方，所以只要大概二十分鐘就會再見到她。這時，可以從對方的舉止來評估，發現她並未遭到冒犯，消除了你的疑慮並就此放心；但也可能發現她確實有點惱怒，這時你就可以試著修復關係。

換句話說，即便最開始的感受是錯覺，或許也是出於自然的，是天擇刻意設計在這種情況下現身的。但是，現代社會中的特有情況，會讓人很難確認自己的感受是否為錯覺。在這種情況下，這種感受就不是自然的，也會持續更久，最後失去了任何實用價值。不幸的是，這並非愉快的感受。

環境錯配所產生的另一個不愉快產物，則是痛苦的自我意識。天擇把我們設計成留意（而且十分在乎）他人對我們的想法。在演化期間，那些受到喜愛、仰慕和尊重的人，能比那些不具上述特性的人更有效地繁殖基因。但是在狩獵採集村落中，你的鄰人可能早就對你的行爲模式瞭若指掌，所以你不太可能在某天做了某事，就徹底改變他們對你的想法，不管是變好或變壞。一般而言，人際互動在當時不會是高壓事件。

在現代社會，我們通常會身處不自然的處境中、遇到對我們所知甚少甚至一無所知的人。這種場合可能會產生些許壓力，而要是你的母親又說了一句：「這是讓人對你產生好印象的唯一機會！」那麼壓力可能就會上升很多。接著你可能會密切注意對方的回應，甚至開始胡思亂想。

一九八〇年代有個心理學實驗說明了這個問題。一位化妝師在受試者臉上畫了栩栩如生的傷疤，而受試者被告知此實驗是爲了要測試疤痕會如何影響人們的行爲反應。受試者必須去找人交談，實驗者則在旁觀察交談雙方的反應。受試者會先在鏡子上看到臉上的疤痕，但就在他們要去找人交談之前，工作人員告訴他們必須先補個妝、補上一些乳液，以防止疤痕妝裂開。但其實，工作人員會在此時抹去疤痕。接著，受試者開始與人交談，而腦袋中則縈繞著不知自己看起來是什麼模樣的念頭。

在完成交談任務之後，他們會聆聽觀察報告。觀察者會問，是否有注意到交談對象對他們臉上的傷疤有任何反應？很多人會回答，有的。他們甚至能在錄了交談狀況的影片上，指出對方的哪些行爲就是針對疤痕的反應。例如，有時候交談對象會看往他處，而這顯然就是把目光從臉上的疤痕移開。如此看來，這種不自在的自我意識感受，正是某種感知錯覺的來源，是對他人行爲的基本誤讀。

現代生活充滿了幾乎毫無道理的情緒反應，只能用人類在特定環境中演化的角度來理解這一切。譬如，你可能對自己數小時前在公車或飛機等公共場合做出的某些丟人現眼行爲，遲遲無法釋懷。但你這輩子可能再也見不到那些目睹事發經過的人，他們對你的評論也無足輕重。但天擇爲何會替生物設計出這種看似毫無意義的不自在感受？或許是因爲在我們祖先的環境中，這些感受是有意義的。在狩獵採集的社會裡，那些目睹你所作所爲的人們，會**不斷出現**在你的生活中，他們的評論因而就與你有關。

我母親曾說：「一旦了解其他人其實並沒那麼在乎我們，就不需要花這麼多時間去擔心別人怎麼看自己。」她說得對，我們以爲人們會對自己指指點點，但這種設想通常是錯覺。就如我們以爲他人對自己的想法很重要，其實也是錯覺。不過，這些直覺反應在我們演化的環境中，通常都是有其用處的，而這也是這些直覺至今仍如此適用的理由之一。

公開演說等令人害怕的事

如果說，有什麼事情比站在一群未曾謀面的人前讓你更感到不自在的話，那就是站在他們面前演講。光是想到這種場面，就能讓我們對未來出現種種嚇人的錯覺。假設你明天就要進行一場報告，有可能是一場非正式的投影簡報。現在再假設另一件事情：你跟我一樣，當時間步步逼近就會感到焦慮。更嚴重的是，這種焦慮的特點就是，你強烈確信情況會越變越糟，甚至可能開始預想特定的災難情節。但結果通常會顯示這種想像是錯的。事後回想，這種焦慮引爆的毀滅性信念，就是一種錯誤肯定。

當然，有可能就是因為焦慮，事情才會往好的方向發展。或許焦慮激勵了你，讓你準備出絕佳的簡報。如果是這樣，這種「簡報災難的錯誤肯定」就與「響尾蛇的錯誤肯定」不同。畢竟，你無時無刻都在擔心腳邊會出現響尾蛇，與牠是否真的出現並沒有任何關係。相反地，你對簡報的焦慮，卻有可能讓你不致毀了一場報告。

這只是有可能。我們仍要面對現實：儘管焦慮有時仍具成效，但很多時候人們的操煩卻毫無助益。有些人會想像在群眾面前演說時，自己出現噴射性嘔吐，並深深因這個擔憂而困擾，但其實這種情況從未出現。

很多人都知道，我在大型演說的前一晚會失眠，因爲我煩惱**「如果我現在睡不著，明天演講就會很慘」**。而這其實還過度簡化了問題。我煩惱的不僅是失眠，爲了讓煩惱的內容多樣化，我還會定期透過自我厭惡來中斷自己的煩惱，咒罵自己爲何會變成因這種煩惱而失眠的人。接著，在怒氣消退之後，我又繼續煩惱，讓自己因爲擔心睡不著，而導致眞的失眠。我要很自豪地說，這其實並不常發生在我公開演講的前一夜，但倒是確實發生過。而且要是有人說這是天擇爲了增加我「生存和繁衍後代」的機會，我絕不饒他。

還有許多與人際社交有關的焦慮：像是在參加雞尾酒會前出現恐懼感。但事實上，酒會上不太可能出現什麼值得害怕的事；或是你會擔心小孩第一次參加睡衣派對時，你鞭長莫及無力掌控；或是簡報結束後還擔心著結果，彷彿煩惱聽衆對這個簡報的喜好，就能影響他們的觀感。

我猜想，這三個例子至少都與人類演化之後，環境發生的改變有關。我們祖先身處的環境中，沒有雞尾酒會、睡衣派對，也沒有簡報。以狩獵和採集維生的祖先，並不需要在滿屋子陌生人的空間中走動，或是把孩子送到沒去過的別人家裡，更不需要對著一大群不熟悉的聽衆進行簡報。

順道一提，我們演化的天性以及現實環境之間的錯配，並不僅是當代的現象。數千年來，人類身處的社交環境都不是原來演化設計的處境。佛陀誕生在皇室，意味著祂所身處的社會，人口密集度遠高於狩獵採集部落。即便當時尚未發明電腦簡報，但證據顯示，當時人們已經會被叫到大批聽衆前講話，因此類似簡報災難的焦慮已經出現。在一次說法中，佛陀把「大衆威德畏」（害怕在衆人面前）列入「五怖畏」之中。時至今日，這仍是人們害怕事情的前五大。事實上，在某些民調中，公開演說甚至是最令人害怕的活動。

爲了把話說清楚，我得再次強調，這裡並非指社交焦慮完全不是天擇的產物。祖先的環境中（也就是我們演化的環境），有許多人際互動，而這些互動對我們的基因也產生莫大影響。如果你的社會地位低、朋友少，那麼你散播基因的機會就會減少。因此，讓人對你產生深刻印象至關重要，即便當時可以使用的工具並非電腦簡報。同樣地，如果你的子孫不擅長社交，也就預示他們生養後代的前景堪慮，你的基因也就難逃滅絕的厄運。因此，讓我們對於自身和後代社交處境感到焦慮的基因，就這樣成了人類基因庫的一員。

在這個意義下，我們的社交焦慮可說是「自然的」。只是這些焦慮設計用來應付的環境，與實際上所遭遇的大不相同，也得以解釋這些焦慮爲何經常只帶來毫無價值的錯覺，對實際狀況沒有助益。因此，我們會出現信念，像是近乎篤定災難迫近的這種想法，但這些不論在字面上或實質上都是錯誤的、假的，而且對我們不好。

如果你能接受大多棘手的感受或多或少都是錯覺，那麼，靜坐也可視爲驅逐錯覺的過程。

這裡就有個現成的例子。

二〇〇三年，在我首度參加禪修營之後幾個月，我來到緬因州的卡姆登鎮，要在「美國流行科技」年會上演講。演講前一晚，我在凌晨兩、三點醒來，伴隨我的是一陣焦慮。我就這樣醒著好幾分鐘，反覆思索自己這樣再三設想所造成的嚴重影響。最後，我決定坐在床上開始靜坐。我聚焦在呼吸好一會兒，但也把焦點放在焦慮本身，也就是我腸道的緊繃感。我試著遵照禪修營中教導我的，不帶判斷地觀看著這緊繃感。這種感受未必是壞事，也沒有理由逃避。這只是一種感受，所以我坐在那裡感受它、觀看它。這說不上是好的感受，但我越是接受它、不帶判斷地觀看它，它所帶來的不愉快就越少。

接著，事情就這樣發生了，跟我在禪修營咖啡因攝取過度後發生的突破性事件很像。

焦慮就像是從我身上移除的某種東西，由我的心智之眼凝視著，就像在博物館注視著抽象雕塑品那樣。那看起來就像一種密實的繩結，占據著我腹部的某個位置。我感覺到焦慮就盤據在那裡，但是不再那麼密實了。數分鐘前還讓我感到疼痛的焦慮，現在則是不好也不壞。就在焦慮感達到中性狀態之後沒多久，就全數消融了。經歷了從痛苦解脫的數分鐘愉快時光後，我躺下來就睡著了。第二天，我的演講——我要在此暫停幾秒，推高懸疑的氣氛——十分順利。

原則上，還可以從另一個角度來處理焦慮。你也可以研究那些跟焦慮有關的思緒，而非專注在感受本身。這也是認知行爲治療運作的方式。你的治療師會問：「從過去的簡報經歷來判斷，你這次搞砸的可能性有多高？」以及「如果你搞砸了這次簡報，你的職業生涯會就此戛然而止嗎？」接著，如果你發現自己的思緒缺乏邏輯，隨之而來焦慮感受可能就會減弱。

如此看來，認知行爲治療非常符合正念靜坐的精神。在某種程度上，兩者都會質疑感受的正確性。只不過，認知行爲治療所質疑的是更根本的問題。順道一提，如果你想結合這兩種方式，開創出全新的治療學派，那我得先報告一個壞消息：以正念靜坐爲基礎的認知行爲治療早就存在了。

幻想的層級：回顧

如果我說自己已經完成了我的工作，你應該會覺得有點受騙——不是被我騙，而是被你的感受所騙，而我甚至還沒提到這份感受對你所做出的最深沉、最微妙的欺瞞。我稍後會再提到這點。此時，先讓我們回顧一下感受會誤導我們的幾種意義：

一、**即使是在原先演化的「自然環境」中，我們的感受就不是爲了準確描述實相而設計的**。感受的設計，是爲了讓以狩獵採集爲生的祖先，能將基因傳遞給下一代。如果讓他們「看到」其實並不存在的響尾蛇並對此感到害怕，意味著欺瞞祖先們，那就這樣吧。這種等級的錯覺，也就是「自然的」錯覺，有助於解釋我們對世界的理解有諸多扭曲。尤其是在社交人際的世界：這錯覺扭曲了關於我們自己、朋友、親人、敵人、偶然熟識的人，甚至是對陌生人的想法。

二、**我們實際上並未置身於「自然環境」，這讓我們更加無法信賴自己的感受能引導我們趨近實相**。爲了製造錯覺所設計出的感受，例如看到實際上並不存在的響尾蛇，或許至少可以增加生物生存和繁殖的可能。但在現代環境中，這些具有演化意義、有利祖先生存的各種感受，卻會導致不良後果，可能只會降低生物存活的期望值，如暴怒及嗜甜都是好例子。這些感受都曾經是「眞的」，至少能引導生物做出多少對牠們有利的行爲，具有實用的意義。但現在，這些感受很可能只會誤導牠們。

三、**這一切的背後，都是幸福的幻想**。一如佛陀所強調，我們不斷嘗試要讓感受變得更好，往往只會高估「更好」能持續的時間。更重要的是，當「更好」結束了，隨之而來的就是變得「更壞」：如不安的感受、渴望更多。但是早在心理學家提出「快樂水車」的理論之前，佛陀早就洞悉這件事了。

祂沒能洞悉的是感受的根源。我們是由天擇一手打造，而天擇會極力擴充基因的繁衍，就這麼簡單。天擇不在乎實相本身，也不在乎永久的幸福。只要那個妄想可以驅動我們祖先的基因前進，天擇樂於迷惑我們。事實上，天擇甚至不在乎我們**暫時的**幸福。它只關注所有這些錯誤肯定所要付出的代價：連續九十九次受到響尾蛇的虛驚，對於人的心理健康會有所影響。

當然，好消息是在第一百次的驚嚇後，可能就保住了我們祖先的老命，我們才得以出現在人世。儘管如此，我們仍會產出錯誤肯定的後代，不僅是響尾蛇的那種錯誤肯定，還有其他種種恐懼以及日常焦慮。有認知行爲治療之父稱號的亞倫．貝克寫道：「後代得以續存的代價，有可能就是自己一輩子的不適。」或是如佛陀會說的，這是一生的苦。或許祂還會再加上一句：「但如果你能正面解決心理因素，這個代價是可避免的。」

當然，這章不是在全面抨擊人類的感受。我們的某些感受（或許是大多數感受）是能適切地幫助我們，不會大幅扭曲我們對實相的觀點，還能幫助我們活下來並繁衍後代。我會受到蘋果的吸引、會對手握刀片及成排摩天大樓反感，全都有好的目的。儘管如此，我希望你能了解讓感受接受檢查的好處：查驗看看哪些值得繼續遵從，哪些不值得盲從，然後讓自己從那些感受中解脫。

我希望你也能了解這爲何是困難的。就感受的本質而言，要從有害的部分裡辨別出有價值的片段、從誤導的部分中分辨出可靠的環節，是十分困難的。但所有感受的共同點就在它原初的「設計」，都是用來說服你遵從自己感受的指引。感受讓你覺得這當然就是正確而眞實的，並積極勸阻你客觀地查看。

也許這有助於解釋爲什麼我花了這麼久的時間，才掌握到正念靜坐的訣竅；爲什麼我得完全沉浸在靜坐之中，並且在禁語禪修營耗掉整整一週，才能讓靜坐「成功運作」。但這不是唯一的理由。在感受影響我們的方式之中，還有其他東西會讓我們難以扭轉劣勢、無法翻轉我們與感受之間的主僕關係。而心智運作的方式中，也有其他事物會讓心智難以在第一時間沉浸在靜坐狀態。確實，我得要到首度參加禪修營之後，才開始了解達到讓正念靜坐眞正發生作用的境地，有多麼困難，以及困難背後的原因。

我得再次強調，要付出努力才會有回報。此外，我直到在禪修營中才了解正念靜坐能夠給予的回報有多麼大。我擔心自己沒能完全呈現出靜坐的體驗，但是這份回報確實遠遠超出本章節所暗示的。

開始掌握一些更加棘手的感受是好事，而知道這些感受從某種意義上來說可能是「假的」，也能幫助你的話，那就更好了。但是，馴服棘手的感受可能只是第一步。正念靜坐還有其他向度，也有遠比了解「或許臣服於路怒並不怎麼好」更深刻、更微妙的洞見。

04 禪悅、入定，以及靜坐的更重要理由

嚴格來說，「禁語禪修營」是個誤稱。二〇〇三年夏天，我首次參加禪修營，在長達一週的時間裡，學生只有兩次機會能與老師講話。其中一次是在禪堂附近的內室之中，與八到九位「修行者」的團體討論。在那四十五分鐘裡，我們可以盡情拋出自己遇到的問題。

這樣很好，因爲我確實遇到了問題：**我無法靜坐！**當時我尚未獲得靜坐的重大突破，也就是還沒正視並超越自己咖啡因攝取過量的狀態。我所達成的，只有花費整整一天半的時間，聚焦在我的呼吸，然後不斷失敗。我一試再試，腦海中卻一直**想著**其他事物。

所以，輪到我發言的時候，我陳述了自己挫敗的成果，跟老師有了如下對話：

> 那你有注意到，你的心智一直在遊蕩嗎？

有

這樣很好

我的心智一直在遊蕩，這樣很好嗎？

不，我的意思是，你有注意到自己的心智一直在遊蕩，這樣很好。

但這幾乎是一直在發生。

這樣更好，這表示你一直有在注意著。

我的老師或許想藉此提振士氣，但成效不彰。我覺得這有點像在哄小孩，就像我女兒在學步期不時摔得很慘，我就會想方設法吐出一些鼓勵的話。她有可能在爬上三輪車的時候跌倒，這時候我就會說：「妳爬起來了！眞是了不起的大女孩！」但這種反應其實忽略了一件事：首先，大女孩在騎上三輪車的時候是不會跌倒的。

但我後來了解自己首次從老師獲得的那一丁點回饋，並不止是矯飾的鼓勵。老師說得對：當我頻繁注意到自己的心智在遊蕩之後，我突破了困局。在工作、日常生活中，每當我的心智遊蕩，我就會隨著它爬上山頂又盪至谷底，卻從未覺察自己這樣被牽著走。現在，我只會隨之遊蕩一會兒，然後就掙脫，至少是暫時掙脫。但這足以讓我了解到自己正被牽著走，而接著又會讓遊蕩的心智繼續牽著我走一段。

以聽起來較為科學的術語來說：我正開始觀察心理學家所謂的「預設模式網絡」運作情形。根據腦部掃描研究，當我們沒有進行特定的事情（沒有在跟人講話、沒有專注在工作或任務上、沒有在運動、沒有在閱讀、沒在看電影），此時大腦的預設模式網絡就會啓動。當我們的心智在遊蕩，就會伴隨著這套網絡一起閒遊。

至於心智會遊蕩至何處？答案顯然是：很多地方。但研究顯示，這些地方通常都是在過去或是未來。你有可能回想著最近發生的事情，或是遙遠卻記憶猶新的事情；你也有可能擔心著即將來到的事情，或是熱切期盼著即將降臨的事件。你有可能謀畫著如何攔阻某些迫近的危機，或是幻想著如何追求隔壁那位魅力十足的鄰居。當你的心智遊蕩，你通常**不會**做的事情，就是直接體驗當下。

從某個意義上來說，要平息你的預設模式網絡並不難，只要做一些需要專注的事情就好。玩填字遊戲，或是同時丟接三顆球。如果你能達到把這些事情內化為習慣的地步，那麼，你或許就不會去幻想著隔壁那位魅力十足的鄰居了。

難的是，當你並沒有在做什麼特別的事（閉目坐在靜坐室中），卻要你終止預設模式網絡的運作。這就是為何你要試著把注意力集中在呼吸上：你的心智需要專注在某些事物上，才能擺脫習慣性的遊蕩。

但即使有聚焦於呼吸的幫忙，你還是會發現自己的處境就跟我在禪修營前半段一樣：不斷地、經常地、無助地從經驗模式網絡飄移到預設模式網絡。每當你發現自己被帶往他處，就忍不住感到挫折、憤怒，或是陷入自我厭惡（我個人最愛）。不過，標準的指引是不要浪費時間在這上面，而是去注意你的心智正在遊蕩，甚至去注意目前遊蕩到何處（恐懼工作、期盼午餐、悔恨自己揮出了一記壞球），接著再回到你的呼吸上。我的老師無疑就是在鼓勵我試著這麼做，爲我那瀰散開的注意力勾勒出一絲希望。

原來，這是個很棒的導引。藉由打斷預設模式網絡的運作、讓該模式立即中止，並了解到我的心智正在遊蕩，接著再回到我的呼吸，降低這個網絡對我的掌控。後來，當我可以聚焦於呼吸更久，預設模式網絡的運作就變得越來越不活躍。至少這是頗爲公正的猜測。腦部掃描研究顯示，這種情況會發生在新手靜坐者身上。而其他研究也顯示，那些已經靜坐過數萬小時、遠超過我這種等級的老練靜坐者，他們在靜坐時會展現出極度削弱的預設模式網絡。

當預設模式網絡的運作沉靜下來、當心智停止遊蕩，這可以是一種好的感受。你可能會感覺自己從嘈雜的心智中獲得釋放，進一步感到平靜，甚至是深刻的平安。你或許無法在每次靜坐時都獲得這種感受，但是對某些人來說，發生的頻率已足以讓他願意每天回到座墊上靜坐，這也是維持靜坐生活的積極方式之一。

不過，一旦開始藉由呼吸來約束遊蕩的心智，你就來到了十字路口。基於兩種類型的靜坐，你有兩條路可走。

正定和正念

第一條路，就是持續聚焦在你的呼吸，這會先讓你有很長一段時間都感覺良好。接著試試強化且加深聚焦，讓自己更加沉浸在呼吸裡。繼續維持這個狀態，你可能會覺得感覺越來越好。這就是正定靜坐，而讓你聚焦的事物未必要是呼吸。根據不同靜坐傳統，聚焦的對象可以是曼怛羅（咒語，又稱眞言）、想像出的畫面，或是重複的音律。

正定靜坐有時指的是「靜心靜坐」。這還頗有道理，因爲專注能讓你靜心。的確，專注能帶來的，遠多於讓你內心平靜。有時候如果時間夠久，還能帶來禪悅或入定這種充滿力量的感受。

沒錯，我講的就是**禪悅或入定這種充滿力量的感受**。在我首次參加禪修營的第五晚，我經歷到「聚焦於呼吸」這項標準修訂版的技巧。吸氣時聚焦在呼吸本身，但吐氣時則聚焦在吐氣的聲音。把注意力放在吐氣的聲音上很簡單，因爲那是麻州鄉間炎熱夏季的夜晚，禪堂的窗戶敞開，某種昆蟲（我猜是蟬）正進行大合唱。我靜坐時，加強聚焦在呼吸以及昆蟲的合唱。兩者的音量似乎正不斷加強，完全滲入我的注意力。在靜坐了二十五或三十分鐘之後，我攫獲了某種劇烈又充滿力量、但難以言說的經驗。我會在本書稍後竭力描述這段感受，但現在我只能說，這段經歷非常、非常鮮明。

其實，我還想再加一個「非常」。我不知道吸食強烈迷幻藥LSD和海洛因的第一手經驗是什麼樣子，不過我猜很像那晚我所經歷的：逼近幻覺的強烈視覺效果以及強烈的幸福感。我還記得，當時我的下巴彷彿注射了某種效力強大的麻醉藥，喜悅和幻覺流竄我全身。我覺得自己像是跨越了某個門檻，進入了另一個領域。

如果我那晚所經歷的事情聽起來十分動人，我這裡得要說些壞消息。帶我進入這種高峰經驗的靜坐，也就是正定靜坐，並不是本書要談論的，也不是我參加禪修營原本要進行的靜坐。

在禪修營的尾聲，我驕傲地將自己的經驗告訴麥可·格雷迪（兩位老師之一），他只是淡淡地說（這讓我感到有點沮喪）：「聽起來不錯。但不要太過依戀。」在這個禪修營裡，我們要做的是「正念靜坐」，也就是第二條路。

正念和正定是佛教的重要訴求，也是虔誠佛教徒都會遵循的「八正道」，但這並不意味著這兩項是八正道的最高成就。其中兩項，分別爲第七項「正念」和第八項「正定」。

關於八正道，並不用先精通第一項「正見」，才能接著進入第二項和第三項的「正思惟」和「正語」，因爲這八道之間彼此深度相關。舉例來說，第七項和第八項就有助於培養佛教核心原則的深刻體驗，進而強化第一項。

更重要的，也跟這章更有關的是，即便在八正道中，正念排在正定前面，但要培養正念或許還得先培養正定。這也是何以正念靜坐的初期進程，通常都要你聚焦在自己的呼吸或是其他事物上。集中精神能讓你的大腦擺脫預設模式網絡，也讓那占據你思維的嘈雜心智安靜下來。

藉由正定靜坐穩定注意力之後，接下來你可以把注意力轉移到當下所留心（正念看待）的事物，通常是那些你身體裡正在發生的事，例如情緒或身體的感覺。當然，你也可以聚焦於如聲音的外在世界。於此同時，呼吸會退讓爲背景，成爲你的「定錨」。即使正在查驗其他事情，你仍會模糊地覺察到有東西在那裡，或許還會不時把注意力轉回去。關鍵在於，無論你體驗到什麼，都是在正念之下以親近又批判的距離來領會這一切。一如咖啡因攝取過量時，我觀看自己感受所抱持的態度。

我發現，「正念觀看」所擁有的某些感受（例如焦慮、坐立不安），聽起來或許沒有我在禪修營那個夏夜，由正定帶給我的迷幻式狂喜來得吸引人，但是正念還是會帶給你一些回饋，其中有些還帶有一些奇異的面向。

真實生活中的正念

首先，正念靜坐是個很好的鍛鍊。

在靜坐墊上正念觀看自己的感受，能讓你的生活較不易受到感受誤導，或被不具效益的感受支配。你不會再花那麼多時間對著惡劣的汽車駕駛發火（這傢伙在綠燈亮時花了半天才啓動，害得你無法準時赴重要約會）；也不會時常對著孩子、配偶或是其他想當面大吼的人叱喝；較不會對自己受到的屈辱抱持毫無意義的怨恨；也不再成天幻想如何報復那些侮辱你的人（即便這些幻想會讓你感到快樂）等諸如此類的事情。

正念靜坐的另一個優點，就是能讓你與「美」更相融。這個效果在禪修營格外顯著，當你靜坐了這麼久，又與「眞實世界」隔絕，也沒什麼事情可以憂心煩惱、熱切期盼，或是悔恨萬千的了。再加上你的大腦預設模式網絡又缺乏可供運作的薪柴，要停留在經驗模式網絡的狀態就容易得多。

這種日常感官的深化吸收，可以劇烈改變你的意識。鳥鳴聽起來會變得更有超現實的美感；磚塊、柏油、木頭表面等各樣事物的紋理，也會變得萬分迷人。禪修營中期，我在樹林裡散步時，一度發現自己竟愛撫著那些紋理細緻的樹幹（是眞的愛撫）。而且相信我，我平時絕對不是那種會去抱樹的人。

更退一步來說，我甚至不是會停下腳步去嗅聞花香的那種人。在一般工作日，我的午餐是這樣的：打開一罐沙丁魚罐頭，拿把叉子，直接站在廚房水槽前從罐頭中取食，然後丟掉罐頭。午餐結束。

不過，在禪修營開始之後幾天，我發現自己進食的方式有了一八〇度的轉變。有鑑於我過去標準的食物是如此儉樸、清苦，這種轉變就更令人驚訝：全素、無市售零食。而變化最大的是，巧克力不再是每日必需品。

我第一次在用餐時間進入餐廳時，最感到困惑的是，何以這麼多人都是閉目進食？沒多久我就發現，關閉視覺能讓味覺的感受增強到將近百分之百。這能帶來崇高的感受，吃進嘴裡的每一口生菜沙拉，都在細嚼慢嚥中釋放出風味，更讓你感受到它的質地，並帶給你十五秒鐘幾近禪悅的感受。想想美國既傳統又普遍的奶油玉米麵包，在這裡能帶給你什麼感受吧！

禪修營中，就連常見的視覺經驗都能帶來某種戲劇性的體驗。我記得自己打開了一扇老舊的紗門。突然間，我彷彿像是在看一場電影，其中一幕是某個普通事物的超級特寫，意味著有重大事件要發生。當然，最後沒有發生什麼要緊的事，不過下一幕戲劇性的視覺經驗緊接而來。在那次禪修營中，有次我在寢室裡，把自己的觀察略記在索引卡上。我觀看著拉長的窗影，如此寫道：「在寫這張卡片的同時，陽光穿透樹間及紗窗所產生的斑駁圖樣之美，令我頭暈目眩。我覺得自己彷彿被麻醉了。」

如果我要歌頌禪修營，就得提到可能的副作用。禪修營那近乎絕對的寧靜以及隔絕，讓你可以擺脫日常憂慮而獲得自由，也可以讓你有時間沉浸在其他憂慮裡，特別是日常生活中可能會一而再、再而三造訪，但不會久留的個人或家庭問題。更重要的是，比平常更接近心智的實際運作，你才有可能以嶄新、甚至是帶點不安的誠實來面對一切。當你思及這點，佛教其實也就是如此。佛教的重點難道不在於面對痛苦，更甚於逃避痛苦？並且藉由面對、不妥協地注視，進一步將之摧毀嗎？

在我的經驗中，這方法通常都有效。我會去「解決」在禪修營中纏擾我的問題，獲得嶄新且健康的觀點。儘管如此，解決問題可能需要一段時間，而且過程很嚴酷。有時我會告訴人們，參加長時間的禪修營就像是心智的極限運動，既崇高又悲慘。我要很高興地說，在我的經驗裡，崇高與悲慘兩者的比例爲四比一。

在禪修營外，我平日的晨間靜坐會限定在三十分鐘（或許之後還會有個時間較短的靜坐），此時就沒有那麼戲劇性的回饋。至少我的鄰居從未通報警察，說我在愛撫他們的樹。儘管如此，只要我繼續維持每日靜坐的生活，在帶狗散步的時候，就比較會停下腳步觀看樹木的表皮；當我在享用沙丁魚罐頭時，也比較會眞正去**看著**窗外的樹木。

此刻，我會忍住不去發表任何「活在當下」「體驗現在」「經歷此時此刻」，或是跟「當下」「現在」「此時此刻」有關的任何冗長演說。從傳教士到專業高球手，每個人都在頌揚著意識當下，這個主題並不需要我再錦上添花。

此外，過度強調活在當下，其實是對正念靜坐潛能的怠慢。而且，在某種意義上，也會誤導你理解佛教所教導的核心。一如我在第一章所提到，《念處經》這部古代文獻（又稱《四念處》）裡面完全沒有提到活在當下。事實上，整部文獻中完全沒有能譯爲「當下」或「現在」的字詞。

這不表示兩千多年前的佛教徒並未體驗到「經歷此時此刻」。如果你以過去的正念文獻所規定，專注在呼吸或身體感官，「當下」就是你會在的地方。儘管如此，如果你想成為完全的佛教徒、想服用紅色藥丸，你就需要了解即便活在當下是正念靜坐固有的部分，卻不是它的重點。

活在當下是手段，而非目的。

覺知的途徑

讓我們進入覺知的主題。想獲得覺知，以佛教的術語來說就是「開悟」，意味著要讓自己全然擺脫兩種讓人們受苦的錯覺：關於「在這裡」（在你心智裡）的錯覺，以及關於「在那裡」（在世界其他地方）的錯覺。①為了避免這種全然了解的狀態不夠吸引人，我應該再加上一個用來描述這種狀態的詞彙：解脫，也就是從痛苦中解脫（或至少從「苦」解脫）。不過，用來描述這種狀態的另一個詞彙叫做「涅槃」，我相信你早就聽過了。

進入涅槃的可行性其實有一些爭議。有些人認為，這對所有人來說都是實際可行的目標；有些人則認爲進入涅槃之道難以捉摸，得先深入亞洲森林，花上數月甚至數年全天候鑽研；還有人說，進入涅槃根本是不可能實現的。確實，從這個角度來看，純然的開悟就像是數學家口中的漸近線：你可以越來越逼近，卻永遠無法到達。

究竟有多少人開悟？以及是否眞的有人開悟？這些是我還沒有資格回答的問題。但是確實好像有人跨越了某種門檻，得以徹底驅逐關於「在這裡」和「在那裡」的錯覺。他們達到一種與平常意識全然不同的狀態，並且多少維持住。而根據他們的描述，這種意識狀態令他們極度愉悅。

這讓我們不禁要問：他們是怎麼辦到的？你要依循哪些確切的步驟，才能開悟——或是至少夠接近開悟的狀態，能感受到自己眞正發生了轉變，像是進入了全新的世界？

我們很自然就認爲，這類轉變會是瞬間發生並且力量強大。那些偉大的靈性開竅不都是這樣發生的嗎？摩西和燃燒的荊棘、洞穴中的穆罕默德、前往大馬士革路上的保

①佛教文獻中有對開悟（或「覺醒」，但「開悟／啓蒙」則是較常見的直譯譯名）的各種描述，參見書末的「術語討論」）。但是，常被拿來視為開悟的要素，就是驅散這兩種錯覺。一如我們會在第十三章看到的，另一個普遍視為開悟的要素「戰勝渴愛」，就與驅散這兩種錯覺緊密交織在一起，也可說是互相等同。

羅，甚至據說佛陀在祂靜坐的某個重要時刻也見過亮光。如果你懷疑這個時刻是不是眞的有這麼戲劇性，你可以看一下電影《小活佛》中的開悟場景。（這部電影跟《駭客任務》一樣，由基努．李維領銜主演。）

如果你是用這個方式來思考靜坐，認爲靜坐就是爲了獲得天啓般戲劇性、壓倒性的經驗，你可能會推測，上述提到的兩種靜坐方式中，正定靜坐會是比較可靠的路線。當然，我在第一次禪修營無意間進行的長時間正定靜坐實驗，也支持這項看法。我確實感覺到自己瞬間獲得更眞實的觀點，也達到某種重大突破。而且，即便我不認爲這個經驗讓我更接近眞正的開悟，我也確實認爲有人是藉由正定靜坐，在短時間內以激動人心的方式達到（或至少更接近）這個罕有的境地。

但自從那次禪修營之後，我開始相信，正如這次經驗所感受到的戲劇性和深刻度，以及相較下正念靜坐聽起來可能沒那麼壯麗，但是事實上卻能引導你達到同樣的境界，能激烈且鮮明地改變你的觀點。正念靜坐的重複動作，要萬般留心觀察內在於你，以及外在於你的世界，不僅能淡化對煩惱的感受、增強對美的感受力，還能以緩慢、漸進，且通常是不平均但極度系統化的方式，轉變你對於哪些東西眞正「在那裡」以及眞正「在這裡」的觀點。

這種靜坐以溫和的追求開始，藉由能釋放壓力焦慮、冷卻憤怒、稍微調降自厭程度的方式，讓人對事物的本質擁有深刻的認識，且對自由和幸福擁有相當深刻的感受。在基本治療上的努力，可以轉變成非常哲學和靈性上的努力。這是正念靜坐的第三項優點：提供一條從母體解放的道路。

我希望可以說前面整段文字，都是基於我自身的經驗：我擁有了接近全然澄明的目光來看待周遭事物、經歷了持久且重大的觀點轉變，並身處於禪悅之中。可惜並非如此。但我與許多十分老練的靜坐者聊過，他們已經循著道路走得比我更遠。因此，我相信前段描述是眞的。我們將會聽到他們的見證，我希望你聽了之後，也會跟我一樣相信。

更重要的是，我已經親身經驗了**頗爲**戲劇性、甚至瞬間即逝的觀點轉變。其中最特別的，就屬我與「焦慮」，以及更早之前與「咖啡因攝取過量」之間的關係，都在瞬間發生變化。在與這些老練的靜坐者聊過之後，我也注意到一件事：毫無例外地，他們幾乎都能辨認出我的種種經歷，因爲那也是他們在靜坐過程中於某個階段經歷過的。確實，在許多情況下，這些經驗似乎是爲了獲得更寬廣的啓發。即使我尚未見識到開悟的全貌，但顯然已經看到其中的某些基礎材料了。

內觀禪修

嚴格來說，讓我看見這些基礎材料的不僅是正念靜坐。

我是在「毗缽舍那」這個靜坐學派進行正念靜坐的，此字的巴利語「Vipassana」意指清楚的洞見，通常譯爲內觀（insight）。我所參加的，就是內觀禪修學會於二〇〇三年所舉辦的禪修營。

內觀的教導十分強調正念，有些人甚至會把內觀跟正念交替使用，但兩者的區別還是很重要。正念靜坐是一種技巧，從簡單的減壓開始，可用以達成各種目的。但如果你是在傳統內觀禪修的架構中進行正念靜坐，其終極目標就更加遠大：獲得**內觀**。這種內觀洞見不僅只是了解某些新事物，重點在於看清實相的眞實本質。而一千多年前的佛教文獻，就清楚說明了洞見的意義。他們把內觀定義爲領會所謂的「三法印」（編注：又稱三辨識，即佛教中直指一切存在的三個共同特徵）。

其中兩個法印聽起來好像沒那麼難領會。第一是「無常」：沒有事物能永遠持續，這點任誰都無法否認；第二是「苦」（受苦、不滿足）：有誰沒受過苦、沒感到過不滿足？關於這兩相，內觀禪修的重點不太放在這兩點，畢竟基本的領會已經夠簡單，而是要理解嶄新的微妙之處、觀看最細微的地方，如此便能深刻欣賞這兩個法印是如何普遍存在。但是，第三的「無我」，要領會其概念就是個挑戰。②不過根據佛教教義，如果靜坐是爲了要獲得內觀、掌握諸法無我，至關重要的便是：以眞正澄明的目光來看待現實，好爲開悟鋪路。

我自己掌握「無我」的進程，是從第一次禪修營開始。其實事後回想起來，是從我告訴老師，自己因爲心智遊蕩而無法聚焦在呼吸上。注意到自己遊蕩的心智，似乎不是什麼深刻的洞見。事實上這確實不是，儘管老師仍好心堅持爲之大力喝采。但注意到這件事也不是毫無意義。我要說的是，我（也就是我的「自我」，那個我一直認爲掌控一切的東西）並沒能輕易掌控我心理生活中最基本的面向，也就是我所想的事情。

在下一章，我們會看到這種缺乏掌控（儘管不是全面失控），就是佛陀在強調理解

② 在某段佛教文本的一則古代注釋中，發現了如下觀點：「無常是顯而易見的，一如碟子掉落就會破裂；……疼痛是顯而易見的，一如體內出現沸騰；……無我的特徵並非顯而易見。」

無我的重要性時，祂所想的其中一個部分。之後我們還會看到，與無我的感覺搏鬥，正是邁向讓「自己」負責的一步。

05 所謂的「放下我執」

二十世紀泰國僧人阿姜查，把內觀禪修的覺察散播到西方世界，他也告誡了要掌握佛教的「無我」概念會遭遇的困難。最基本的想法在於，自我（你的自我、我的自我）在某種意義上並不存在。

他告誡道：「你必須透過靜坐，才能了解無我。如果你想單靠『智性』來掌握無我的教義，你的腦子一定會爆炸。」

我很高興告訴大家，關於腦子爆炸這點，他說錯了。你可以試試不藉由靜坐來探尋無我的內涵，但我並不是說這個方法可以**成功**。在這章，我會試著幫助你盡量理解何謂無我，但如果最後你覺得還是無法通透其意，別擔心，有同樣困擾的不止你一人。

無論如何，阿姜查要說的，不止是藉由智性來理解無我的概念有多麼困難，他還要強調，透過靜坐經驗來掌握關鍵概念在佛教中的重要性。以抽象思考來了解無我的教

義，和透過感受第一手經驗眞正體會無我，兩者之間是有莫大差異的。如果你想要的，不僅是領會無我，還希望將其眞正應用在實際生活之中，讓自己成爲更快樂、甚至更好的人（也就是感受到與人類同胞的全新連結，並對他們懷抱全新的慈悲情懷），上述的差異就更爲眞實。根據佛教所表示，眞正深刻了解到自我並不存在，也就是無我，確實可以讓你成爲一般而言的「無我無私者」。

一九五九年，斯里蘭卡佛教僧人化普樂．羅睺羅寫了一本極具影響力的著作《佛陀的啓示》。來看看書中對無我的描述有多麼激烈：「根據佛陀的教導，自我的概念是虛構的，是沒有實相可以對應的錯誤信念。自我會產生『我』和『我的』這種有害的想法，會產生自私的欲望、渴望、執著、憎恨、惡意、自負、自豪、自我主義，以及諸多汙穢、不潔和問題等。從人與人之間的衝突，到國與國之間的戰爭，這是人世間所有麻煩的根源。簡而言之，世間的惡都可以追溯到這個錯誤觀點。」

這讓你有點希望更多人能了解到他們並沒有自我吧！但在此我們遇到了問題：徹底體驗過無我的人，據說只有那些進行很多很多靜坐（當然也遠多於我實行的靜坐）的靜坐者。倘若拯救世界有賴於是否有一大群人擁有這項體驗，或許我們還有得等。

但我們總得從某個地方著手！好消息是，無我的體驗並不是只能二擇一的。你不必把這視為門檻，認為最後沒能跨過去、沒能獲得轉化的話，就是永遠無法企及無我、是不受教的孺子。雖然聽來很不可思議，但即使是適度的日常靜坐練習，也可以體驗到一點無我。接著，或許每天再多一點。說不準哪天，你或許就獲得全然的無我體驗。不過，就算沒成功，你仍舊可以達到重要且持續的進步，你和人類也能因此獲益。

此外，我會說阿姜查所謂的「智性」（也就是想透過抽象概念來理解無我），其實是可以幫助人們步上靜坐之道的。我認為，特別值得思考的就是佛陀自己提出的無我論點。

在我開始思考之前，或許我應該要在阿姜查剛剛說的警告上，再貼一張警告標籤。因為佛陀的論點在某方面來說怪怪的，讓原本就難以掌握的概念更不容易通曉。祂用一般心理學者（就此事而言就是我和你）可能不會使用的方式，來分析人類心智。在這章之後，我們就會回到感覺較為踏實的現代科學，不過你會發現先試著以佛陀的方式來看待整件事情，是有實用價值的。

無我弘法的初始

要切入這個主題，最合理的開端就是原始的文本《無我相經》。據說這是佛陀最早論及此主題的經書。

當時，佛陀遇到五位僧人。接著，事情按照此類邂逅常見的模式發展：遇佛得度。佛陀引導這些僧人了解祂教誨背後的邏輯，這些僧人立即就被說服了。事實上，在這個例子中，他們是**立即開悟**。在佛陀論證的尾聲，這些僧人都即刻轉變為**羅漢**，也就是真正開悟者。這些僧人據說是繼佛陀之後，最早得道的五人。

他們是在掌握無我的要義之後，達到這歷史性的里程碑。這告訴了我們，佛教思想中無我教義的重要性。事實上，這個關於無我的特定論述，恰恰也為它在佛教經典中謀得特殊地位。一如許多古代哲學和宗教中的許多教義，無我也可以有諸般解釋。而人們在爭論著無我的眞實意義時，也都可以找出各種佛教文獻來支持他們的解釋。但其中，《無我相經》是最重要、最基本的。

佛陀的論證策略，是追問僧人究竟可以在人體的哪個部分，確切找到那個稱為「**自我**」的東西，以此動搖他們對於傳統自我觀念的信念。祂系統性地探尋這個問題，一一探究「五蘊」，也就是佛教哲學中組成人和經驗的成分。

要精確描述五蘊得花上一整章，以我們目前的需要，可大致用這五點來標示：

一、**肉體**（在此稱為「色」，也就是「形」的意思），包含了眼、耳等感官；

二、**基本感受**（「受」）；

三、**知覺**（「想」），指對於可識別景象或聲音的知覺；

四、**心理構造**（「行」），爲包含複合情緒、想法、意願、習慣及決定的大類別；

五、**意識或覺察**（「識」），特別指對於其他四蘊的覺知內容。

佛陀一一探討這五者，並追問哪一蘊夠稱爲「自我」。換句話說，五蘊中的哪一蘊，能表明你期待自我所擁有的特質？這接著帶來一個問題：你期待自我要擁有哪些特質？更基本上來說，「自我」對佛陀來說意味著什麼？

只可惜，佛陀沒有花太多心思來定義這個詞。無論如何，如果你仔細審視祂反對「自我」存在的論證，多少可以得知祂的自我是什麼意思，也就是祂期待自我一詞值得擁有哪些特定性質。

首先，祂把自我的概念連結到**「掌控」**的概念。

看看祂是怎麼談「色蘊」的：「色無我，假如此色是我，此色則不應導致病惱。於色可得：『願我的色是這樣，願我的色不要那樣！』」（取自《無我相經》，瑪欣德尊者譯文）但是，祂提到，我們的肉身**確實**是飽受病惱，**無法**因爲說了「願我的色是這樣」，就神奇地改變這個事實。因此，由人體所構成的形色，並不眞的在我們掌控之下。因此佛陀說「色無我」——我不是我的肉身。

接著祂一一談論另外四蘊。

「受無我！假如此受是我，此受則不應導致病惱」，而且可以藉由表述「願我的受是這樣，願我的受不要這樣」，就改變了自身感受。不過，當然了，我們通常對自己的感受，並**沒有**這種掌控能力，因此即便想驅散不愉快的感受，它們仍揮之不去。①因此佛陀下了結論，認爲「受無我」。知覺、心理構造以及意識，也都是如此。這五蘊有哪些可以眞正受到掌控？可以完全受掌控而不讓人受苦？而如果五蘊不受掌控，我們又怎麼能把這些視爲自我的一部分？

說到這裡，有些讀者或許會感到困惑：「等等！所以佛陀是說，自我是能夠**受到掌控**的東西嗎？我個人會比較傾向於認爲，自我是掌控一切的東西，如我是自己的CEO那樣。」當然，你或許不是這樣的讀者，或許也無法理解爲什麼會有人提出這樣的問題。談論自我時，會出現的一個疑問就是：不同的人對於**自我**會出現不同的直覺。但如果這樣的質疑確實冒了出來，給你的答案會是：在其他佛教文獻中，的確更清晰地出現如同主導一場表演那樣的「CEO自我」概念，但這些文獻也否決了這種自我的存在。我們還可以繼續論證，在關於自我的討論中，佛陀**隱約**否決了這種自我的存在。②

在下一章將會討論在這兩種情況下，CEO自我的存在與否。至於現在，我認爲還無須憂煩佛陀論證中的每個細節。最重要的，就是去感受這個論證的紋理，也就是佛陀一一檢視人的清單，在其中搜尋自我跡象的方式。當我們開始去思考靜坐者（或是靜坐的初學者）要如何運用無我的概念時，這就會派上用場。

掌控並不是人們想與自我連結的唯一特性，也不是佛陀在這個討論中，唯一檢驗的

①當佛陀談到我們無法控制「感受」，並不是在談論我們的情緒。在佛教心理學中，「感受」指的是感受基調：正面、負面，或是中性。可以肯定的是，這種感受基調可以伴隨著情緒（就像它可以伴隨著感知和其他心理現象），從而給予它們愉悅或不愉悅的品質。因此，舉例來說，當我們無法驅散焦慮時，這種情況確實說明了佛陀在這裡要表達的重點，因為無法驅散焦慮，我們就無法驅散伴隨焦慮而來的強大痛苦感受。儘管如此，技術上而言，焦慮本身屬於五蘊之中的「行」（心理構造），而不是「受」（感受）。因此，無法驅散焦慮的例子，也能說明佛陀在談論「行」無視我們的掌控時，所要傳達的觀點。

②在這段論述結尾，佛陀逐一審視了五蘊之後，對於人是否能掌控自我整體產生了懷疑，而人們可能會說，如果自我不受掌控，那怎麼可能會有CEO自我？人們還可以爭辯，此處所提的兩種自我的對比觀點（一個是掌控一切的自我，就像個CEO；以及一個受到掌控的自我），差距並沒有那麼大，因為掌控一切的東西，也都可能受到掌控。無論如何，正如第六章開頭的故事所表明的那樣，在其他文本中，佛陀確實引用了「國王」的隱喻，讓人聯想到CEO自我。

特性。當我思及自我，我想到的是在**自己身上某種持續不變的事物**。從我十歲至今，我已經改變了很多，但我是否擁有某些內在本質（也就是我自己，那個自我），在某些意義上是維持不變的？也就是在萬變中的不變？

佛陀自然會對這種說法持懷疑態度，因爲祂認爲一切都在變化，沒有什麼是永久的。在《無我相經》中，祂把這種懷疑的態度一一運用在五蘊之上：「諸比丘，你們認爲如何？『受』是常還是無常呢？」

比丘們親切地回答：「是無常，尊者。」

祂繼續問：「『想』是常還是無常呢？」以此類推下去，還有行、色、識——所有比丘都同意，沒有一蘊是「常」。

如此看來，通常與自我相連的兩種特性：掌控和持續不變，在人類的五種組成之中都付之闕如。這是佛陀在祂第一個也是最著名的無我討論中的核心論證，通常也被視爲佛教認爲自我不存在的核心論證。

無我是否真正意味著「沒有」我？

不過，這個「自我不存在」的指標性論證中，有個出人意料的特徵：它偶爾會表露出自我的存在。

在佛陀談論無我的尾聲，祂出了一題回家作業，指示這些僧人一一檢驗這五蘊，並說：「這不是我的，這不是我，這不是我的自我。」又說，凡是堅定遵守這項引導的僧人，「他遠離欲染。之後，他得到解脫。」

好吧。但如果沒有自我，那麼這個解脫而出的「他」，在斷淨所有非我的部分之後，還存留著什麼本質？那個在進行斷淨的又是誰？如果你不存在，那麼你如何能一一指著五蘊說「這不是我的，這不是我」？如果你要說自己並未擁有某些東西，你也不是某些東西，那麼首先必須要有個「你」才合理，對吧？佛陀怎能一方面堅持自我不存在，另一方面又不斷使用**我**、**你**、**他**和**她**等用語呢？

針對這個問題，佛教常用的回答是：「自我」在最深的意義上並不存在。即便如此，人類的語言仍舊無法妥善描述這個最深層的實相。因此，就實際層面來說，也就是語言習慣，仍舊必須以我、你、他和她等用語來談論。換句話說，自我在「終極意義」

上並不存在，但是在「約定俗成的意義」上是存有的。

這樣解釋，有把問題弄清楚了嗎？沒有，對吧？那麼，和這個基本概念相同，但較不那麼正式的說法就是：「你是眞實的，但你不是眞正眞實的。」

還是很困惑嗎？那麼或許你應該試試用另一種方式來解決問題：想想是否有這個可能，在這個著名的弘法中，**佛陀並不是眞的要否定自我的存在**。上述這句話之所以會以粗體表示，是爲了強調這個想法有多麼基進，至少在主流的佛教思想家來說是這樣。儘管如此，還是有一些反骨的學者，認眞思考這個可能性，認爲這是值得探討的。

異端審查

這些反骨的學者想要表明的是，在佛陀首次提出的這個重要無我論述中，祂眞正要說的並非自我不存在。祂確實有說自我並非這五蘊，但沒有宣告檢驗這五蘊，就已經徹底搜查了自我的藏身之處。或許一個人不止由五蘊構成！

雖然這只是「或許」，但如果你提出這個可能性，許多不那麼反骨的佛教學者就會大力反擊你。這些學者堅稱，根據佛教哲學，人由五蘊構成，此外無他——即使佛陀在這場論述中並未這麼說。而人僅由五蘊構成，確實也成了佛教哲學的要旨。當然，自我不存在的想法也是。但我們問的，不是這些東西是否爲當前佛教哲學中的一部分。我們問的是：這些東西**原本**是否爲佛教哲學的一部分？是否爲佛陀自己所認定的？而重點是，不論哪方說法，都未明確出現在佛陀首次對自我的重要陳述中。

當佛陀談論無我時，猶如預設了一個「你」在斷淨這五蘊，並在斷淨之後獲得解脫。無論如何，這裡有一個可能可以解釋祂此時心中在想什麼：首先，或許就佛陀的觀點，人在五蘊之外還有其他部分。

還有第二套相關的說法，也許能解釋人在斷淨五蘊之後，何以還能解脫出一個「你」：或許五蘊並不都是同等的，也許其中一蘊（識）比較特別。或許在「你」斷淨了五蘊之後，這最特別的一蘊，就能鬆開與其他四蘊的糾結，將其釋放出來。而也許在拋棄自我概念之後的「你」，有的是這個模樣：意識的某種純粹形式。

那些不那麼反骨的學者，很快就會指出這套說法有個明顯的問題：佛陀在談論無我的第一場論述中，確實像是預設了一個「你」，把識蘊斷淨得跟其他四蘊一樣徹底。猶如最後釋放出來的「你」，與識蘊的關連並未比其他四蘊還要緊密。

這是個有效的觀點。但另一方面，佛陀還有其他的無我論述（不多，但還是有），跟這個論述有些微差異。在其中一個論述，祂描述了當你認眞看待無我的教導，並斷淨對五蘊的執著之後，識蘊本身會「解脫」而出。更重要的是，祂在描述這個解脫而出的意識狀態時，幾乎是無縫接軌地轉換爲描述已解脫之人的狀態。祂是如此談論識蘊的：「以解脫故住，以住故知足，知足故無恐怖，無恐怖而自般涅槃」（取自《相應部》22：53）

當佛陀以這種方式來談論識蘊，也就是談論意識本身的解脫狀態，祂把識蘊和其他四蘊之間的關係，以一種有趣的關係框限起來。佛陀說，在意識的普通形式中（也就是我們這些未開悟者都熟悉的形式），識蘊參與其他四蘊——參與著肉身、感受、心理構造以及知覺。

這不僅僅意味著意識可以**通往**知覺、感知等等。畢竟，即便是完全開悟者的意識，也都能通往這些東西。否則（例如假設意識無法通往知覺），開悟者即使還可以意識到事物，能覺察到的也不多。不僅如此，「參與」更意味著識蘊與其他四蘊有更強的連結。

一如佛陀所說，參與是「欲」的結果，是識蘊對四蘊的關連。識蘊參與於四蘊之中，是其所有物。換句話說，如果人們無法了解五蘊之中無我，那麼「參與」的關係就會一直持續下去。人們依附著情感、思想以及五蘊其他元素，猶如這些元素都是個人所有物。但它們不是。③

佛陀對參與的論述，意味著一個頗吸引人的簡單模型：解脫是改變意識與通常被認定爲意識內容間的關係：你的感受、思想等等。一旦你了解到這些事物都是「無我」，意識和這些內容之間的關係，會變得更像是注視沉思而非參與。此時，你的意識便獲得解脫。而那個餘留下來的「你」，也就是在第一個無我論述中佛陀描繪出的那個解脫的「你」，就是解脫而出的意識。

我希望我可以說，這個論點清楚且明確地回答了我提出的問題。也就是說，如果五蘊就是一個人的所有，那麼你要在哪裡找出第一次無我論述之中那個獲得解脫的「他」？只可惜，越是深入探究（面對含糊的語義且看似矛盾的文句，推敲翻譯的問

③為了簡要說明，我略過了一個與「欲」和「參與」之間有關的重要缺失。考慮這個問題的常識性方法是，「識蘊」會欲求另外四蘊，畢竟，這種欲求的結果就是，識蘊會去參與其他四蘊。但根據佛教心理學，對五蘊的欲求源起於「行蘊」（根據我與菩提比丘的私下交流）。這包括對識蘊以及行蘊本身特定內容的欲求。但更大的重點仍舊是：對五蘊內涵的欲求，使得識蘊持續參與著其他四蘊。

題，並衡量各家注解）關於參與的論述，你就越難有自信地汲取出這樣的簡單說法。除此之外，我們也無法否認，佛陀在第一次的無我論述及其他地方，確實不斷提到意識是無我，是「你」必須放開的東西，才能獲得解脫。對照於「當識蘊脫離其他四蘊之後，『你』便可快樂居住在識蘊之中」的美好願景，兩者確實說不太通。

但是，還不要放棄這個願景。某些佛教哲學家認為，或許意識有兩種，或是兩種模式、兩個層次，端看你想怎麼看待它們。一種是你想**從之解脫**的意識，另一種是解脫之後還跟「你」留在一起的意識，也就是你。第一種意識與另外四蘊深深糾結在一起，完全參與其中；第二種意識對於四蘊則有更客觀的覺察，是更能沉思的意識，能在脫離另外四蘊之後持續存在。

更進階的靜坐者有時會說他們經歷了「觀照意識」，其中有些人更經歷了很長一段時間。這似乎能大致符合第二種意識的描述。或許，如果這種經歷能永遠持續下去，他們就能宣稱自己達到開悟。或許這個「觀照意識」就是在意識解脫之後所存留下來的「你」。④

或許是這樣。也或許我們該承認，阿姜查確實講對了某些東西：如果想要藉由「智性」來掌握無我的教義，你的腦子一定會爆炸。而或許，我們對無我的智性探索應該就此打住。

當然了，你的腦袋雖然完好無缺，卻仍舊可能處於某種混亂狀態。不過我有個好消息：你不需要急著現在驅散這片混亂，可以等個幾年，等到你靜坐了很長一段時間、完全開悟之後，便可以直接領會無我。這時，你就可以解釋給我聽。

與此同時，我的建議是：

繼續過著你先前的生活，跟過去一樣認定自己內在某個地方，有某樣東西可以稱爲你。不要因爲你認爲自己有個自我存在，就覺得自己嚴重違逆佛教教義。只要願意開放給這個根本的可能：在最深的層次中，你的自我將完全不是你過去所認爲那樣的存在。如果你遵循佛陀的指引，棄絕你一直認定屬於自己的那一大片心理景觀，就會經歷令人驚歎的轉變，成爲一個人。一旦達到佛陀所推薦的狀態，擁有自我的意義就會變得截然不同。

④ 我的意思並不是說，上述關於意識的這種模型都可以應用到Miri Albahari的「雙模態」模型。不過，她確實使用了「觀照意識」（witness consciousness）一詞，並認為佛陀所描述的就是這個觀照意識：一位比丘在棄絕了五蘊之後，「他便與不受限制的意識同住」。

這究竟是什麼感覺？我不是最適合發問的人，畢竟我從來沒有棄絕過一**大片**的心理景觀。但我確實經歷過我在第二章所描述的，也就是我首次的靜坐「成功」。我下顎感受到的緊繃，那讓我緊咬牙根的咖啡因攝取過量感覺，轉瞬之間似乎就不再屬於我。也就是在那個時刻，這些地方不再讓我感到不快。我當時仍意識到下顎的緊繃，但我的意識**不再參與其中**，也就是不再覺得自己擁有這些感受。我尚未做到佛陀的建議，也就是放開對所有感受的執著，但我已經放開對這個感受的執著。可以這麼說：我了解到這個感受未必要成為自我的一部分。我把它這排除在外，以此重新定義了自我。

顯然，這個感受在某種意義上仍舊屬於我意識的一部分，但現在我的意識正對著它沉思。就像我寫著這段文字的同時，對著窗外在微風中搖曳的樹木沉思。我不再覺得自己擁有著那個令我咬牙切齒的緊繃感，所以我可以冷靜鎮定地觀看著它。

拿掉牙痛的痛

說到牙齒，二十世紀傑出的佛教學者愛德華．孔茲寫過一些關於自我的佛教觀：「假設這裡有顆牙齒，而牙齒中出現蛀牙，就表示牙齒正進入某個過程，而這個過程是附著在神經上。如果現在的這個**『我』**去碰觸這顆牙齒，說服自己這是『我的』牙齒（有時似乎並不需要非常有說服力），並且相信發生在這顆牙齒上的事情必定會影響我，或許會導致某種程度的思想干擾。」在這個意義上，「所有佛教徒認爲，相信有個『自我』，就是痛苦出現的必要條件」，換句話說，首先，只有當你擁有這顆牙齒，你的牙痛才能傷害到你。

我確實知道有個人花了很多很多時間在靜坐，並且測試過這個命題。他決定進行一個實驗，就是在補牙之前，告訴牙醫不要使用麻醉藥。他的報告並未提到他**喜歡**這個實驗，不過他說自己還是比較喜歡傳統上帶著半邊麻醉的臉走上幾個小時的經驗。

我個人會選擇半邊麻醉的臉，畢竟我想自己沒辦法在牙科診療椅上進入深沉的正念靜坐狀態。然而，就在爲期兩週的禪修營第十天，我也做了某件類似的事情。有顆牙齒（事後才知需要進行根管治療）在我喝東西的時候就會痛，而且是非常尖銳的疼痛，讓我痛得死去活來，即使是喝室溫的飲品也一樣。爲了試試靜坐的效用，我在房間坐下，靜坐了三十分鐘，接著喝了一大口開水，還含了一陣子，讓牙齒浸泡其中。

結果可說是又戲劇化又奇特。我感受到強而有力的抽痛，全神貫注在疼痛的波動之中。但這抽痛的感受並不是一直很糟，而是介於苦澀與甜蜜之間的浪尖，並搖擺其中。

有時這感受甚至是令人敬畏的，那種老派意義下真正振奮人心的敬畏：屏息於它的力量，甚至是它的莊嚴和美。或許用最簡單的描述方式來說——這個經驗與我平時牙痛經驗之間的差異，就是少了些「唉唷」，又比平常多了些「噢」。

如果不是參加禪修營，我不可能辦到。在平日進行三十分鐘的靜坐，不可能讓我如此冷靜客觀地看待劇烈的牙痛，也不可能如此大幅減輕疼痛。儘管如此，這個經驗仍見證了一件事，那就是：即使是如此的劇痛，我仍未必要擁有它。

當然了，得感謝現代牙科醫學。相較於佛陀的時代，牙痛在現代並不是那麼大的問題。現在的大問題是「焦慮」。而就如我先前提到的，我在緬因州卡姆登鎮演講的前一晚，也確實設法要斷淨這份焦慮。焦慮似乎變成了某種我所觀察的感受，是我在冷靜之下經歷的事物。或許佛陀會說，那就是我的意識不再「參與」著焦慮。

可以從稍微不同的角度來看待這件事：要放開一、兩個團塊的自我，就是要分開觀察與評量的動作。我仍舊會經歷焦慮，但是我不會再判定焦慮的好壞。一如我在第二章所提到的，感受是天擇設計出來展現對事物的**判斷**、對事物的評量。天擇「想要」你以好壞來經歷事情。但佛陀相信，你對事情越少下判斷（包括你心智的內容），你就看得越清楚、越不會受騙。

以放手來承擔

我從斷淨各種不愉快感受的經驗（咖啡因攝取過量導致下顎緊繃、牙痛，以及焦慮）中，汲取到一個教訓，就是掌控的悖論。

在這三種感受最早出現的惱人存在中，證明了它們並未在我的掌控中。事實上，若說有誰在掌控誰，那麼是它們在掌控著我！而根據佛陀對於「自我」的概念，我之所以無力掌控這些感受，其實反過來證明了這些感受並不隸屬於我的自我。但只要我追隨著這個邏輯，也就是不再把這些無法掌控的事情，**視爲**我的自我一部分，那麼我就從中獲得了解脫。並且在某種意義上，回過頭來掌控了它們。或者，也許這麼說會更好：我無力掌控這些感受，它們也不再成爲我的問題。

請留意，我在前段出現了多少次**「我」**和**「我的」**，或許就是我多麼不了解無我的明證。不論何時，不論是在擁有這些經驗之時，或是在之後思考這些經驗之時，我一點都沒有斷淨自我的概念。不過緊握著一些自我的概念，並不會阻絕我獲得相當重要的「重新定義自我」經驗，而這或許就是邁向全然無我的第一步。

也許，再繼續緊握著一些自我的概念一陣子，確實是**有用的**。也許緊握著自我有助於你達到不再相信它是存在的。佛教學者彼得·哈維寫道：「如此一來，一個人或許能把自我的概念視爲實現一個角色，就像是火箭抵抗重力把酬載推入太空。自我的概念提供了力道，把心智載離執著於五蘊的『重力場』。任務完成了之後，它就會『脫落然後燃燒殆盡』，彷彿它本身是個毫無根據的概念。」

無論如何，哈維相信無我的教義「不太是一件須視爲**該完成**的事」。誰知道？也許這就是佛陀對此事的看法。也許祂並不是要講述一種學說，而是引你走上一條道路，並向你展示出有多少東西是你認爲屬於你的自我，但其實不必這樣想的。就這樣的觀點來看，佛陀在第一次的無我論述中，並非要發表一場關於形上學或心物問題等純粹哲學的演說，而是想讓這些僧人運用一種能引導他們走向解脫的方式，來思考自己的心智。

這或許能解釋，何以那些把自我視爲ＣＥＯ的人，會覺得這場論述有個奇怪的特點：佛陀把你的某部分標示爲**無我**的判準是：這部分**不受掌控**，而不是未掌控一切。對於無我，也許佛陀的意思只是「自我之中不被認爲有用的那部分」或是「不受認同」的東西。在這種情況下，祂基本上是說：「看！如果有一部分的你並不受你掌控，因而讓你受苦。那麼，幫你自己一個忙，別再把這部分視爲你自己了！」這個解釋與祂在論述接近尾聲時所提供的指導十分吻合。針對五蘊各別的適當態度，祂提到：「這不是我的，這不是我，這不是我的自我。」

在某種程度上來說，我們又回到了原點，也就是阿姜查針對無我教義，開門見山提出的建議：**別想太多，做就對了**。但我希望你會認為，多想想也是有用的。接下來，我們也會聽聽一些人的說法。他們似乎不止是思考無我，也實踐無我；在斷淨越來越多傳統上認定為自我的團塊之後，最後更斷淨了全部的自我。但現在，我給靜坐初學者的建議是：**別對無我的概念太認真**。也許這條思考之路最後能引導你體驗到全然的無我，屆時你就會相信，在深奧且難以形容的意義上，「我」並不存在。

在這之前，就隨著佛陀無我論述中不那麼戲劇化的教誨引導吧。原則上，把你自己視為有能力與自我感受、思想、衝動和知覺建立不同關係，有能力脫離其中某些部分、有能力與之斷淨、有能力以排除它們的方式來定義你的自我邊界。要視某種程度的解脫是有可能發生的，不要擔憂這似乎意味著還有個自我得解脫。還有比這更糟糕的事情。

順道一提，即便這麼說可能會讓整個主題少了一點戲劇性，但以我個人觀點來說，爭論佛陀對自我的想法究竟為何是沒有意義的。在佛教文獻中，那些所謂「佛陀說」的話，幾乎都不可能是祂說的。事實上，有些學者會告訴你，文獻中幾乎沒有哪些話可以確定是由祂說出。一如對「歷史的耶穌」（編注：此概念與「神學的基督」相對，因有些人認為神學的基督是教條的產物，因此出現歷史學家根據古代文獻，以歷史的方法嚴謹重構耶穌生活與教導的歷史和文化背景）的批判，我們也很難從歷史的迷霧中分辨出「歷史的佛陀」。一如福音書裡對耶穌的描述都是演化後的產品，是歷代口傳以及經文添加的結果，關於佛陀的古代描述也是。即使我們假設這些描述大多源自祂眞正說過的話，但這些話都在世代流傳之際，受到有意或無意的修改。在這樣的情況下，若說佛教經典之中有任何不一致或是明顯的矛盾，也無須驚訝。

無論如何，在佛陀所說和佛陀所指的種種爭論中，仍然有些大家都同意的主題，在早期就成爲佛教傳統中的一部分。而其中一個主題就是：我們對自我的概念可說是一點都不正確。長久以來，我們堅定不移地把自我和掌控相連，但經過細查，才發現自我受到控制的部分很少。自我流動的部分，比我們以爲的多很多；而自我固定不動的部分，比我們以爲的少很多。

下一章，我們要來看看現代心理學對上述事情的看法。心理學能證實佛陀的觀點嗎？心理學會認爲我們對自我的一般概念，實際上不過是個錯覺嗎？也就是：有個穩固而持續的核心，能將整個系統維持在掌控之下，這一切不過是個假象嗎？佛教認爲「斷淨」大部分自我（以及也許某天能斷淨全部的自我），能讓你更接近實相，而心理學是否能增加這個看法的可信度？

就我個人看法而言，這三個問題的答案分別是：「是的、沒錯、當然」。

深入了解……

「如果五蘊就是一個人的所有，那麼你要在哪裡找出第一次無我論述之中那個獲得解脫的『他』？」

從參與的相關論述中擷取出「簡單說法」，其中會出現的問題在於：如何解釋「解脫」一詞。一則針對佛教文本的古代注釋中提到：在這個論述中，意識的「解脫」，在於這個人死亡解脫之後，意識不會重新產生。在你讀了第十四章後，再引入這種解釋會更好理解。但目前看來，我們會說這裡試圖把「意識解脫」等同於「人的解脫」，而使得這個解釋讓情況變得更複雜。（你可能會說，這種解釋表明這個人因為死亡而在此時此刻獲得了解脫，但意識在解脫當下，則是因此獲得某種屬性，而擁有不同種類的解脫。）

我要強調的是，這只是一種解釋。巴利文版的論述**並沒有**說這種「解脫」僅指重生的問題，甚至根本沒有提到重生。此外，通常這類注釋只是為了消解不同論述之間看似的不一致。因此，該注釋所提供的解釋，正好能把我要強調的論述不一致縮減到最小，這並不奇怪。菩提比丘說，這則注釋的解釋看似合理，但並不是無可爭議的。無論如何，你仍然可用更廣泛的意義來理解「解脫」。他指出，也許更重要的是，無論怎麼解釋這個論述，在其他許多論述中，都描述到「心智」會在開悟時獲得解脫。而在某些論述中，那些譯為「心智」的詞彙，則等同於譯為「意識」的詞彙。（事實上，菩提比丘本人相信，我在本章中所關注的「無我論述」，顯然是令人費解的界線，也就是讓「他」獲得解脫的界線，都可以解讀為心智獲得解脫。在巴利文中，有時動詞的主詞並不會出現在文字中，而大多數譯者都根據上下文而認定主詞是「他」。但菩提比丘認為，整體來說，把「心智」當做主詞是更合理的解讀。）

有鑑於和「參與」相關的論述裡，提及解脫的意識，以及其他論述中，針對解脫「心智」的明確描述，都告訴我們，佛陀認為意識在開悟當下就獲得解脫，並不是瘋狂的想法。儘管如此，只要主張識蘊是我們發現獲得解脫的「你」之所在，就必須處理其他許多論述（像是無我的第一場論述）裡，把解脫描繪為放棄包括識蘊在內的五蘊。

確實，即使是關於參與的論述，在鼓勵放棄對五蘊的「欲求」時，也是納入了第五蘊——「識蘊」，因此這對於無我論述亦然。然而，有趣的是，關於參與的論述是如何表明識蘊就等同於個人，這不僅出現在我文中引用的段落，也出現在論述的開頭——佛陀宣稱：「參與者是未解脫的，未參與者是解脫的。」然後祂繼續以「參與」和「未參與」來討論識蘊與其他四蘊之間的關係。

06 CEO在任務中失蹤

很顯然，佛陀知名的無我論述並未立即讓所有人都轉向祂的思考方式。根據佛教經典，佛陀在宣講結束之後沒多久，遇到了阿基吠舍那，他是一個好出鋒頭的人。他聚集了大批群眾，來看他如何辯倒佛陀關於自我的主題。

阿基吠舍那先質疑佛陀關於五蘊之中無法尋獲自我的主張，他表示：「身體是我的自我，感受是我的自我，知覺是我的自我，心理構造是我的自我，意識是我的自我。」這是頗爲囂張的挑釁，直接攻擊佛陀的世界觀。但是佛陀不愧是佛陀，仍舊很鎮定。祂說：「我會根據你所說的與你進行對話與問答。請就你所知照實回答我。」

如果你讀過佛陀的諸多論述，你會知道阿基吠舍那的信念無法通過接下來的對答。唯一的問題只有：佛陀會用哪種修辭學上的工具來驅散對方的疑惑？答案是：「國王的比喻」。

佛陀問：「那麼，一位神聖、尊貴的勇士國王，就像憍薩羅國的波斯匿王，或是摩揭陀國的阿闍世王，在他的領土之內，是否能自在地行使他的權力，處決那些該處死的人、懲罰那些該被罰款的人，並驅逐那些該受驅逐的人？」

阿基吠舍那答道：「是，喬答摩！他能行使這些權力，也配得上行使這些權力。」

接著佛陀說：「火種居士（指阿基吠舍那），那你怎麼想？當你說：『肉身是我的自我』，你有對你的身體行使『願我的肉身是這樣，願我的肉身不要那樣』的權力嗎？」阿基吠舍那默不作聲。佛陀再問了一次，他仍舊保持靜默。

現在佛陀亮出祂厲害的武器了。祂提醒阿基吠舍那「要是有人被如來佛問了三次還不回答，頭就會當場碎裂成七片」。此時他仰頭一望，不巧看到一位金剛力士。金剛力士出聲警告阿基吠舍那：「世尊問了三次，如果你不回答，我就當場把你的頭敲碎成七片！」

阿基吠舍那嚇得趕緊回答佛陀的問題：「沒有，喬答摩。」他承認，他並不具有對自己肉身的完整權力。接著佛陀往另外四蘊——感受、知覺等等——推進。阿基吠舍那了解到，他也無法像國王在自己領土行使統治權那樣，對這四蘊施展權力。

因此佛陀闡明了祂的觀點。你——體驗到感受、知覺並懷抱著思想的「你」——

並不能完全掌控這些部分。如果你認為，你腦袋中某個地方有個至高的統治者，也就是你的CEO，那麼你也會在同樣的地方發現一些問題。

二五〇〇年後，心理學開始討論佛陀的話語。嗯，其實不**眞的**是祂的話語，心理學者大概不會使用國王和領土統治權的比喻，畢竟目前能在自己領土上行使確切權力的國王並不多。心理學家使用的是更現代的詞彙。美國賓州大學心理學教授羅伯．庫茲班的說法是：「『你』並不是總統、不是中央執行官，不是總理。」

這在心理學家之間幾乎已經達成共識：意識的自我並不具有某種全能的執行權力。事實上，根據現代心理學，「意識自我」比阿基吠舍那在佛陀為他釐清想法之後所認定的權力還要小得多。阿基吠舍那僅是承認，在反思之後這五蘊就並不是**完全**受到掌控。畢竟，如果五蘊完全在掌控之下，那麼就如佛陀所問，它們何以導致如此多的痛苦？

現代心理學提出更有力的論點，它基本上是說：經過反思，你知道自己是如何與阿基吠舍那一起得出「你並未完全掌控局面」的結論。好吧，其實你甚至還比上述反思後的結論更無法掌控自己呢！

也許，除非你的「反思」是在「禁語禪修營最後那數日」進行的。倘若靜坐有發揮預期的功效，也就是你的心智比平常更平靜，你也能比平常更客觀看待心智承載的內容。而一般來說，你認爲是由自己產生的某些意識內容，似乎是由你以外的事物產生的。我不止一次聽到指導老師說：「思想會自行思考。」怪的是，到了禪修營尾聲，這句話開始變得合理了。

所以，倘若並不是意識心智在掌控，**那是誰？**答案有可能是：沒有特定事物。我們越仔細查看心智，就會察覺牽涉其中的參賽者越多。他們有時會通力合作，有時則不願受控制。在某種程度上，最後的贏家就是看誰最強。換句話說，你的意識心智是個生存叢林，而你並不是叢林之王。這聽來或許矛盾，不過好消息是，了解到自己無法就地稱王，會是你掌握眞正權力的第一步。

當然了，要承認自己不是國王並不容易，而這並不止是因爲國王看起來很了不起，而是因爲我們**覺得**自己是國王。我們覺得意識自我掌握了我們的行爲、決定要做什麼，以及何時去做。不過，過去數十年來的一些實驗，已對這個直覺產生懷疑。

兩種心智

其中最戲劇化的實驗，就是鼎鼎有名的「裂腦」實驗。受試者經由手術切斷左腦和右腦之間的神經連結。（通常手術是爲了控制癲癇，避免嚴重的癲癇發作。）結果這些手術對行爲的影響微乎其微。在一般情況下，左右兩半的大腦被切斷的人能擁有正常舉止。但是在一九六〇年代，神經科學家羅傑．斯佩里和麥可．葛詹尼加設計出聰明的實驗，能讓裂腦病患出現怪異的舉止。

關鍵在於僅把資訊呈現在病患的半邊視野中，讓資訊限定在單邊的腦。舉例來說，如果只讓一個字出現在左邊的視野，也就是右半腦運作的區域，那麼這個字就不會進入左半腦，因爲左右兩半的腦已經由手術分開了。

大多數人是以左腦來控制語言。果不其然，那些右腦接觸到字詞資訊（例如「堅果」一詞）的病患，並未意識到有此資訊。然而，如果任他們的左手（由右腦所控制）在裝有各色事物的盒子裡翻找，他們會選擇堅果。

光是這項發現就能讓你開始質疑傳統概念中的意識「自我」。

現在想想這個問題：當左腦被要求解釋右腦所引發的行爲時，左腦會試著產出一個合理的故事。如果你發送「走路」這項命令到這些病患的右腦，他們會起身然後走路，但如果你問他們要走去哪裡，答案會是來自對這項命令一無所知的左腦。左腦會從它的角度提出一個合理答案，像是有個病患就回答，他是要去喝汽水，這聽起來還挺有道理的。而臨時想出這個解釋的病患（或至少說是這個人的左腦，也就是負責說話的那個大腦半球），似乎也相信這套說詞。

在另一個實驗裡，病患的左腦接觸到雞爪的影像，而右腦接觸到雪景。接著實驗者讓病患的左右腦同時看到一系列圖片，然後要他們選出一張照片。此時，病患的左手指向一張鏟子的照片，推測是因爲控制左手的右腦看過雪景照，而鏟子可以用來鏟雪。至於右手，則指向一張雞的照片。

葛詹尼加敘述接下來發生的事：「接著我們問他爲何選擇這些照片。位於他左腦的語言中樞回答：『噢，很簡單。因爲雞爪跟雞是一起的。』這簡單解釋了左腦所知道的：它看到了雞爪。接著，他看著左手所指的鏟子，毫不遲疑地說：『而你需要一把鏟子來清理雞舍。』」無論如何，掌管語言的那半邊腦對自己的行爲做出了前後一致的解釋（雖然解釋是錯的），而且顯然還說服自己這個解釋是眞的。

這個裂腦實驗強力證明了一件事：意識自我有能耐說服自己是施令發號者，但事實並非如此。然而，這項實驗是由那些不具正常腦袋的人所完成，如果是我們這些左右兩半腦並未分裂的人呢？我們的腦也會如此自我欺騙嗎？

我們有很好的理由相信答案是肯定的。心理學家理查・尼斯比特和提摩太・威爾森進行的實驗，要求顧客評價四雙褲襪，並選出其中最好的。結果發現人們有選擇最右邊那雙的強烈傾向。當被問到爲何做出此選擇，他們的回答並不是「因爲它在最右邊」，而是以褲襪的品質來解釋，有時還會談到紋理、觸感等等。不幸的是，這四雙褲襪其實一模一樣。

心理學家設計了許多方法，讓人們做一些他們自己壓根沒有意識到的事情。有個常見的技巧就是，在人們沒有意識到的情況下呈現資訊。例如，在屏幕上以數分之一秒的速度閃過一個字詞或是影像。時間之短，還來不及浮上意識層面。

一項在英國進行的研究中，受試者被告知他們會根據一連串試驗中的握力結果獲得獎金，而獎金也會隨著試驗變動。當他們在等待時，屏幕則會播放手部不同的緊握程度，同時還閃現硬幣，有時是一便士，有時是一英鎊。即使硬幣的影像是在潛意識之中傳達，但是獎金還是影響了受試者緊握的程度。

這個實驗還有第二個向度。受試者讓他們的大腦接受掃描。科學家特別關注在某個與動機和情緒相關的區域，因爲他們認爲這個區域內建了關於獎賞的訊息。當金錢的獎賞越高，這塊區域的反應就越活躍——不論關於金錢獎賞的訊息是經由潛意識傳遞，或是留在屏幕上夠久而進入意識層面，情況都是如此。科學家寫道：「都是由相同的基底前腦區域，支撐著潛意識和意識動機。」

不過，「意識動機」是正確的用詞嗎？這可用來指稱**源於**自覺意志的動機。而這個實驗提出的是不同方案：不論你是否有意識地覺察到刺激，並有意識地經歷這個轉化過程，將刺激轉化爲動機的實際大腦機制都是一樣的。所以，也許在有意識地覺察過程中，並不眞的附加了任何東西。換句話說，也許「意識動機」並不眞的是「**有意識的**動機」。不管是否具備有意識的覺察，同樣的物理動機機制似乎都在進行繁重的工作。①

當然，你或許會**覺得**是自己對刺激的覺察，讓你把手握得更緊。但這個實驗想表明的是，這可能是一種錯覺。這不是唯一的解釋，但的確是其中顯著的說明，而且也是佛陀可能會覺得興奮的：你認爲自己在導演一部電影，但其實你只是在一旁觀看。或者，其實是電影在指揮你，除非你設法將自己從中解脫。

現在，已經從很多實驗的角度，提出意識心智實際上是如何掌控自我的問題。在一九八〇年代，由班傑明．利貝特首度完成的著名系列實驗中，研究人員會在受試者「選擇」進行某個行動時，監控著受試者的腦部。最後，他們發現早在受試者自覺做出「選擇」前，大腦就已經下了決定。

相關研究仍在持續擴大。實驗會重複進行，也發現並非所有的發現都經得起時間考驗。而在某些案例中（其中包括利貝特的研究），也還有一些詮釋問題有待解決。不過，就最低限度來看，這麼說似乎是公正的：我們的意識自我在導引行爲上所扮演的角色，並沒有過去一直以爲的那麼強大。而其角色之所以會被誇大，是因爲它**覺得**自己很強大。換句話說，意識心智在天性上對自身本質的認識遭到了欺騙。

自我欺騙在演化上的優勢

如果你是佛教哲學家，或許會覺得獲得了平反。但你或許還是覺得困惑：爲何天

① 可以肯定的是，比起經由潛意識接收到英鎊的影像，當受試者經由意識接收影像，手的握力會更強。不過這可能只跟大腦接觸到影像的時間有關，而不是因為意識是否覺察。換句話說，不論是否觸發意識覺察，也許當大腦接觸影像的時間高達一百毫秒（這時間足以引起意識覺察），便能導致握力增強。事實上，有證據顯示接觸時間和握力之間的關係，確實與意識的覺察無關。實驗者在潛意識時間範圍內測試了兩個接觸時間：十七毫秒以及五十毫秒，結果後者導致較強的握力。（若是呈現便士的影像，可以想見情況恰恰相反。）順帶一提，不論是何種情況，五十毫秒都不會處於潛意識範圍內。但在這種情況下，硬幣的影像被擠在兩個硬幣大小的圖樣之間而被遮住。而受試者在每次實驗開始時都會看到這種圖樣，不管後面是否有任何硬幣被遮住的影像。

擇會設計出任憑人們自我欺騙的大腦？其中一個答案是，如果我們相信關於自己的某些事，會有助於我們說服他人去相信這些事。而這的確會對我們有利。或是，更精確一點來說，這會對我們狩獵採集祖先的基因有利：說服世界我們是個前後連貫、行爲一致，能掌控某些事物的行動者。

先前提到，有位受試者的右腦被告知要起身走路，而他的左腦在被問到要走去哪裡時，回答要去喝汽水。他的答案並不眞確，但確實激發了他對自己的信心。他看來就像是個爲自己負起責任的傢伙，不會無緣無故就站起來亂走。另一位受試者提供的描述就比較眞實：「我並不眞的知道自己爲何站起來，也不知道要走去哪裡。有時我就是會做一些沒什麼道理的事情。」如果兩人都是你在狩獵採集村落中的鄰人，你會比較想跟誰一起去狩獵？你會想跟哪位做朋友？在人類演化期間，這些答案至關重要：如果他人不認爲你是個好的合作對象，或是不值得交朋友，你的基因要繁衍，就會遇到麻煩。

簡而言之，從天擇的角度來看，爲自己說出一套連貫的故事，把自己描繪成理性、有自覺的行動者，對你比較有利。因此，只要你的大腦與世界溝通的那個區塊無法獲得眞正的動機，那麼該區塊會自行編造一個出來，也就十分合理了。

當然了，能擁有連貫的動機對於交友或是合夥，都是令人嚮往的特質，卻不是決定性的因素。如果有人擁有清晰且一致的目標，卻總是無法達標、無法爲團隊努力做出重大貢獻、無法信守承諾，那麼他／她就不會有太多朋友與合作夥伴。所以，你會期望我們爲自己說出（且相信）一套前後連貫又討人喜愛的故事。

以結果來說，我們做到了。一九八〇年，心理學家安東尼・格林華德發明了「**利效**」一詞，描述人們天生就會以「有利又有效的」方式，把自己呈現給世界。自此之後，許多實驗結果都顯示人們不僅會以此來宣傳自己，而且也眞的相信它。

而他們有可能是對的！世界上確實**有**這些「有利又有效」的人，但要說**多數**人在這方面都高於平均值，就不可能了。然而，經過一再研究，人們大多認爲自己在運動能力到社交技巧等許多面向上，都高於平均值。而這等自我評價並不需要外來證據的證明。在一項研究中，共有五十五位受試者平均都給了自己的開車技術最高的「專家」等級。但值得注意的是，這五十五人近來都發生過交通事故，其中三分之二的人經警方判定，必須負起事故責任。

如果說，還有什麼是比我們的能力更讓自己印象深刻的，那就是我們的道德神經了。講得明白一點，就是大家都相信自己做的好事比一般人多，幹的壞事比一般人少。蒙田說：「我從不認爲自己是一般人。」而在他過世約五百年後，科學才證實了這句話可能太謙遜。

相較於那些我們模糊設想的多數人類，我們不僅認爲自己優於一般人。當我們身處於很小的群體中，還會相信自己比一般成員更珍貴。在某項研究中，研究人員詢問那些擔任論文共同作者的學者，論文成果中有多少比例是他們的功勞？平均而言，在四人團隊中，成員功勞的比例加總起來是一四〇％。在前一句中，關鍵字是**功勞**。要是團隊的努力失敗了，成員所認定的自身貢獻則會縮減。

人們時常覺察到這些自我欺騙的形式。不過，常常是在他人身上覺察到。在一項美國的研究中，實驗者描述到在人們身上常見的八種不同偏見。像是「把功勞歸給自己，卻拒絕爲失敗背負責任」「把成功歸因到自己的個人特質，像是趨力或是能力，卻把失敗推給外在因素，像是不合理的工作要求或是不充分的指示」。在這八種偏見中，一般人會說，其他人比他們更容易受到影響。一如庫茲班在這項發現中所總結的：「我們自認爲優於一般人的地方在於，**我們不會偏頗地認爲自己優於一般人**。」

透過記憶，我們自我中心的偏見會得到更多支持和煽動。某些痛苦事件會深深烙印在我們記憶中，或許我們因此得以避開那些會導致同樣痛苦的錯誤，但這也能讓我們更記得那些對我們有利的事件，以取得平衡。我們對於正面經驗細節的記憶比負面經驗還多，彷彿隨時準備把這些正面經驗拿出來與大家細細分享一樣。但在我們對其他人的正面和負面經驗的記憶裡，並不會出現這種不對稱的細節描述。

更重要的是，當我們對某人重述一項經驗，重述這個動作本身就會改變對這件事的記憶。因此，如果我們每次都重塑一丁點的故事、略過某些不便的事實、誇大某些有利的部分，隨著時間過去，我們便能改變對發生事件的眞實信念。這大概也有利於我們說服他人故事的眞實性。

當然，人們不會**總是**覺得自己過度膨脹，還是會有自卑的情緒。人類心智內建某套解釋——推測的解釋，說明這些事物對於某些經驗會產生何種演化上的意義，聽起來還頗爲合理。人們之間還會有其他差異，影響他們說出自己的故事並對其深信不已。在一項研究中，那些被評爲高度外向、高度神經質的人，每天都要記錄自己的情緒經驗。外向的人事後回憶起該事件時，會有比眞實情況更正面的回憶；而神經質的人則出現比眞實情況更負面的記憶。這項結果證實了，自我膨脹雖然是我們這個物種的常態，卻不是鐵律。但要注意的是，這兩種人都是錯的，其獨特的個性把他們導向不同種類的錯覺。而在這兩種情況中，**錯覺**都是**操作型**詞彙。

述說自己故事的類型，也會隨著文化改變。一般而言，在某些面向上，亞洲人自我膨脹的程度會低於西方人；而像是對群體忠誠這種「集體主義」的德性，亞洲人自我膨脹的程度就會高於西方人。儘管如此，自我膨脹的基本模式舉世皆然，尤其在涉及公正等道德因素時更是如此。一般來說，人們會認爲自己在道德上高於平均值。這是自我膨脹之中特別重要的一部分，因爲這會替自以爲義添加柴火，引發人類之間的衝突，並持續下去，從爭吵到戰爭都是如此。

因此，所有事情都告訴我們，我們至少活在兩種錯覺之中。一種是關於意識自我的本質：我們認爲意識自我對事情的掌握遠多於實際情況。另一種錯覺是關於我們究竟是什麼樣的人，也就是我們的能力和正直。或可稱這兩種錯誤概念爲「關於我們自我的錯覺」，以及「關於我們自己的錯覺」。這兩種錯覺通力合作，第一種有助於我們說服世界自己是連貫的、是一致的行動者：我們不會毫無來由地去做某件事，會這麼做是有道理的。如果我們的行爲值得獎賞或責備，那個內在的我們也理應受到獎賞或責備。第二種則有助於說服世界，我們理應受到的是獎賞而非責備。我們比一般人更有道德，也比一般隊友更有貢獻。我們有「利效」。

換句話說，如果你在大腦中內建了一個負責掌管公共關係的元件，那麼這個東西看起來就像是意識自我。人類學家傑洛米．巴寇寫道：「我們可以這麼主張：自我在演化上的主要功能，就是做爲印象管理的器官（而不是像民俗心理學所主張的決策者）。」我唯一要補充的，就是民俗心理學本身可能也是演化功能的一部分。我們得相信自我的能力，才能把自己展現爲有效的、正直的人。

衆多心智

如果意識自我不是CEO，沒能主導它自認在主導的所有行爲，那行爲究竟是如何受到導引的？決定又是怎麼做出來的？

在心理學領域，尤其是演化心理學中，對於這些問題有個越來越普遍的答案：**心智是「模組化」的**。在這個觀點下，你的心智由許多特化的模組所構成（這些模組會評估情況並做出反應），而你的行爲，就是由這些模組之間的交互作用形塑而成。而這些交互作用大多都是在你沒有意識到的情況下發生的。

即便心智的模組模型仍舊年輕且內容尚未充實，前景依舊看好。首先，它在演化方面是有意義的：心智一點一滴、一磚一瓦地建構起來，一旦我們的物種遭遇新的挑戰，心智就會加入新的成分。一如所見，這個模型也有助於我們理解生命中某些重大的內在衝突，例如是否要欺騙配偶、是否要服用成癮藥物，以及是否要再吃一個糖粉甜甜圈。或許對我們而言，最重要的目的是：把心智想成模組，有助於理解你從靜坐指導老師那裡聽到的東西，諸如「思想會自行思考」，也可以理解「欣賞這項事實」能讓人獲得解脫。

但是心智的模組化模型有個大問題：它的名字。**「模組」**一詞本身就容易遭受曲解，所以在我們進入模組化心智的運作之前，容我先羅列三種你**不該**如此設想它的方式，來預防誤解：

- **模組不是實體的隔間**。你無法指著腦中某個區塊，然後說：「這塊模組幫助我從人們的話語、身體語言和面部表情推斷出他們在想什麼。」心理學家確實認為有「心智理論」模組（自閉症就與這個模組的缺失有關），但是當科學家試著要從腦部掃描去描繪這個模組，卻發現它廣布腦中各個區域。有時會比較集中某個區域，有時則集中在另一個區塊。

- **不同的模組，並不像瑞士萬用刀上的刀具，或是智慧型手機上的應用程式**。我在說出這句話的時候，並不是那麼決然篤定。因爲即使是模組典範的支持者，有時確實會用這幾種東西來比喻，但事實上，不同心智模組之間的交互作用和重疊性，比瑞士刀或手機應用程式還要多出許多。

舉例來說，有些心理學家主張，「騙子偵測模組」能幫助你設想誰是值得信賴的。這個模組應會借鑑於「心智理論」模組，但或許不全然是。它或許也會借鑑於心智模組之外的大腦區塊。例如，它可能會與標籤模組交流訊息，而該模組則根據人們是否通過騙子偵測的測試，給予正評或負評。

讓事情更加複雜的是，要偵測的騙子還分不同**種類**：有交易型騙子（如不擇手段的二手車推銷員），也有性愛騙子（如不忠的配偶）。如果這兩種騙子偵測都由單一模組掌管，是否說得過去？眞實情況更像是這兩者之間有**某些**重疊。

在這兩種案例中，我們可能都會在對方陳述一些令人懷疑的內容時，評估他的眼睛是否能直視我們。但是光靠重疊的部分並不足夠。因爲，首先，驅動騙子偵測機制的動機系統，在這兩種情況中就不一樣。讓我格外關注在二手車推銷員面部表情的，並不是嫉妒。要是我認定他不值得信賴，我也不會因嫉妒而暴怒（但要是車子賣給我之後壞掉，我才得出這個結論，那麼可能就會出現非嫉妒的暴怒）。總之，我們心智模組之間的實際分工和畫定，會比「模組」字面上看來還要不明確。而模組之間交互作用的範圍，也比它字面上還要廣泛。因此，如果你寧可使用**網絡**或是**系統**等詞彙來描述心智運作，也無可厚非。

• **心智模組不像公司組織架構圖中的各個部門**。上述已經提過，模組之間的互動和重疊如此多變，而我們的心智又缺乏CEO。不過，或許仍然值得一提的是，即使在理想狀態下，公司和心智的運作方式仍非常不同。

心智模組通常缺乏的特點之一，就是服從與和諧。是的，模組之間有時會相互合作，但也會相互競爭，而且競爭激烈。有人曾經爲大型企業製作了一系列的搞笑版組織架構圖，而以內鬥聞名的微軟，被描繪爲圓形的行刑隊（編注：原指對付共同對手的團隊，因內鬥而相互攻擊）。我們的心智還不至於被內在鬥爭撕裂，但有時已十分接近微軟的組織架構。裂腦實驗的先驅葛詹尼加寫道：「心智模組之間，單就外觀看不出來有階序運作，但其實正在內部發生。這是個自由放任的自組織系統，並不會回報給總部。」

最後一句話其實是帶有一點內在張力的。「自由放任」以及「自組織系統」有不同涵義，但這兩個詞彙未必要同時應用在心智上。

有時候心智像是自由放任的，有時則比較像有組織，彷彿已經解決自由放任的問題。更重要的是，組織的意義有時會誤導我們，因爲自由放任可以發生在潛意識的層面，也可以在潛意識中獲得解決。葛詹尼加寫道：「只要你在某一刻意識到某個思緒，它就會浮上意識層面，成為主宰者。你的腦中是個狗咬狗的世界，裡面有不同系統在競爭，想盡辦法浮上表面，以贏得意識認可。」

葛詹尼加在談到你腦袋中那個「狗咬狗」的世界時，並不僅僅是在談論歌舞劇《變身怪醫》中那種雙重人格般的內在衝突、那個想吃掉（甚至偷走）甜甜圈的你，以及那個力圖勸阻的你。事實上，腦中發生的衝突，通常本身就是意識的一部分。下一章，我在處理一般所謂的「自我控制」問題時，就會談到模組之間的衝突。葛詹尼加談論較多的，是潛意識的衝突，或勉強構著意識層面中所解決的爭端。而我關注的部分、那些我講述關於自己所關心的事物、那些關於自己的故事，都來自於我所做出的選擇。而那個「我」、那個意識的「我」、那個我所認為的「我的自我」，整體來說並未做出那些選擇。

這幾乎足以讓你納悶：那個你認為是你的自我的東西，是否夠格被冠上「自我」一詞？庫茲班寫道：「最後，如果你的大腦真是由許許多多功能各異的小模組構成，而裡面只有一小部分是有意識的，那麼或許我們找不到特別的理由，去認定其中某些部分是『你』『真正的你』『你的自我』，或是其他任何特殊的東西。」庫茲班在寫下《為何人人都是虛偽的：演化以及模組性心智》這本書時，並不熟悉佛教無我的概念。但在這個概念出現數千年後，科學引領他走向這個結論。

對於庫茲班提出意識心智並不「特殊」，我要提出異議。我認爲意識心智是特殊的，它因此可以感受到快樂和痛苦、喜悅和悲傷。正是感受的能力以及一般而言的主觀經驗，賦予了生命意義，也給予道德問題價值。假想一個星球上，住滿了無法擁有主觀經驗的類人類機器人，那麼將之全數毀滅會有什麼顯而易見的惡？或是創造更多機器人會有什麼人盡皆知的善嗎？

儘管如此，意識心智的特殊，那個意識「自我」的獨特性，並不是我們一般想像的那種方式。它並不如我們所認爲的那樣主宰許多事物。比起美國總統，心智還比較接近衆議院的發言人，能主持投票並公布結果，但不能控制投票。當然了，衆議院發言人會在幕後磋商，並對投票結果產生某些影響。而我們也不能排除意識心智會在各處進行協商討論的可能性。

確實，你可能會發現這樣認定靜坐是很有用的：這是讓意識心智發生轉變的過程，從能夠稍加進行磋商協調，轉變成積極頻繁交涉商量，甚至也許還能從發言人的角色轉變成總統。

而你或許還可以發現，想要了解大腦如何決定哪些時刻要由哪個模組負責，靜坐是很有用的。這是我們下一章要來探討的問題。

07 心智模組的日常運作

大學一年級時，我得知自己有所謂的「跨時效用函數」。這不是某種診斷，更不是某種疾病，而是每個人都擁有的東西。這是一條用來描述你願意延遲滿足的方程式，也就是你願意放棄某種你喜愛的東西，以便稍後換取更多。

舉例來說，如果有人向我保證，如果放棄今日一百元的工資，一年之後我就能獲得一二五元，那我或許願意這麼做。然而我朋友跨時效用函數的調校方式稍有不同，要他放棄現在的一百元，得保證他一年後能拿到一五〇元。

這又稱爲「時間折價」。人們會替未來「打折」，覺得一年後的一百元，不如今日的一百元。在上述的例子中，我朋友替未來打的折扣幅度比我還大。

無論如何，根據我在經濟學課堂上看到的模型，不論我的跨時效用函數是如何調校、我的時間折價幅度有多大，到隔天、下週甚至明年，計算方式都不會變。我的折價牽會是我穩固而持久的心理特徵。

我認為佛陀對這項主張會有所懷疑。祂不會把這些特徵視為持久的，當然也不會視為人們心理的一部分。我猜想，如果祂是我的大學同學，一定會在經濟學課堂上直接站起來說：「嘿，各位比丘，你們對這有什麼想法？心理構造是永久的還是暫時的？」

事實上，祂或許不會用這麼破壞性的方式來質問。不過從佛教文獻來看，祂確實在另一種情況下說了同樣的話。這是祂進行的某次無我說法，其實這是祂最初也最有名的無我論述，也就是我們在第五章看到的那一次。

在第五、第六兩章，我主要聚焦在佛陀基本無我論述的其中一部分：「五蘊」不在你的掌控之下。一如祂隨後提到你跟五蘊的關係，並不等同於一國之王和其領土之間的關係。

我先前只有輕輕點到佛陀無我論述的另一個重要部分，那就是自我流變的、無常的特質。在祂問了僧人「心理構造（行）是永久還是無常的」（色為常耶？為無常耶？）後，祂得到了預期的回答：「是無常的，世尊。」

接著佛陀繼續問，說這些無常的東西「這是我的，這是我，這是我的自我」，是否有意義？

「確實沒有，世尊。」

佛陀以同樣方式把另外四蘊探討了一遍。在每個討論中，祂堅稱那些會改變的事物都不該是自我的一部分。祂並未明言原因。① 而要提供最完整的解釋，需要深入探討佛陀時代流行的自我概念。不過，當然了，且不論祂的智性思考脈絡，祂的論證中的確有個常見想法十分吸引人：我們確實會把自我（內在眞實的我）視爲某種持續的東西，那是即使我們從孩童、成人再到老人，仍舊維持不變的東西。

① 佛陀在這論述中確實強調了無常與dukkha（受苦、不滿足）之間的關連。而祂的遣詞用句表明了，由於五蘊具有抗拒控制、無常和苦等屬性，把五蘊等同於自我是不適當的。一種解釋是，由於無常導致苦，因此無常的事物不是自我。有鑑於這個論述還能把五蘊抗拒控制的屬性連結到受苦，這種解釋就變得更合理（雖然這裡指稱受苦的字詞並不是dukkha）。在這種解讀中，五蘊並不是因為抗拒控制和本身的無常，而喪失做為「自我」的資格，更確切來說，是因為對抗拒控制和無常會導致受苦，致使五蘊喪失做為「自我」的資格。至於為何導致受苦的事物，就會喪失成為自我的資格，目前還不清楚。不過，不易控制或無法持久的事物不具備做為自我的資格，這點倒是很合理。因此，我會採取的解釋，就跟許多人一樣，認為佛陀的論據主要是關於無常和抗拒控制本身。話雖如此，我還想補充一點，如果我們認為佛陀的論據，嚴格上來說是務實和治療上的意義（也就是把五蘊視為自我會導致痛苦，因此你應該不要把它們認定為自我，這樣你就會少受點苦），那麼，只因為無常和抗拒控制的事物會導致受苦，佛陀便不把這些事物視為自我，就能說得通。這種解讀方式能與第五章所討論佛陀論述的「異端」解釋相吻合。

不過事實上，我們當然會變。而且不止是從孩童變成大人那種改變。我們每個時刻都在變，而有時候，我們會依循著通常被視爲不變的向度在變化。

這要回到我的跨時效用函數。心理學家發現，如果你讓男性觀看他們覺得有吸引力的女性照片，他們的跨時效用函數（也就是他們對未來的折價率）會改變，變得比較不願意放棄手上的現金（沒錯，實驗中給他們的就是眞正的錢），來交換未來額度更大的現金。

爲什麼一個人的基本財務哲學，會在看了女性照片後發生改變？這點我們稍後會討論，但是可以先給你一點提示：這似乎牽涉到上一章所討論的心智模組。更廣泛來說，心理的流變、無常，這些在佛教徒看來會讓他們對於自我的存在抱持疑慮的東西，多少可以描述爲那些模組的運作。以這個角度來看待事情，有助於闡明佛教靜坐的核心悖論：接受你的自我並未掌控一切、甚至在某種意義上並不存在的這項事實，能讓你的自我（或是那些像是自我的東西）重掌一切。

這個時間折價的實驗，屬於特定的實驗類型：心理學家藉由操縱受試者的心理狀態，來觀察他們的意願會如何變化。關於自我的重點，通常就與這個實驗一樣：有些東西你或許認爲是頗爲牢靠的心理特徵，結果事實卻不怎麼穩固。

舉例來說：你會想跟著大家走，還是選擇人跡較爲罕至的路？正確答案是：看情況！

《行銷研究期刊》有篇研究提到，藉由媒合銷售辭令及媒體背景，可以爲廣告商提供增加廣告影響力的方式。研究人員讓不同受試者觀看來自不同電影主題的影片：恐怖片《鬼店》，或是愛情片《愛在黎明破曉時》。接著，每組受試者會觀看兩部美術館宣傳片的其中一部。第一部宣傳片的銷售辭令是：「每年超過上百萬人造訪」，第二部的銷售辭令是：「喧囂中的孤獨」。

第一種銷售辭令會讓觀看過《鬼店》的人更喜愛美術館，更想要造訪，有可能是恐怖的情境讓他覺得人多比較安全。觀看《愛在黎明破曉時》的人反應則完全相反，有可能是浪漫的感覺會讓他嚮往較親密的環境。

這個結果似乎還不至於翻天覆地。我們都知道人在不同心境下會表現出不同行爲，所以我們有理由認爲，當我們處於浪漫心境之下會改變行爲。不過，進行這項研究的人並不認爲「心境」模型適用於此。

共同參與這項研究的心理學家道格拉斯．肯瑞克和弗拉達斯．格里斯克維西斯認爲，我們每個人都有許多「次自我」（有時肯瑞克也會用「模組」）。而他們主張，在這個研究中，你所觀看的電影，決定了由哪個次自我／模組來掌控你對宣傳片的反應。愛情片讓你把主控權交給「求偶配對」模組，恐怖片則讓你把主控權交給「自我保護」模組。

我可以想像，佛陀會喜歡這種語言。另一種描述此種狀況的方式（「我」在不同「心境」下會有不同作爲），只是在迴避祂似乎一直提出的問題：如果你隨時會變換喜好，那麼怎麼說每一刻都是同樣的「你」？用「心境」來替換「你」的形象，豈不止是在掩蓋一項事實：今日的你和明日的你，並不是同一個你。

我們可以花一整天討論這個問題，但値得注意的是，過去二十多年來，不少心理學家已經同意了肯瑞克和格里斯克維西斯（以及上一章的庫茲班與葛詹尼加）的看法：**可由心智模組的模型來適切描述心智的動態**。在這個觀點下，如果你建造了一具機器人，其腦袋的運作方式跟人一樣，然後你請電腦科學家描述其運作方式，他們會說，機器人的腦袋是由許多部分重疊的模組所構成，且模組裡面還有模組，層層疊套。而機器人遇到的處境，則會決定當下由那些模組來主導運作。這些電腦科學家可能無法確切指著機器人的某部分程式說：「這個部分就是機器人的自我。」

最接近自我的東西，會是決定由哪些模組負責應付哪些環境的運算法則。而這個算則不會是我們所說的人類「意識自我」（CEO自我），因爲人類不會在意識中決定要啓動浪漫模式還是恐怖模式。確實，如果心理學家告訴受試者，電影會改變他們對銷售辭令的反應，或是女性的照片會改變他們的時間折價率，受試者可能會感到驚訝不已。

因此，如果那個爲我們切換頻道、啓動新模組的東西，並不是「意識自我」，那會是什麼？其實，模組的啓動跟感受密切相關。《鬼店》讓你恐懼，而恐懼感似乎在啓動自我保護模組時參了一腳，讓你想在群衆中尋找庇護。《愛在黎明破曉時》啓動了浪漫感受，而浪漫感似乎會召喚求偶配對模組，讓你嚮往親密的場所。

模組由感受觸動的這個想法，讓我們得以看清佛教兩大基本概念彼此之間的關係，這兩種概念就是：**不執著於感受**以及**無我**。

我們已經看到兩者的關連之一：當你以正念觀之，放下某種感受，就放下了某種先前認爲屬於自我的東西：你正一塊塊剝除自我。但是現在，我們發現「剝除」二字可能低估了你正經歷的事情有多麼重大。

感受不僅是你認爲的那個自我一小部分，更接近自我的核心。感受所做的，正是你所認爲的「你」在做的事情：發號施令。是感受在「決定」當前該由哪個模組來主導，而該模組則決定當前你要做的事有哪些。何以拋去對感受的執著，有助於你達到無我的境界。從這個角度來看，情況似乎稍微明朗。

嫉妒：心智的暴君

有時候，感受—模組的連結之強大，我們絕對不會弄錯。當感受如排山倒海而來，所召喚而來的模組也帶來翻天覆地之效。

我們來看勒達．科斯米德斯和約翰．托比對「性嫉妒」進行的分析。他們兩人在一九八〇和九〇年代致力於爲演化心理學奠定基礎，同時也是心智模組觀念強而有力的提倡者。隨著他們思想的發展，提出了心智模組如何與情緒連結的問題。他們的結論是：情緒所做的事（也就是情緒存在的理由），就是啓動並協調最適合當下（也就是針對演化的意義而言）的模組功能。（當然，所謂的適合，並不是道德意義上的適合，甚至未必對當事者有利，只是這套模組功能有助於祖先散播基因。）托比和科斯米德斯以嫉妒爲例：

> 性嫉妒的情緒構成了某種有組織的運作模式，專門用來布署掌管各個心理機制的程

式，好讓各個心理機制處理曝光的不忠行為。生理上的過程則是為了暴力之類的事情做準備：浮現了威嚇、傷害或是謀殺對手的目標；出現了懲罰、制止或遺棄配偶的目標；冒出了讓自己更具競爭力的吸引力，好讓配偶回心轉意的念頭；啓動了記憶，以重新分析過去；對過去的自信評估，轉變為懷疑；對異性（甚至每個人）的可信度和信賴度等一般評價，可能會下降；與恥辱相關的程式會被觸動，以尋找個人可以公開展演暴力或是懲罰行為的場合，好扳回屈居弱勢的社會觀感（不論是假想的還是真實的）；諸如此類。

這事情可多著！確實，事情這麼多——一個人的態度、專注的事情、性情，產生了這麼多變化，你可能會說浮現了一個全新的自我，並攫取了心智的掌控。在十七世紀，約翰．德萊頓寫了一首詩〈嫉妒：心智的暴君〉，標題確實說明了嫉妒運作的方式。它至少一度是你心智中無庸置疑的統治者。渾身燃燒在嫉妒怒火之中的人，一定都能夠證實，不論當時是誰掌管著你的行爲，那都不是平常的你。

嫉妒的感受如此強大，或許很難想像該如何抗拒。但嚴格來說，抗拒不是正念處理嫉妒的方式。而是：當嫉妒的感受浮現，以正念觀察它，因而絕對不會堅決地執著於它。如果你不執著於此，不讓意識「參與」這個感受（佛陀或許會這麼說），那麼嫉妒模組應該就不會啓動。不帶執著地觀察感受，也就能避免心智模組掌控你的意識。不過我知道，說比做還容易。

你若能成功阻絕自己對嫉妒的執著，你就不會無法處理所面對的情況。你仍舊可以對配偶的不忠有所反應，並決定是否因此終止彼此的關係。不同的是，你若沒有屈服在嫉妒之下，就更能確定配偶的不忠是否爲事實，更能決定出明智的行動方案。並且，無論事情如何發展，你都比較不會因此殺人。

當然，模組攫取心智掌控權的情況中，嫉妒是格外戲劇化的例子。一旦人們開始丟東西、尖叫，這都透露出大腦正處於新的管理狀態。而即便嫉妒並未進展至憤怒階段，它仍擁有顯著的強迫性特質，會迫使你的心智反覆進行特定思路。

但即便是更細微的情緒，只要出現較不顯著的效果，所帶來的微小變化也足以導引至全新的心智架構。再回想一次那個愛情片讓人們遠離人群的實驗。這個反應本身很難說是否會帶來翻天覆地的結果，然而反應「本身」不是事情發生的方式，而是肯瑞克和格里斯克維西斯所謂的「求偶配對次自我」觸動之後，所帶來的各種變化之一。

讓我們回到跨時效用函數，以及當男性看到覺得有吸引力的女性時，對未來的折價率會比沒多久之前更高。這中間究竟發生了什麼事？這是否為假設的求偶配對模組中的另一部分？

主導時間折價研究的瑪歌．威爾森和馬丁．達利，也跟托比與科斯米德斯一樣是演化心理學的先鋒。基於對人類這個物種歷史的反思，激發他們進行這項實驗。我們有好的理由相信，在人類演化期間，能取得資源（像是食物）以及高社會地位的男性，更具備吸引配偶的優勢。因此，如果眞有所謂的求偶配對模組，你會預期它的特點就是具備如下的運算法則：男性若發現眼前出現求偶良機，便會善用眼前所有獲取資源的機會，即便這會失去更長遠的可能性。他們想要資源，現在就要！而在現代環境中，金錢就是資源。

當然，實驗中的受試男性並沒有見到眞正的求偶機會，他們只是看到了女性照片。但在先人的環境中，並沒有照片這種東西，因此看見女性的眞實影像，意味著女性眞的就在眼前。這就是爲何實驗中的男性心智，有可能僅因幾張照片就遭到「愚弄」，即便他們也「知道」，這些女性是無法企及的。

因此，這個實驗再次提醒了我們，要啓動心智模組，不僅不必刻意觸動意識自我，甚至不須知道背後操縱的達爾文演化邏輯。

在求偶配對模式中，時間折價並非唯一的心理學特徵，它會比你想像得更多變。你認爲即便人們對職業的抱負會隨著時間流逝而**有所變動**，卻不會在瞬間出現巨大波動，但事實並非如此。在一項研究中，心理學家要男性受試者填寫他們的生涯計畫調查表，其中一些人是在男女混合的房間裡填寫，其他人則是在全男性的房間中填寫。結果前者比後者更傾向把財富累積視爲重要目標。

這或許還不足以標示他們的人生目標出現眞正變化。也許求偶配對模組並未改變長期計畫，只是暫時啓動了「自我推銷」的次模組。換句話說，也許有女性在場，讓這些男性亟欲以充滿膽識的財富計畫，來引起這些女性的注意，卻不關心這些計畫是否實際可行，或是他們的膽識究竟可持續多久。但如果是這樣，這些男性的意識自我並不了解這個策略邏輯。畢竟，他們沒有理由相信，這些女性會讀到他們想藉由問卷傳達的大膽計畫。

讓我們回到裂腦實驗中的道德：不管人們爲自己的動機編出怎樣的故事，他們有能力說服自己，讓別人知道這個故事對他們是有利的（或是天擇定義下的「有利」）。然而在時間折價的實驗中，這些受試者都不是裂腦病患。他們是結構正常的人類，受到自然運作的心智——或至少是當下那一刻負責運作的部分心智所掌控。

因此，那些意識到有求偶機會的人，會出現三種變化：他們會變得厭惡人群，突然偏好親密環境；他們會重新校準跨時效用函數；他們的生涯目標（至少在當前）會變得更拜金、更物質化。②處於求偶模式下的心智會發生的變化遠不止這三種，但你已經可以了解，何以我們會傾向認爲人們眼前出現充滿吸引力的潛在配偶時，他們的心智便受到某種模組（或是肯瑞克和格里斯克維西斯所說的「次自我」）所掌控。

混亂的心智模組

同時，我們應該以正念觀看心智的混亂狀態，並且不要過度著迷於模組的隱喻。肯瑞克和格里斯克維西斯有時看起來就頗爲著迷。他們把心智清楚分為七個「次自

② 實際上，這裡用「他們的」這種複數所有格代名詞會產生誤導。在跨時效用函數的情況中，該結果是針對男性而不是女性；在生涯目標的情況中，似乎沒有對女性進行實驗。一般來說，當我們談到配對心理學，根據演化心理學，性別之間不會完全對稱。與此同時，也沒有理由相信女性因為求愛或求愛所預期的前景，在心智上的轉變會比男性來得少，即使轉變在某些方面可能有所不同。

我」，任務分別如下：自我保護、吸引配偶、留住配偶、連繫（交朋友）、照料親屬、社會地位以及避開疾病。這種分類法有其優點，畢竟這七種心理功能的領域，在天擇設計心智之時，無疑就相當受到重視。儘管如此，你也無須不斷查看這個列表，因爲我等一下就會提醒你，我們很難在這些模組之間劃出清楚的界線。

例如，當那些在生涯調查研究中的受試者修飾自己的生涯目標時，你可以說他們是想要吸引配偶，也可以說是想提升自己在潛在配偶眼中的地位。更重要的是，這也是他們爲了提升自己在**非**潛在配偶眼中的地位時，所會做的事情。那麼，我們是否就應認爲「求偶配對」的模組中，還有個「社會地位」的次模組？或者，我們應該將「求偶配對」的模組，視爲從肯瑞克和格里斯克維西斯分開設置的「社會地位」模組中，借用而來的某些機能？正是因爲這類難題，我才會竭力避免把心智模組比擬爲瑞士刀，或是智慧型手機的應用程式。

將心智模組比喻成手機應用程式，會遇到另外一個問題：模組之間的轉移有可能比手機應用程式的切換更微妙。即使「求偶配對模式」聽起來頗爲獨特，觸動這種模式的感受，卻未必要跟觸動嫉妒的感受一樣戲劇化。這其中可以沒有愛或欲望的暗示，而且可能只有高度的吸引力和興趣。隨之而來的心智狀態，通常也不會像嫉妒那麼刺耳、不和諧。儘管如此，這仍是一種獨特的心智狀態，而且由感受所引發。

清楚劃界的模組比喻有誤導之嫌。因此，如果你喜歡我前段使用的「心智狀態」，更勝於「掌控一切的模組」，那也可以。不論你愛用哪種方式描述，都要記住以下兩項：

一、這心智狀態並不是意識自我「選擇」進入的，而是由感受所觸動。也就是即使「意識自我」原則上可以取用感受，卻可能沒有注意到它，或是沒有注意到已有新的狀態入駐（就算是CEO般的意識自我也是一樣）。

二、因此，你可以了解爲何佛陀強調心智各個部分有多麼不定、多麼無常，以及爲何祂會認爲心智的流變與無我論證有關。我們也確實很難想像能在不斷變換的心智狀態之間找到自我。

確實，如果在這流變之中，有什麼東西可說是持續、**眞正**持久、在本質上不改變的，那個東西就是錯覺：認爲「我」，那個意識的我，就是自我的CEO、自我的王。我們在前幾章看到，這種錯覺具有演化上的意義。意識的我就是那個說話的我，那個與世界溝通的我，因此它要與世界分享它所擁有的觀點，包括：這是個負責執行的自我，而且是個效能良好、擁有優異執行力的自我！我們在這章看到，這個意識心智除了能主導持續的錯覺，也能接觸到其他較短暫的錯覺（例如生涯目標的野心等）。就看當時是什麼感受，又讓哪個模組主導，以及這個模組想與世界分享什麼樣的觀點。

這樣的錯覺或許看起來不須加以防禦。就算這些男女爲了要打動對方而耽溺於自我欺騙，又有什麼問題？我想不會有什麼問題。有些錯覺是無害的，有些甚至有益。我絕對不是想說服你擺脫自己的錯覺。總體來說，我的哲學就是**自己活也讓別人活**。如果你喜歡活在母體中，那就儘管去吧！

除非，也許當你的錯覺傷害了生命中的其他人，或是對世界帶來更大問題。這是可能發生的。舉例來說，在自我保護的模式中，我們做的有時不僅止於吸引群衆。在一項研究中，男性在觀看驚悚片《沉默的羔羊》部分片段之後，再去看不同人種的照片，比起沒有觀看恐怖電影片段的男性，他們會認爲照片人物面部表情的憤怒程度高出許多。

當然了，你可以想像得到這種誇大威脅的錯覺是派得上用場的。如果你正要穿越陌生的街區，但由於過度謹愼，你又退出了，而這或許有幫到你。但另一方面，誇大對特定陌生人的敵意，可能會讓你無法跟不同人種的人，擁有建設性的友善互動。更重要的是，這種賭注有時還高於獨自走過陌生街區的命運。政客有時候會刻意激發同樣的心理傾向，讓我們「過度詮釋」所面臨的威脅，進而把人們帶向戰爭或是種族對立。

至於求偶配對模組，不止是鼓動我們遠離人群、另覓隱密的小酒館，它還引導我們在小酒館中的對話。舉例來說，它或許會鼓動我們去說所有潛在競爭者的壞話，以影響同桌人的情感。這類對話中也經常出現「自我膨脹」，但針對競爭對手的貶抑反而更不眞實。不過這些貶抑都是眞心的，我們會相信自己最好去散播競爭對手的壞話。

佛陀似乎看清了人心的這種動態。一段咸認爲由祂所說的話如下：

感官的證據和成果，使得他對其他人這般輕蔑，
以及如此自以為是地堅信他是正確的，
他所有的對手都被歸類為「抱歉，無腦的蠢蛋」。

那麼，對此我們可以做什麼？如果我們的心智不斷被不同模組所攫獲，而每種模組都承載著不同錯覺，我們該如何改變這種狀態？

答案並不簡單，但是我們已經清楚知道，要更能掌控情況，可以從感受下手。感受和錯覺之間的關連，已在第三章多少清楚交代：我提到，有些感受在某種程度上是「錯的」，因此與這些感受保持特定距離，有助於我們看清事情。不過，當你了解還可以用

另一種方式來描述感受與錯覺的關係時，我們就更能抵抗感受的迷惑。它不是只會帶來特定、短暫的錯覺，還可以引入一套完整的思維模式，並在一段時間內改變一系列的認知與傾向，無論好壞。

佛教思想和現代心理學在此融匯一處：在人類一般的生活中，並沒有所謂單一的自我、意識的CEO來主掌日常生活。而是由一系列的自我輪番掌控，並在某種程度上**攫獲**主控權。倘若這些自我是透過感受來掠奪日常行爲的主控權，我們就有理由認爲：要改變日常行爲，其中一個方式就是改變感受在日常生活中扮演的角色。

而我所知道最好的方式，就是正念靜坐。

08 思緒如何自行思考

你可知有句俗話是關於禪宗禪修、藏傳佛教禪修以及內觀禪修的？嗯，你可能不會知道。這句俗話意在傳達出這三種佛教禪修傳統的差別：內觀著重於正念；藏傳佛教通常是把心念導向視覺心像；至於禪宗，有時則是以默想公案這些機鋒來靜坐。

這句俗話就是：禪宗禪修適合詩人，藏傳佛教禪修適合藝術家，內觀禪修則適合心理學家。

就如大多數人對這些概念的刻板印象，這句話誇大了彼此的差異。不過，這仍指出一個鮮明的重點：**內觀的主要方式「正念靜坐」，是研究人類心智的絕佳途徑**。至少，這是研究一個人心智的絕佳方式，而這個人指的就是「你」。你坐下來，讓內心的塵埃落定，接著觀看自己的心智如何運作。

當然，嚴格來說，這不是心理學家在做的事。心理學是科學，而根據定義，科學要能產出可公開觀察的數據和實驗結果，讓所有人都看得見。相對來說，當你觀看自己的心智，你看到的東西就只有你自己看得到，別人都看不見。這些東西嚴格來說並不是科學數據，所以當你在靜坐時，你並不是實驗心理學家。如果你從靜坐狀態中脫出，然後宣稱自我並不存在，這並不能做爲科學證據。

若要說科學和靜坐之間有任何關係，會是以別種方式運作。對自己的心智進行靜坐式觀察，並不能證成任何理論，反而是理論有助於證成對心智的靜坐式觀察。靜坐期間，如果你看到的東西符合心智運作的可信科學模型，那麼你就比較有理由相信，靜坐有助於你清楚看見自己的心智活動。

就拿心智的模組模型來說吧。基於科學，我們應該認眞看待它。如果模組化心智確實是心智的正確圖像，而如果內觀禪修確實能讓我們洞見心智的運作，那麼，你或許會期待靜坐能讓我們瞥見模組化心智的運作。

我認爲靜坐能達成這個目的。

人們在正念靜坐時的某些體驗，在模組化心智的參照下確實能說得通。我所要談的不只是頓悟——那種在閉門靜坐數個月之後突然獲得的啓蒙，例如突然了解到沒有所謂的自我。我還要討論的是，在靜坐的道路上，藉由哪些實驗性步驟，或許終究能踏上開悟之境，而且是更普遍共通的頓悟。

其中這個步驟，是大家最常有的靜坐經驗：發現靜坐眞的很難，因爲我們的心智拒絕停留在同樣的狀態。一如我先前所言，看到自己的心智在流動，就是看到佛陀在挑戰「自我」的傳統概念時，所談及的部分內涵。也就是說，倘若有所謂的CEO自我，那麼這個自我所顯示出的心智圖像，會與模組化心智驚人的一致。

要理解我所說的意思，只要跟著以下四個簡單步驟即可：

一、坐在墊子上。

二、努力把心思集中在呼吸。

三、心思一直無法集中（這步驟最簡單了）。

四、留意究竟是**何種**思緒讓你無法集中，這些思緒可能跟年齡等因素有關。

但是讓心智無法安定的幾個最常見的例子會是：

一、假想自己要是跟迷人的男同事或女同事約會，會是什麼情況。例如自己可能會講出哪些風趣或討喜的話，或是用哪些方式讓對方驚豔。

二、想著自己昨天遇到對方的情景，很想知道對方所說，是否就是自己所希望的。

三、想著自己跟情敵相遇時，對方一些無禮的小動作。
四、立即陷溺在復仇的幻想裡，恨不得對方那些粗鄙和卑劣的手段暴露在大衆面前，讓他可恥得想找個地洞鑽進去。
五、假想自己在過完辛苦的一天，在不斷幻想如何擊垮敵手之後，回到家中喝杯啤酒慰勞自己。
六、回想昨天自己揮出那漂亮的一桿，把球打進第十八洞，技驚四座。當然，還有你事後隨口說了幾句機智風趣的話，逗得大家笑聲不斷。
七、擔心明天交不出簡報。
八、擔心在幼稚園的女兒，或是因爲昨天沒有打電話給老母問安而感到罪惡。
九、你所謂的朋友沒能幫你的忙，而你卻經常幫對方同樣的忙，這讓你氣惱。
十、想著待會兒跟另一位朋友吃晚餐時，可以大肆發洩一下對前一位「朋友」的不滿。等等等。

✦

這裡有三種不斷重現的主題。

第一，這些思緒都跟過去和未來有關，而非現在。當你擁有這些思緒時，唯一沒在做的就是把注意力放在眞實世界中，專注在當下眞正發生的事情。

第二，這些思緒都跟你有關。在預設模式下，我們所想的，主要都是指向自我的思緒。這並不令人驚訝，畢竟天擇所設計的大腦，關注的就是我們自身利益（至少是天擇所認定的「利益」）。

第三，這些思緒大多跟其他人有關。這一樣不令人驚訝，畢竟人是社會性動物。確實，結果情況是，預設模式網絡、經過大腦掃描確定的「心智網絡理論」（大腦中涉及思考其他人在想什麼的部分），兩者之間有為數頗多的重疊。

還有第四個主題，是這些心智漫遊幾乎共通的東西。你有認出來嗎？

提示：本書前兩章都在談的東西。

沒錯，就是模組！儘管讓你遠離直接經驗的思緒列車可以帶你到很多不同的地方，但這些地方幾乎都位在前述某種心智模組的範圍之內。也就是說，就演化而言，這些模組非常有意義：專門處理吸引並保有伴侶、用來提高你的地位（這可能意味著貶低對手）、照顧親屬、照料你的友誼（包括確保彼此是互惠的，而且你沒有受剝削）等等。

上述讓心智無法安定的例子中，有個格外醒目的例外，似乎無法自然融入主要模組。那就是第五個例子：期待自己喝杯啤酒好好慰勞自己。據推測，演化並沒有為我們建立一個「啤酒飲用模組」。但是啤酒和許多其他娛樂用藥物一樣，是一種圍繞著演化邏輯的發明：它做的事情有助於我們祖先散播基因，因而得以直接進入要更費勁才能啓動的獎勵中心。

當你的心智在遊蕩，這感覺可能就像是……嗯，就像是你的心智在遊蕩，如同沿著模組的地景在閒逛並進行採樣。心智先沉迷一個模組一段時間，接著又轉向另一個模組。但若換一個方式來描述，就是實際上有不同的模組正搶著要得到你的注意力。當心智從一個模組「遊蕩」到另一個，實際上就是第二個模組已經獲取足夠的力量，把你的意識從第一個模組那裡拉開，爭取控制權。

我絕對不是要你在這兩種觀看心智遊蕩的方式中選擇一種。目前我只想提出兩點：

一、堅信心智模組化模型的心理學家，往往傾向第二種觀點。認為意識沒有選擇模組，而是如第六章葛詹尼加所說：「在衆模組中，某個模組脫穎而出，贏得意識認可。」

二、如果你持續進行內觀禪修，並緩慢地、逐步聚焦在你的呼吸上，或許會逐漸靠近第二種假設：情況似乎越來越像是，你的心智並非在自己的領土上遊蕩，而是遭入侵者劫持。

最後，這些模組似乎不會像劫持犯那樣劫持心智。思緒會浮現，但不會占據你的注意力太久，你的意識會回到你的呼吸。思緒無法把你帶走，列車會靠站，而你會站在月台上目送著列車離開。

其實，我不該用這麼權威性的口吻講出上一句話，一副我經常全然超脫地目送整列思緒進站又離站。通常我的經驗比較像是，我也搭上列車，等列車離站並開始加速之後，我才發覺自己並不想被載走，然後跳車。

這對我來說是一件令人沮喪的事情。一方面，我非常善於以客觀態度來觀看自己的**感受**：確實看著他們浮現，彷彿我正看著舞臺上的演員走路。（至少，我在靜坐時很擅長這一點；在日常生活中，我的情況則較為混雜。）但是我發現，要以如此超脫的態度來觀看我的**思緒**就比較難了。

讓我換個方式描述這個問題：記得葛詹尼加所說，不論何時，你所意識到的思緒都是「從意識層面浮出」的思緒？那麼我的問題是，我無法看到它「浮上來」的這個部分。所以，如果你想得到關於這個部分的生動描述，你應該聽聽其他人的說法。例如，約瑟夫．葛斯丁。

一九七五年，葛斯丁協同雪倫．薩爾茲堡以及傑克．康菲爾德，共同創立了美國的內觀禪修學會，也就是我在二〇〇三年首次參加的禪修營。他們三人年輕時都到過亞洲，接觸了內觀的教導，也都成爲西方佛教的重要人物，作育英才，著作等身。一九七六年，葛斯丁出版了開創性的著作《內觀的經驗》（*The Experience of Insight*），於是成了談論內觀經驗的絕佳人選。有一次我還逼他描述，以超脫的態度（或是他比較愛用的詞是「不執著」）來觀看自己的思緒是什麼樣子。

「觀看自己思緒」是什麼樣子？

葛斯丁說，要了解整個狀況的方式之一就是：「想像你心智產生的思緒都來自身旁的那個人。」此時，你會與這些思緒建立何種關係？他指出，如此一來，你就不會認同這些思緒。「思緒本身就像聲音一樣會出現和消失，但『認同』是我們自己附加上去的。」

我問道：「那麼，在靜坐中可能會覺得思緒憑空冒出，幾乎像聲音一樣囉？」

他答道：「是的。」

我總是樂於幫助神智清楚的人，確認他們的話聽起來不像是瘋了，所以我加問了一句：「雖然這不像是你有『眞正』聽到什麼東西？」

「是的，沒錯。」

我喜歡這段對話所引導的方向。他似乎是說，一般而言，我們認爲思緒是從意識自我發出，但思緒其實卻是**走向**我們所認爲的意識自我，之後我們再擁抱這個思緒，讓它彷彿屬於那個自我。結果這似乎與這想法一致，也就是：模組在意識之外產生思緒，並以某種方式將思緒注入意識。因此，我繼續堅持在這一點。

「讓我看看自己的理解是否正確。在靜坐中，你可以開始看到……原本可能一輩子都認爲是你在思想著思緒（也就是說，是那個你認爲是『你』的東西，在思想著思緒），卻更可能其實是『思緒』想要去攫獲那個你認爲是『你』的東西。」

「是的。」

「它們來自你身體的某個地方，大腦的某個地方。」

「是的。」

到目前爲止都還不錯。但是，接著我強調的事對葛斯丁而言，口味有點過重了。

我說道：「但是，你認爲是自己一部分的大腦或身體，其實更像是思緒的俘虜。這些思緒**試圖**伸手並抓住那個……」

「這是描述它的一種有趣方式，感覺上當然也是如此。但我會用不同的方式來表達。這只是思緒正在出現，它不是**有意**走向我們、俘虜我們，而是心智已經非常習慣認同思緒。我們就是這樣度日的，而要打破這種狀態是需要練習的，要留心你的思緒，而非迷失在其中。」

不過，心智認同思緒是透過「條件反射作用」的習慣反應，這個論點是我想稍微吹毛求疵一下的。我認爲，我們某些更一般的錯覺（或許也包括「我們的思緒是由『我們』所產生」這樣的想法），是由天擇深深內建其中的。即使錯覺會受到生活經驗所影響，整體來說，它們其實更接近本能而非壞習慣，這也解釋了爲何要把錯覺連根拔除如此困難。

但我不同意。我可以接受葛斯丁理論中有條件限制的本質，但我的意思不是思緒眞的**試著**要去攫獲我們的注意。

事實上，心智的模組化模型讓我認定，思緒的作用其實更少。某些靜坐指導老師認爲「思緒自行思考」，但嚴格來說，我認爲是「**模組**思考著思緒」，或者應該說是「模組產生思緒」。而要是這些思緒在某種意義上強過競爭模組產生的思緒，它們就會成爲

被思考的部分——也就是說，思緒進入了意識。儘管如此，因爲模組是在意識之外進行工作，所以當你在靜坐期間觀察著心智，看起來可能像是「思緒自行思考」。就意識而言，就是思緒不知從哪憑空冒出來。

總之，老師想說的重點與模組化心智模型的結果是相同的：意識自我並未創造思緒，而是**接收**思緒。而情況似乎是意識自我的**接收**動作，就是葛斯丁以比我更客觀、更澄明的態度所觀察到的部分過程：思緒進入意識覺察、「浮出意識」的這個過程。

我的意思並不是「思緒確實有俘虜我們覺察的欲望」。在向葛斯丁傳達這個想法後，我又發問了：「雖然如此，思緒是否有時看起來很主動，而非被動的東西？」我說，「換句話說，思緒是你意識中必須去應對的演員，而你習慣跟著它們走。但事情並不是必然如此。」

「沒錯。要是我們去觀看它們究竟是什麼、要是我們沒有被拉進它們的戲碼裡，思緒就變得不那麼主動。這有點像是看電影。你去看電影，裡面有非常引人入勝的情節，於是我們就被拉進故事情節裡，並感受到許多情緒：興奮、害怕、情愛……接著，我們跳脫出來，認定這些不過是投射在布幕上的光點。所有我們認爲發生過的事情，其實並沒有眞正發生。我們的思緒也是這樣。我們被故事擄獲而置身其中，忘卻它們本質上並不眞實存在。」

逃離這場戲，也就是把思緒視爲從你面前路過，而非從你發出，能帶你更接近無我的體驗——在那個時刻，你會「看到」那裡並沒有「你」在思考或是做任何事；在那個時刻，那看起來像是形而上的眞理得以揭露。不過，一如我們在第五章所見，有些人說最好不要以形上學眞理來看待佛陀原始的無我教導，而是視之爲實際的策略：不論自我是否存在，當你拋棄自己所認爲的自我部分，你就淨化了對世界的觀點，成爲更好、更快樂的人。而這個無我的實際策略，並不亞於無我的形而上發現，並且似乎能因葛斯丁所描述的觀點得到進一步推展。

正如他所說：「當我們擁有思緒本質的智慧基礎，就擁有更多能力去選擇，看看哪些思緒是健康的、哪些沒那麼健康。那些不健康的，我們就可以放手。」

目前爲止，內觀禪修在心智模組化模型的啓發下看起來相當好。在靜坐之路上兩個非常不同的階段，看起來也很不錯：第一次坐上墊子時，由於思緒入侵，要聚焦在呼吸似乎毫無希望；另一個階段要到很久之後，當你像葛斯丁那樣，已經有能力觀察到思緒浮上意識，靜靜待在那裡，然後不帶著你的心智離開而自行蒸發。

在第一個階段，也就是努力集中注意力之時，你看到思緒捕捉到自己；在第二個階段，你看到思緒未能成功捕捉自己。但在這兩種情況中，你都意識到這些思緒並非來自於「你」，並非來自你的意識自我。因此，如果實際上是由覺察無法企及的模組，將思緒推入意識，那麼這兩種經驗就都很合理。換句話說，如果模組化模型是正確的，那麼透過靜坐給予我們的思緒觀點，就會比日常的觀點眞實，也會比「認爲思緒來自CEO自我」這種不經反思的觀點更寫實。

內觀禪修從模組化模型中獲得的驗證並不止於此。

正如思緒的正念觀點在這種模型的啓發下可以說得通，感受的正念觀點也是。而就像我們所見，在模組化模型中，感受是讓模組得以暫時控制心智的事物。某個人激發你的感受使你受到吸引，突然之間你就進入求偶配對模式，尋求親密關係，變得細膩體貼，也許還會炫耀自己，在某種方式上成了不同的人。你看到讓自己懷恨的競爭對手，隨之而來的感受會讓你尋求與親密感不同的東西（儘管你可能仍然會炫耀，但要視情況而定）。

照理說，如果相應的模組無法在第一時間就取得這些**感受**（吸引和情愛的感受、敵對的嫌惡感受等），這些模組就無法獲得控制權。因此，在心智模組化模型的啓發下，正念靜坐背後的想法之一，就變得非常合理。（也就是與你的感受保持某種臨界距離，可以讓你更能控制自己，在任何特定時刻都保持是你。）

推動思緒的燃料

「感受的正念觀點」以及「心智的模組化模型」之間，還有個更微妙、更細緻，以及更具思索性的連結。要看見這個連結的第一步，就是當你靜坐時要密切關注。我其實很想把上一句話改爲「當你靜坐**失敗**時要密切關注」，因爲我所談的這個靜坐部分，就是當思緒不斷受到干擾，使得你無法聚焦於呼吸。但要是你密切關注在這個「失敗」，那麼，這就不是失敗的靜坐，因爲密切關注於正在發生的事，**就是**正念靜坐。

總之，當我試著要聚焦在自己的呼吸時，我注意到闖入的思緒是這個樣子：它們似乎通常都附帶著感受。更重要的是，它們吸引我的能力（也就是我持續受到吸引，讓我無法**注意**到它們正抓住我的注意力），似乎與這些感受的強度有關。如果你不相信，就坐下來、閉上眼、聚焦在你的呼吸。然後，一旦你開始無法聚焦在呼吸（應該不必等太久！），就試著聚焦在那個讓你無法專心的東西上。我的意思不止是要你聚焦在那些使你分心的思緒上，更要看看你是否能夠偵測到，那使你分心的思緒所連結的某些感受。

有時，思緒和感受之間的連結是顯而易見的。因爲感受是如此強烈，甚至是原始的。如果你正想著要與鄰居的配偶上床，或是你擔心自己的配偶與鄰居上床，或是正幻想著鄰居因與自己的配偶上床，而應該得到怎樣的報復……與這些思緒相關的感受，不管是欲望、嫉妒或復仇，都太原始，強大到難以忽視。

但即使是心智比較不那麼動物性、比較「人性」的不著邊際思緒，與之連結的感受仍舊頗爲顯著。回顧最近的一次社交勝利，也許是你講的笑話獲得廣大回響，而這讓你感覺**很好**，所以你反覆回想了一陣子，也許你會覺得當時還可以再加上一句機智結尾，然後決心下回一定要添上這一筆。你正沉吟著一個你可能會錯過的重要期限，並且感到擔憂，而憂慮讓你沉浸在即將到來的崩潰之中，直到你提出一個行動計畫，或說服自己這個截止日期並不那麼重要。之後憂慮消退，思緒也隨之消失。

即便是最理性的心智遊蕩，似乎也都伴隨著感受。

如果我靜坐時，任憑自己的好奇心沉溺在某件事情上，例如沉思某個謎題並全心投入，我發現沉思能帶來愉悅，就像是一根吊在前頭的紅蘿蔔，讓我沿著謎題前行，走向解答。要是我得到解答，就會得到爆炸性的滿足感做爲報償。一如十九世紀英國藝術評論家約翰．拉斯金所說：「好奇心是份禮物，讓你在獲取知識時能感到愉悅。」

至少，好奇心有時就像這樣，是如此精細的愉悅，讓你幾乎無法察覺。但十八世紀英國文人塞繆爾·詹森卻提出不同看法：「滿足好奇心能讓我們擺脫不安，而不是讓我們愉悅；我們因無知感受到的痛苦，更勝於教育所獲得的喜悅。」

有時候這是真的。有時候，求知更像是一種迫切的動力，一種令人不安的渴望。如果你想查明自己儲蓄險的股票今天是否又繼續暴跌，這與我們想知道一九二九年股市崩盤的原因並不一樣。如果你想知道自己的配偶是否跟鄰居上床，也與你好奇鄰居的配偶是否跟另一位鄰居上床是不一樣的，更與你好奇究竟是什麼會讓人們的配偶跟鄰居上床天差地遠。或者說，是什麼讓鳥兒唱歌？是什麼讓星星閃耀？或者是什麼使這事、使那事發生？好奇心比較像是極度渴求，還是愉悅的誘惑，似乎取決於好奇心與（天擇定義下的）利益之間，關係有多直接、有多急迫。直接性和急迫性越小，感受就越微妙、越愉快。

但重點是各種好奇心似乎都牽涉到**感受**，從強勁、一頭栽入的探問，到愉悅緩慢地細細推敲都是。那麼，當大腦掃描顯示心智的好奇狀態，牽涉到與「動機和獎勵」「欲望和快樂」有關的多巴胺系統活動，就不顯得奇怪了。

所以，這就是我靜坐失敗後所拿掉的東西（我的意思是，我靜坐了很多個鐘頭都失敗，但偶爾能成功地正念觀察到這個失敗）：攫取並帶走我心智的思緒都附帶著感受，不論它們有多麼細微。

我很高興向大家報告，感受與思緒之間的連繫，已由靜坐內省能力比我高強的人觀察到。二〇一五年六月，我把本書初稿寄給我的編輯不久後，我犒賞自己到「森林保護區」參加為期兩週的禪修營。這是內觀禪修學會為進階者所舉辦的活動，指導老師是一位心理治療師阿基卡諾．馬可．韋伯。他之前是佛教僧侶。一天晚上，在法語期間，他說：「每個思緒都有它的推進力，這推進力就是情感。」

「**推進力**」一詞替一個重要問題指出了答案：當你的心智在遊蕩、當你的預設模式網絡正主掌一切，這個網絡要如何決定「在哪個時刻該由哪個模組推進其思緒進入意識」？我們已經得知模組會為搶奪支配權引發競爭，那是個超越意識範圍的「狗咬狗無情世界」。但是，是什麼決定由哪條狗贏？又是什麼讓一條狗比另一條強大？

感受歸檔

據我所知，能享有這項榮譽的最佳候選者就是「感情」。所有在特定時刻暗自較勁的思緒之中，也許能脫穎而出進入意識的，就是附帶最強烈感受的思緒。①

以上純屬猜想，而且很可能是錯的。但這會成爲天擇組織心智的一種方式，肯定有其意義。畢竟，各種事物該與動物的達爾文式利益產生何種連結，是由感受來判斷。

因此，從天擇的角度來看，感受會爲思緒提供絕佳標籤：像是「優先性高」「優先性中」「優先性低」等。如果你距離某個顯然會影響自己社會地位的事件（一個重要的演講、一個你主持的大型聚會等）只剩一天，準備相關事務的思緒優先性較高，因此你會出現高度焦慮。但如果距離這個事件還有幾週，這些思緒的優先性就會降低，焦慮也會跟著減弱。

如果你和最好的朋友發生劇烈爭論，那麼搞清楚這件事該怎麼做、該怎麼說，就是個重要問題，比想到你可能冒犯偶然遇見的熟人更重要。因此，這時會產生「內心騷動的感受」以及「中度關切的感受」兩種不同反應。

在所有這類情況下，與思緒相連的感受將與思緒的重要性擁有等量的強度，而重要性則由天擇來定義。當預設模式網絡接管，也就是當你的心智沒有聚焦在與某人交談，沒有在閱讀一本書、從事一項運動，或是某些其他身臨其境式的任務時，那些標示著有最強烈感受的思緒就是最「重要」的思緒，會獲得優先權。

當然，那些爭相進入意識大門的思緒並不總是那麼重要；有時候生活中也會幸運地沒有亟需關注的問題。在那種情況下，對於通過預設模式網絡進入意識的思緒，依附其上的感受可能不是很強。但我懷疑，如果你關注得更密切（如果在靜坐中會更容易），你幾乎總是能感覺到那突然進入覺察的思緒，連結著感受的色調，那是一種平衡的正面或負面感受。因爲如果思緒不具有這種感受，它一開始就不會引起你的注意。感受是大腦標記思緒重要性的方式之一，而重要性（從天擇一詞鬆散的意義而言）決定哪些思緒進入意識。

總而言之，我不想說這是心理學界的共識。事實上，一如我之前所描述的那樣，即使我們把範圍界定在已接受心智模組化模型的心理學家之間，他們對於究竟如何決定由

① 這個情節帶來的問題是，思緒如何可以在未浮上意識層面之前，與任何一種程度的感受相連結？可能的答案至少有二：❶也許就跟聽起來一樣奇怪，那就是你的心智中有個領域是知覺的、有主觀經驗的，但你的意識心智在正常情況下是不會進入這個領域的。有些在推敲裂腦實驗（見第六章）隱含意義的人，是很認真看待這個可能性的。❷也許「感受的強度」一直是潛伏著的特性，要等到與這些感受相連的思緒能進入意識後，才會浮上檯面。在這潛伏階段，會有些物理性的記號標示著感受的強度，但這個感受在以所標示的強度進入意識之前，是不會主觀呈現的。

哪個模組來主掌日常生活，或許也沒有單一觀點。但是這個假設卻讓我覺得這是最合理的。它使達爾文主義有意義，也與靜坐內省的結果相吻合。而且，雖然內省不能提供數據，但它有助於決定哪些假設值得進一步探索。

這個特定的假設或許有助於解釋關於靜坐進展的方式。

正如前面提到的，我發現用某種程度的超脫來觀察自己的感受，會比用這種方法來觀察自己的思緒更容易。我不認爲自己是個怪胎。許多靜坐者在面對感受時，似乎也比面對思緒還不費力。如果感受確實是使思緒定根於意識的接著劑，可以讓你得以不加思索地擁有這些思緒，那麼這個假設就是合理的。畢竟，我們假定你無法溶解這個接著劑，因此也無法遠離你的思緒，直到你學會清楚地觀看它、學會帶著某種客觀來看待感受。

事實上，在這種情況下，你必須善於以客觀的態度看待非常**微妙**的感受，然後才能以這種方式看待各式各樣的思緒。所以，我們有理由相信，要如葛斯丁這種相當高等的靜坐者才能清楚、生動地觀看思緒脫離意識，才能看著它們出現又消失，而不會在心智中翻找想要的東西。

「感受是心智標定思緒優先標籤的方式」，這個假設與心理學在過去數十年來大體上的趨勢是一致的：不再把「情感」和「認知」的過程，視爲分處於心智的不同區域來談論，並認識到它們是多麼緻密地交織在一起。

這種趨勢是古代佛教預見現代心理學的又一例證。在一部名爲《渴愛的滅盡大經》的著名經典中，佛陀說，一個「心智對象」（也就是一個包含思緒的範疇）就像一種味道或氣味：不論一個人是否「用舌頭品嘗風味」「以鼻子嗅聞氣味」「用心智認知心智對象」，如果它令人愉悅，他就會渴望它。如果它不令人愉悅，他就不會喜歡它。

接下來幾章我們會看到，情感和認知之間的細微纏結，有助於理解一個聽起來更瘋狂的佛教命題：我們在世界上知覺到的事物，如樹、飛機、石子等，其實並不存在，至少不是我們自然認爲的那種存在。

正如在下一章將會看到的那樣，這種情感和認知的纏結，也可以幫助我們解決先前提到的難題：如果自我不存在，那麼所謂「自我控制」的眞實動力爲何？對於獲得某種程度的「自我」控制，佛教又是怎麼告訴我們的？

09 「自我」控制

十八世紀蘇格蘭哲學家大衛・休謨寫道，人類的理性是「激情的奴隸」。如果休謨「激情」一詞的意義跟我們今日所指的一樣，他的觀察就不值得注意。當我們遭到如情慾或復仇等強烈的感受所攫獲，顯然此時主掌一切的就不是我們的推理能力。但休謨的「激情」有不同意義。廣義而言，他指的是「感受」。他說的是，儘管理性思維在人類動機中扮演著重要角色，但從某種意義上來說，它從來沒能眞正做到一件事——當我們決定某件事，我們是根據感受來決定的。

休謨是從哪裡得到這個想法的？顯然是通過內省，也就是仔細觀察他心智的運作。從某種意義上來說，休謨是在他的正念消退之前，以正念觀察到的。確實，正如西方哲學家所說，休謨很東方。他有許多觀點與佛教思想幾乎奇妙地吻合，包括他反對自我存在的論點。有學者認爲，這可能不是巧合，即使當時佛教才要開始從亞洲傳向西方，休謨也可能早已透過某種方式與佛教觀念相遇。「感受主掌大局的程度」比我們理解得要多，這觀念確實是佛教的精神。

在休謨追上佛教的二五〇年後，現在科學也趕上了休謨。科學開發了一些工具來窺探我們動機的機制，以便在我們做決定時，查看大腦的哪些部分是活躍的。長期以來，休謨關於理性與感受關係的觀點都被認為過於激進，但現在看起來則相當不錯。

假想一項簡單直接的決定，例如是否要買某樣東西。我們很容易把這當成是理性審議的練習。你看了產品和價格，然後問自己一連串問題：我會多常使用這項產品？購買這項產品會花掉我大部分的現金嗎？這些錢我還能拿來買什麼？在回答這些問題後，你就可以冷靜衡量支持與反對購買的因素，並做出決定。

但根據史丹佛大學、卡內基美侖大學和麻省理工學院認知科學家的一項實驗，衡量購買因素可能並不那麼酷。他們給予受試者真正的錢，並提供他們一堆東西來消費：無線耳機、電動牙刷，《星際大戰》DVD等。這些物品逐一展示在受試者面前，接著顯示其價格，受試者的大腦也在此刻同時接受掃描。

事實證明，研究人員可以光憑受試者的大腦有哪些區域變得更活躍、哪些區域變得較不活躍，準確預測出受試者是否會購買，而這些區域都不是與理性審議有關的大腦主要區域；相反地，這些都是與感受相關的區域。例如，依核（編注：也稱爲依伏神經核，是大腦出現快樂、成癮、恐懼等感受的重要區域，也是安慰劑效應的機制中心）會在愉悅時發揮作用，當人們預期獎勵或看到自己喜歡的事物時，依核會變得更加活躍。當受試者看著產品時，依核越活躍，他們下單的可能性就越大。另一方面，還有腦島（編注：也稱爲島葉，是大腦皮質的一部分，與飢餓感、欲望等感受有關，並協助將對事物的渴望轉化爲獲得滿足的行動），當人們預期疼痛等不愉悅的事情時，腦島就會特別活躍。當人們看到價格時，腦島越活躍，購買產品的可能性就越低。

儘管衡量購買的利弊聽起來像是純理性甚至是機械行爲，但這個實驗表明，大腦實際權衡的方式是通過衝突感受之間的競爭。即使是價格因素這種純粹的定量指標，這種只要輸入電腦決策演算就能輕易計算的東西，最終還是以「厭惡程度」這種感受形式輸入方程式，而較強烈的感受（吸引或厭惡）獲勝。

可以肯定的是，這些感受可能是由理性所**通報**。如果你提醒自己從未啓用最近購買的電動牙刷，並推斷再買新的電動牙刷也會出現同樣結果，那麼你受到電動牙刷吸引的感受就可能會消退；如果你提醒自己，這把牙刷要價一千元，比你上週五的晚餐花的錢還少，那麼你對於價格的反感（以及腦島的活躍度）可能就會減弱。

感受何以能支配思緒？

因此，理性對於一個人最後所做的事情確實發揮了某種作用。儘管如此，這個實驗表明，也許理性只有在影響「終極的動力」時，才能發揮這種作用，而這個終極動力就是「感受」。

正如休謨所說：「理性，永遠不會單獨成爲任何意志行動的動力。」購買東西這個行動，最終還是能帶來好的感受，或者至少比不購買的感受還好。當然，你也有可能會後悔沒買，但「未購買者的悔恨」與「購買者的悔恨」一樣眞實。無論如何，關鍵詞是**悔恨**。事後諸葛與當下悔恨的**感受**，都是以同樣形式來襲。

當你從演化的角度來思考，這一切都是有道理的。

畢竟，感受是最初的動機。好和壞的感受是天擇用來驅使動物接近或避開、獲取或拒絕事物的方式。好的感受被發配給吃掉他物之類的事，壞的感受則分發給被他物吃掉之類的事。隨著時間推移，動物逐漸變得更具智能。但從天擇的角度來看，智能的重點並不是要**取代**感受，而是要讓感受獲得更良好的通報：智力有助於動物做出更複雜的工作，確定對哪些事物有好的感受，哪些則否。因此，在演化時期，雖然我們通報感受的計算方式越來越精細，但感受仍然是最終引導我們度日的嚮導。我們可能會購買有襯裡的皮大衣，而襯裡的好處已藉由嚴格的研究和廣泛的思考得到證實。但是，我們購買皮大衣的最終原因，則是因爲所有這些理性分析，提供我們購買它的良好感受。

就此而言，我們一開始會去分析，是因爲寒冷冬天帶來的不良感受。感受告訴我們該怎麼思考，而在思考完成之後，它又告訴我們該怎麼做。在人類演化的歷史上，思考在行動中扮演著越來越重要的角色，但思考始終來自於感受，也終結於感受。

人類演化時期可能發生的另一件事情是，感受發配到越來越多事情身上。隨著我們的物種演變越來越高度社會化，要獲得食物和性愛，也更依賴於一個人未來的社會景象，其中包括像結盟和獲得高度尊重等目標。因此，交朋友和贏得尊重能帶來好的感受，被拒絕則帶來不好的感受。於是，這又開闢了新的思路：找出讓朋友轉向你的方法、想像如何打動人們等等。儘管如此，這張感受和思考不斷擴張的網絡，正是一開始演化內建在我們基本價值系統的直接延伸：一個珍視存活，並讓基因得以擴散的系統。

天擇以生命繁衍爲己任，而這些感受和思考背後的生物學機制，就是體現這些原始價值。大腦掃描的研究也顯示，居中調解身體疼痛的腦區，也是用來調解社會排斥疼痛的區域。這有助於解釋爲什麼鴉片等止痛藥可以消除社交挫折。一項研究表明，即使是增加止痛藥的劑量，也可以緩和遭受社會排斥的疼痛。

理性和巧克力

以上這些都將帶領我們進入巧克力的主題。

前面提到的大腦掃描購物研究中，剛好就以Godiva巧克力做爲購物實驗選項。但即使他們沒這樣做，我應該也會以巧克力來討論，因爲我正打算導向自我控制的主題，而只要談到自我控制，巧克力一直在我的挑戰列表上居於高位。巧克力、糖粉甜甜圈以及體育節目的吸引力，都遙遙領先於寫這本書。

自我控制往往被描述爲凌駕於感受之上的理性。柏拉圖以馬車駕馭者（理性的自我）控制馬匹（不羈的熱情）來隱喻。二五〇〇年來，這個對自我控制的基本概念就這樣或多或少原封不動地流傳了下來。事實上，有些人說腦科學已經找到了駕車者：坐落在你額頭正後方的前額葉皮質，就是在教科書和博物館展覽中被盛讚爲讓你成爲人類的東西。據說這是大腦的「執行場所」，賦予我們擴展推理、規畫和自我控制的能力。只要看看我們祖先南方古猿額頭急遽向後傾斜的坡度，就知道他們的大腦缺少這些部分！

前額葉皮質確實十分重要，我爲自己以及下一代的前額葉皮質感到自豪。更重要的是，我們有很好的理由相信，這部分的大腦在我們認爲的自我控制中，扮演著**某些**重要的角色。研究表明，誘惑越強大，當事人抵抗時的前額葉皮質活動就越多。

儘管如此，如果休謨是正確的，那麼這種前額葉皮質的活動就不應該像一般那樣被框定，也不該成爲「克服誘惑」或是成功「對抗感受」的理由。

理性的效果，不是展現在直接對抗感受，而是去強化那個在對抗感受的部分。是的，賀喜巧克力看起來挺讚的，吃掉它的想法也讓你很開心，但反思那篇「高血糖會要你身體付出代價」的文章，會讓你對於吃掉巧克力的想法產生罪惡感。讓你對抗吃糖果衝動的是罪惡感，而不是反思。休謨認爲，「單憑理性，是永遠無法依循意志的方向來對抗激情的」，沒有任何事物「可以反對或延緩激情的衝動，這只能由相反的衝動來達成」。

在這個觀點中，當我們從單純的動物升格爲人類時，前額葉皮質並不是演化所發明的指揮模組。前額葉皮質並不是用來馴服我們不受拘束的感受，並把我們置於理性控制之下。嵌入前額葉皮質的理性力量，本身就由感受控制。而嵌入了感受的價值系統（天擇對於什麼是好什麼是壞、我們應該追求或避開哪些東西的概念），也或多或少繼續成爲主要的價值系統。

天擇讓我們**想要**特定味道的食物，也讓我們**想要**活得久、活得健康。至少在這個例子中，奮力追求自我控制，就是這兩種價值之間的衝突，也是連結兩者感受之間的衝突。如果理性要在這奮鬥過程中扮演某種角色，那麼它只能當這些價值觀的代理人。正是對長壽健康生活的**渴望**，讓我們把推理重點放在糖類攝取和長壽之間的關係，而**通過**這種渴望，能使得推理結果戰勝對巧克力的需求。從這個意義上來說，休謨說得沒錯，理性依然是激情的「奴隸」，因而也是天擇總體價值系統的奴隸。

對大腦的運作了解越多，就越覺得休謨的觀點很合理。哈佛大學神經科學家約書亞．格林在前額葉皮質中畫出了一個稱爲「背外側前額葉皮質」（Dorsolateral Prefrontal Cortex, DLPFC）的特定區域：「DLPFC是抽象推理的場所，與負責賦予對象及行動價值的多巴胺系統深深相連。從神經和演化的角度來看，我們的推理系統並非獨立的邏輯機器，而是更原始的哺乳動物系統產物，用於選擇有所報酬的行爲。推理是進取的哺乳動物的認知義肢。」換句話說，正如格林自己所指出的，休謨似乎說得沒錯。

長期以來遭過度簡化的不僅是前額葉皮質。大腦的邊緣系統通常被認爲是「情緒的居所」，但這種描述有誤導嫌疑。神經科學家路易斯．培索亞寫道：「一方面，『情感的』腦區參與認知；另一方面，『認知的』腦區則參與情緒。」在他的書《認知與情緒的大腦》中，培索亞像歷代許多心理學作家一樣，引用了柏拉圖的馬車意象。不同的是，他是爲了拒斥這個隱喻。

你內在的法官真的在審判？

柏拉圖這個純粹理性駕車者的觀點能持續影響這麼久，其實並不令人意外。畢竟，當你決定是否沉迷於某種東西，例如巧克力，是不是覺得像是有個理性的你正認眞思索著問題，有位法官聆聽著支持和反對購買巧克力的論據？反對的那一方表示，你超重了好幾公斤，而且深夜吃巧克力可能會讓你難以入睡。支持的那一方則表示，如果你吃了巧克力就會精力充沛，能夠把一些工作完成；此外，你昨天工作這麼辛苦（也許部分要歸功於你吃下的巧克力！），現在享受一下也是應該的。

在考慮過雙方的論據之後，法官（也就是你）做出了判決。做爲鐵面無私的法官，你決定今天不能吃巧克力。或者，也許在另一天，做爲寬大爲懷的法官，你判定可以獲得巧克力。或者，法庭休庭，延期再審，甚至處於休會期。巧克力先買了再說，待會再決定是否要等到回家之後再享用。無論是哪種方式，這確實似乎有個等著你做決定的時刻來臨。那麼，用一個理性的「你」來判決，這樣描述有什麼不對？庫茲班是表明自我可能不存在的心理學家之一，因此我頗爲確定他會以「不須理性的你來當法官」的方式，來描述這個是否要吃巧克力的決定。

事實上，當我問他「我衡量過利弊之後決定不吃巧克力」這樣說有什麼不對時，他表示，嚴格來說應該要這樣表示：「你的腦中有某些系統被設計成有動機去吃高熱量的食物，而這些系統擁有特定的動機、信念或表徵。此外，你的腦中還有其他系統擁有長期健康的動機，而這些系統也對巧克力抱持某些信念。」最後，注重長期健康的第二種模組「抑制了短期模組促發的行爲」。換句話說，沒有哪一種模組是比另一種模組更「合理」。它們只是目標不同，而就在這一天，其中一種比另一種更強。

你或許會問，這裡的「更強」究竟是什麼意思？如果休謨是對的，如果購物實驗的傾向是對的，那麼這就是感受的競爭了。當你要拿巧克力糖時，注重長期健康的模組可能會產生罪惡感；當你抵抗巧克力的誘惑時，同樣的模組也能讓你感到得意。競爭的另一方，則是由欲求高熱量的短期模組，產生對巧克力的欲望。但是，短期模組可能還有更微妙的策略。或許，這個模組能夠挖掘出那篇關於抗氧化劑長期益處的文章？因爲它或許認爲長期模組可能會窺見這篇文章也很有意思？

這些種種都凸顯了一個難題：爲什麼我們的意識心智得費時去爲理性的陳述做證（也就是參與「審議」）？如果這僅僅是一場試驗，如果這一切都歸結爲模組之間的權力競爭，而這些模組會採取任何能支持它們原因的強化邏輯，那麼整件事情是否可能發生在潛意識，而釋放意識心智去做一些具有建設性的事情，例如沉思心物問題（編注：傳統哲學問題之一，探討心靈與物質之間的關係，較狹義的討論則集中在意識與大腦的關係）？

回想一下，意識心智（那個負責與世界交流的部分心智）似乎是某種公共關係的代理人。庫茲班說：「我的猜測是，你的意識心智之所以會觀察辯論，包括勝利基本原理的論戰，就是能夠在有人向你挑戰時，或問你爲什麼要做X、Y或Z時，引述一個看似可信的理由。」

所以，要是你走出商店，口中塞滿巧克力而遭到路人竊笑時，你就可以回答：「這樣我下午才能完成更多工作。」路人聽到這樣的回答，應該會比聽到你說「我失控了，可以嗎？」更尊重你。

有時，社交上的賭注比路上陌生人對你的看法還要高。如果你認識的每個人都發現你一直在欺騙自己的配偶，你就不能只是說「我受到天擇設計的性衝動所驅使，好讓基因散播極大化」。這樣，人們就會到處散播消息，說你是那種負心人。但你當然不是！所以你需要說些諸如此類的話：「你要明白，我的配偶在感情上已經與我十分疏遠，無法滿足我在陪伴和親密關係上的深刻需求。」這樣人們就會說他們不能眞正責怪你。因此，在你決定跟他人調情之前，你會先聽取反方論證，並看到反方說法發酵之後的結果。如此一來，你才算準備好了。

我們之所以會意識到自己的推理過程，並不是因爲我們只能在合理化自己的行爲後，再去說服容易受騙的公衆。有時，在審議重大決定時，我們會向朋友或家人諮詢該怎麼做。但如果我們已經事先想過這項決定的正反論點，諮詢會更有成效。當然，即使在這種情況下，事先進行沙盤推演也可以有人際關係上的考量。

「諮詢」可能是一種預先確定的方式，也就是確定我們不會跟生命中重要的人作對。或者，萬一其他人反對我們的決定，我們也確定能從這些人中得到支持。但是，「諮詢」實際上也可能是眞的要諮詢，也就是尋求指導，尤其是跟那些把我們利益放在心上的人交談時。

無論是哪種情況，你的意識心智與競爭模組產生的推理保持連繫，是有好處的，你可以在做出決定之前與其他人分享你這麼做的理由，並獲得他們的反饋。嚴格來講，我應該這樣說：你可以與其他人分享理由，然後由他們的反饋重新調整這兩種選擇要帶給你多好或是多壞的**感受**。

你可能已經注意到這章的導向：我們越是思索理性和感受之間的連繫，就越不看好我們的行爲能受到眞正的理性控制。

首先，我們了解到休謨似乎是對的：我們的「推理能力」從來沒有眞正負過責任。推理的方向（推理的原因）是由感受決定的，而推理只會藉由影響我們的感受來影響行爲。於是我們了解到，一般人類心智的實況，事實上遠比不上**推理能力**一詞所意味的審議過程那麼整齊劃一。也就是說，我們的**推理**並不那麼單一，而是多樣。模組似乎有能力爲各自的目標找到理由。

這意味著「推理」有時是這些「衆多推理機制」所做之事的委婉說法。當然，某個模組可能會說出一些眞正合理、有據可查的內容，像是「如果你吃巧克力就會睡不好」，但另一個模組則可能會說「如果你吃巧克力就能做更多工作」。即使過去的經驗證明，實際上你卻會以不尋常的熱情黏在社群網站上。要區分有效的理由與無效的理由十分困難，因爲有時最不合理的原因會讓你有好的**感受**，而感受往往會伴著你度日。

但別氣餒！感受扮演著關鍵角色，並不意味著我們無力介入。事實上，我們有一種工具，非常適合介入感受層面，並改變它們的影響力，也就是正念靜坐。所以，我們也許有希望能應付一般與「自我控制」相關的挑戰——對各種嗜好的過度放縱。

事實證明，有些特定的靜坐技巧正好用來幫助人們應付菸癮這類的挑戰。但在我們進入這個階段前，靜坐有助於你了解有些嗜好一開始是如何與為何占據支配地位，也就是了解那積聚在你心智中的力量背後，是什麼樣的演化邏輯。

「自律」真的會是問題嗎？

如果你吸菸（或者就此而言，如果你對海洛因、色情刊物和巧克力之類的東西都有所好），而你或許至少仔細審議過一次，是否要耽溺於這種形式的滿足之樂。也許在試圖抗拒幾次之後，這個嗜好還是改不掉，你因此意識到它的魅力，並在某種程度上發覺它終究可能會成為你的主人。無論如何，審議工作一定會在某個階段傾向迎合短期的滿足感。隨著時間推移，加上滿足的機會不斷增加，你花在審議的時間也就越來越少。立即滿足的動力變得如此強烈，以至於抵抗歸於徒勞。

這就是這些事情運作的方式。

高中足球教練有一種可以用來描述這種動態的方法。他們說自律就像一塊肌肉，如果你使用它，它就會變強；如果你不用，它就會變弱。這是老生常談，但似乎捕捉到了廣泛的模式。如果反對放縱那個部分的你戰勝了幾次，也就是如果它「鍛鍊」成功，那麼下回成功的機率會更高。而如果它連續戰敗了好幾次，那麼將會邁向一長串的連敗。

事實上，「肌肉」的隱喻非常適用於此，因而專事這些研究的心理學家也以此描述他們的發現。但問題是，**爲什麼**肌肉的隱喻是恰當的？這是心理學家不關心的有趣問題。但換句話說，爲什麼自律初期的成功會帶來更多成功，而初期的失誤會導致更多失誤？如果自律眞的對生物有益，那麼你不會期望天擇能夠讓它這麼容易就在初期的失誤中破壞自律。然而，不可否認的是，只要注射一些海洛因，具生產力的生命會就此完結。爲什麼？

要回答這個問題，其中一種方法就是捨棄有用但受限的「把自律視爲肌肉」隱喻。讓我們把問題用模組化的詞彙重述一次：偏好耽溺的模組在競爭中數度獲勝之後，實力增長到對抗的模組甚至不會試圖去反抗。爲什麼天擇會以這種方式設計事物，讓獲勝的模組越變越強大？

想像一下兩萬年前你的祖先，你的曾曾曾曾曾……祖父。想像他是個非常年輕的男人。想像一下，他的一個模組，大致就是佛洛伊德稱爲「原欲」的那個模組，慫恿他去向某位女性做出更進取的性行動，而另一個模組則勸告他要謹愼：「但也許她會拒絕你的性邀約，然後你就受到羞辱，也許她還會告訴別人自己拒絕了你的邀約，讓你遭到更嚴重的羞辱。」或者，如果她已經有了伴侶，這個謹愼的模組可能會說：「如果她把你這計謀不成的邀約，告訴自己強壯的丈夫，你會不會被丟去餵獅子？」

現在，讓我們假設第一個模組獲勝，你的祖先也得到了邀約對象。且讓我們先爆雷：事實證明原欲模組是正確的，這些邀約並沒有遭拒，祖先擁有了性行爲，而強壯的丈夫並不聰明。那麼，下一次這兩種聲音之間發生衝突時（一種是在性事上勸進，另一種則是勸退），對第一種聲音抱持懷疑是合理的嗎？畢竟，上一次前者是對的。而這個事實說明了，女性會覺得這個祖先具有吸引力，以及這個祖先的大腦善於接收女性拋出對他有興趣的暗示，這兩件事或許並不奇怪。

不過，如果這些邀約遭到拒絕，你的祖先也遭到羞辱，並淪爲整個狩獵採集部落的笑柄——或者更糟糕的是，在這之前還遭受強壯丈夫的修理——那麼事情就會有所不同。如果這個結果會減弱下一回原欲模組的力量，並增強勸退模組的力量，這一切也是很合理的。畢竟，上一次後者是對的。

重點在於，天擇以這種方式設計模組化心智有其道理，讓「獲勝的」模組在其判斷得到證實時累積更多力量。並且請注意，至少在某些情況下，證實的形式是讓感官得到滿足。如果原欲模組對性主張給予指導並導致性高潮，那麼下一次它的勸告會得到更多重視。

當然，在現代環境中，這種動力會以不同方式運作。勸導前往色情網站的模組就可以帶來性滿足，所以下一回這個勸導將獲得更大的重視，即使花時間在色情網站上絲毫不會提高你的生殖前景，甚至可能會有相反的結果。或者在狩獵採集社會中，勸進你吸食古柯鹼的模組會抬升你的自尊，讓你的同儕留下深刻印象。此時受增強的模組，並不是勸進你吸食古柯鹼的模組，而是那個敦促你重複進行能加深同儕印象的行爲模組。正因如此，在現代環境中，滿足所加強的，與原本設計要加強的，可以是完全不同的行爲。

模組會越變越強大，而不是像那些稱爲「自律」的多功能肌肉越變越衰弱。以這種方式描述自我控制問題有兩個優點：首先，這個觀點有助於解釋爲何問題一開始就如此靠不住。很難想像爲什麼天擇會設計出一種叫做「自律」的「肌肉」，讓一些早期的失敗導致持久性的失能。但很容易想像的是，爲什麼天擇會設計出重複成功之後變得更強大的模組。以及在其成功的運作定義下，為什麼天擇會以某種意義上的滿足做為獎賞。

新方法

以模組化的方式構思自律問題的第二個優點是，它可以提出解決問題的新方法。把目標視為加強自律肌肉，以及把目標視為削弱一個占據主導地位的模組，兩者之間是有差別的。

如果採取前一種方法，你就會去**對抗**誘惑。你感受到一股衝動要去買菸，而你試著要把這想法推出心智之外。畢竟，這就是所謂的「自律」，你必須鍛鍊它，必須在戰場擊敗它以征服敵人！

但是，假設你把這個問題看做是特定模組形成了特別強烈的習慣，那麼你會如何克服這個問題呢？你可能會嘗試像正念靜坐之類的方法。為了讓你明白我的意思，讓我們來看看如何以最先進的正念靜坐，克服成癮的問題。

精神科醫師朱德森．布魯爾解釋了這種方法。他在耶魯醫學院做了一項研究（以及另一項主要研究，證明靜坐能平息預設模式網絡），基本的想法是，不要去對抗抽菸的衝動。這不是要你屈服於這種衝動之下，跑去點燃一支菸。這只是要你別試著把自己的衝動推出心智之外。相反地，你如何把正念靜坐的技巧應用在焦慮、怨恨、憂鬱、仇恨等惱人的感受上，就依循同樣的技巧應用在這股衝動上。你只要冷靜地（或是盡可能冷靜地）檢視一下這種感受。這股衝動充斥在身體的哪個部位？這股衝動的質感如何？它銳利嗎？還是十分笨重？你越是去檢視，衝動似乎就越不會成為你的一部分。你已經充分探索了正念靜坐的基本矛盾之處：越是仔細觀看這些感受，它們就越會與你保持特定距離。衝動逐漸鬆開了對你的掌握，而如果放得夠鬆，它就不再是你的一部分。

這項技巧可用「RAIN」來描述：首先，你**認出**（Recognize）這種感受。然後，你**接受**（Accept）而非驅離它。接著，你**調查**（Investigate）這種感受，以及它和你身體的關係。最後，你對它**不予認同**（Nonidentification），也就是**不執著**（Nonattachment）。這是一個很好的結尾，畢竟佛陀開給我們擺脫苦惱的萬能解藥，就是擺脫對事物的執著。

布魯爾對這種療法的描述是，不要去「餵養」吸菸的衝動。他說：「如果你不去餵養流浪貓，貓就不會來到你家門口。」

我喜歡這個比喻。這意味著在你體內的某個地方，有一種動物需要馴服。畢竟，心智的模組化模型認為，從某種意義上來說，在你的心智中有許多動物。但因為模組具有一定的獨立性，有時會與其他模組競爭主導權。更重要的是，一如我剛才所說，模組的行爲與動物一樣，是通過正面強化來塑造的，如果它們不斷得到獎勵，就會越做越多。這顯然就是成癮。老鼠得知，如果牠壓住橫桿就會出現食物；你的一個模組得知，如果它製造出點菸的衝動，它就會獲得一些尼古丁。

藉由這種比較，可以更清楚理解「對抗吸菸衝動」以及「正念處理衝動」之間的差別。對抗這種衝動，就像每當老鼠接近橫桿時就推開老鼠。這在短期內有效。如果老鼠不能按壓橫桿，就沒有食物出現，也許過了一段時間，牠們甚至會放棄接近橫桿。儘管如此，只要老鼠被允許靠近橫桿，牠就會按壓它，因爲沒有跡象表明，壓下橫桿後不會出現食物。

我想說的是，以正念對待這種衝動，更像是去安頓它。如果這項技巧有效的話。我們可以允許這種衝動（類似於老鼠按壓橫桿的動作）完全成形，但它並沒有得到強化（類似於食物出現的狀況），因爲你對它的正念檢視剝奪了它的力量，從而打破了衝動與獎勵之間的連結。隨著時間推移，在衝動一次又一次湧起卻沒有帶來滿足之後，衝動便會消退並停止。而在布魯爾主持的吸菸研究中，這種技巧比美國肺臟協會推薦的另一種方法效果更好。

注意力不足成癮

我們大多數的自我控制問題，並不像尼古丁和古柯鹼這種經典成癮，那麼戲劇化又明確。其中有些與我們的生活如此巧妙地交織在一起，讓我們並不認爲它們是自我控制的問題。

例如，當我還小的時候，我的注意力很短暫。事實上，我現在還是這樣，只是現代不稱爲「注意力短暫」，而改稱爲「注意力不足症」。這兩個術語的共同之處在於，用特定的方式來表徵問題。

這讓這種情況聽起來像是人們都擁有某種能力（我們稱之爲注意力），而不知何故，我的注意力缺乏某些東西讓它良好運作。然而，當我觀察自己的注意力不足症在運轉、當我非常關注自己注意力不集中的活動時，那種表徵便開始出錯。失去專注能力的問題，似乎更像是管理感受的問題。

舉例來說，現在我專注於寫這句話，而寫這句話給我的感覺很好。我喜歡順利做完事情，只要這句話正持續在我的電腦螢幕上開展，我就是順利做了某件事！但如果我寫到某個地方時，不能確定下一句該怎麼寫，我就會開始感到有點不舒服。如果這個問題不僅僅是「如何寫出下一句」，而是「整個寫作方向該走向何處」，那我就會**眞的**感到不舒服。我喜歡擺弄句子，但我討厭琢磨結構性的問題。

但是等等，要對抗一句尚未寫出且未必寫得出的句子所帶來的不適，還有另一種方法。我已經點開了瀏覽器，這讓我想到自己應該購物：我需要一支新的智慧型手機。我的意思是，我**未必需要**新的智慧型手機，但我那支舊手機已經出現怪問題，它會以爲自己插上了耳機。所以如果有人打電話給我，我會聽不到對方聲音，除非我插入耳機或是開啓擴音。你可以想像背負這種重擔要怎麼過日子嗎？你不認爲我應該花幾分鐘時間研究一下智慧型手機嗎？反正，不管你是否同意，我都是個科技產品狂，所以想到可以這樣做感覺會很好，遠比想到應該怎麼寫出下一句更好。好，結案，回頭見。

我不確定是哪個模組把這個「爲什麼不研究智慧型手機？」的思緒注入我心智，但顯然這是個喜歡獲取財物的模組。不論是何種情況，模組都會巧妙地爲思緒安排時間，然後選定在寫作開始感到不舒服的時刻出現。模組很狡猾。

無論如何，重點是你可以把分心問題視爲戒菸問題的類比。如果你以此來看待問題（把你的目標視爲「削弱想把你帶離工作」的模組），可能會影響你解決問題的方式。

通常，如果你下定決心專注於自己的工作，儘管內心強烈希望否定這個決定，你可能還是會訓斥研究智慧型手機的想法：不，**不要**去想智慧型手機，給我回來寫作！但是，如果你採取正念的方法，你會說：繼續，想想智慧型手機。閉上眼睛，想像一下尋找最新型手機的最新評論會有何感受。檢視自己**想要**一個很酷的新手機，並**想要**上網的感受。然後再多檢視一下，檢視到它失去力量。現在，回到寫作！

雖然我們通常並不認爲尼古丁成癮和注意力短暫有很多共同點，但兩種問題確實都跟控制衝動有關。在這兩種情況下，我們原則上都可以在**不**對抗它、任其成形並仔細觀察的情況下，削弱這股衝動。模組產生的正向強化衝動，能在下一次變得更強大，而正念可以剝奪這個模組的力量。

憎恨成癮

原則上，你可以用這種方式描述大部分的正念靜坐，也就是靜坐能剝奪賦予它們力量的正向強化模組。

通常，當你正念觀察感受時，會讓產生這些感受的模組獲得某種報償。如果你觀察到對某人的仇恨感受，並且只是繼續觀察，那麼這種感受就不會去做它有可能會做的事。例如想像報復一個曾做了讓你懷恨在心之事的人。如果你眞的耽溺於這種復仇的幻想，感覺會很好，對吧？有什麼比想像一場可怕的命運，降臨在該死的敵人身上更令人愉快？而這之所以能帶給你良好感受，大概就是模組在天擇的設計之下要你去做的事情：設想破壞對手、傷害敵人的方式。因此，從天擇的角度來看，該模組理應完成讓你耽溺於復仇幻想的使命中，而獲得獎勵，而這個獎勵會使模組在下一次更強大。

這不是天擇設計憎恨要完成的唯一任務。若能讓你對討厭的人說些可惡的話也很不錯（因此沒能行使佛教徒所說的「正語」，也就是八正道的八條道路之一）。這能讓你感覺良好，但就如復仇幻想的正向強化，如果在你看到憎恨的感受來臨時，是以正念看待它而不是屈服它，這種正向強化就不會發生。

總而言之，雖然我們經常將**自我控制**一詞與顯著的自我放縱（如注射海洛因、猛吞巧克力等等）連結在一起，但事實證明，我們從這些明顯的案例中習得的教訓，能帶著自己超越它們。憎恨和注意力短暫都是自我控制的問題，可以透過正念解決。

自我控制是個稍微含糊的術語。有人認爲這是指對自我的控制，有人則主張這是指由自我來控制。無論是哪種意思，這在佛教典籍中都是奇怪的詞，因爲按佛教來說，自我並不存在。而如果自我不存在，我們如何談論自我控制？如果沒有理性的駕車者，我們如何決定做正念靜坐？

現在，我要重複自己之前所說的話來解決這個問題：不要一直圍繞著「自我」是否存在的問題打轉，只要使用無我學說中有用的部分即可，尤其是你的感受（對香菸的衝動、研究智慧型手機的衝動、憎恨的衝動），在本質上並非是你的一部分。你可以觀察這些感受是什麼：某些模組試圖要增強的東西。你越是以這種方式觀察（正念觀察它們），它們擁有的力量就越小，也越不會成為「你」的一部分。

即使休謨本人認為自我並不存在，但他一定覺得我們所說的自我控制是可能的。他將復仇和憎恨等「暴烈」情感，以及美麗之愛等「冷靜」情感區分開來，並指出：「一般來說，暴烈的情感對意志影響更大。人們經常發現，這些經反思確證並得到決心所支持的冷靜情感，即使是在最狂暴的動作中也能夠獲得控制。」他寫道，這甚至有可能讓冷靜的情感擁有「超越心智的絕對命令」。

除此之外，正念靜坐還試圖讓冷靜的情感帶來更多力量，然後削弱暴烈情感的力量。儘管有人猜測休謨接觸過佛教哲學，但他似乎並不知道正念靜坐。然而，當他描述賦予冷靜情感的好處時，他聽起來像是一位現代的靜坐老師，頌揚生活在當下的美德。他寫道，如果我們不能給予冷靜的情感力量、如果我們讓暴烈的情感領我們度日，我們將會錯過「生活中平凡事物的美好滋味」。

我們經常認爲，幫助人們應付自我控制問題，只是純粹治療性的鍛煉而已。當然，幫助人們戒菸或者脫離海洛因，的確可稱爲治療。但是，當你看到自我控制的討論可以無縫接軌到克服憎恨的研討（以及如何在「生活中的平凡事物」裡看到美的問題）時，你就可以看到「治療」和「道德熏陶」，以及「治療」和「靈性提升」之間的界線有多麼模糊。

這並不奇怪。根據佛教哲學，我們稱之爲治療和靈性的問題，都是看不清事物所導致。更重要的是，在這兩種情況下，看不清事物的部分原因，都是由感受誤導所致。要看透這些感受，首先就是要「看到」它們，「覺察」到感受是如何普遍又微妙地影響我們的思緒和行爲。

在接下來幾章，我們將會探討這個影響更微妙的層面。我們將從「治療」，逐漸探討到「靈性」層面。

10 與無色相遇

這裡有一段來自約有十九世紀之久的佛教文本《月燈三昧經》（編注：梵文版又可譯爲《三昧王經》，經文中，佛陀爲回應年輕的月光童子提問，而給予了空性的教法。）的段落：

了知一切：
如幻影，如浮雲城堡，
如夢，如魅，
沒有本質，只有能被看到的性質而已。

我第一次聽到這首詩，是在禪修營，當時有位老師一直在談論「無色」。如果你靜坐到某個地步，得以了解到何謂無色，我推測，你知覺到的實相會比你仍關注於這個

「有色」世界時更眞實。而所謂的有形世界，你知道的，就是像桌子、卡車、保齡球等事物。

「無色」，並不是佛教術語中特別知名的一個。另一個更爲人所熟知的名詞，意思跟這位老師所說的大致相同，那就是**「空」**。①

無論你使用的是哪個詞彙，結果都是指：在外在世界中，那看起來如此穩固、如此有條理，如此充滿獨特且實質身分的東西，其眞實性卻遠不符合眼睛所見。從某種意義上來說，這種表象形式的世界就如《月燈三昧經》所言，「如幻影，如浮雲城堡，如夢，如魅」。或者，如《心經》中簡潔有力的名句——「色即是空」。

顯然，有些非常老練的靜坐者能深刻感受到這個眞理，甚至可能將這個世界常態性地視爲「空」或「無色」。這被認爲是一項重要成就，尤其如果目的是獲得開悟的話。

當你思索**「無色」**和**「空」**這些詞，可能會想到另外兩個詞：**瘋狂**和**壓抑**。認爲外在世界不是眞實的，認爲那些看似實質的東西在某種意義上毫無內容。這種想法聽起來很瘋狂，似乎也有點令人沮喪。我並沒有遇過什麼人，能在這空性之中開朗而滿足地歡欣度日。

但我慢慢覺得，這個想法實際上並沒有那麼瘋狂。事實上，隨著心理學的進展，這種想法變得越來越合理。至於那令人沮喪的事，我得說，其實把感知到的世界視爲某種程度上的空虛，不必然會剝奪你生命的意義。事實上，它所建構出的新意義框架，能比舊框架更有效，甚至更能帶來快樂。

我得趕緊補充一句：我捍衛「無色」和「空」的意願，取決於它們的意義究竟爲何，而不同的佛教思想家認定的意義也不同。我在這裡沒有要保衛「唯心佛教」這個最極端版本，他們聲稱這個世界並不眞的存在。同時，我也不是在誘導推銷這種概念，更不會定義無色和空，讓它們在某種意義上變得狹隘又具工具性，致使我要主張的根本想法「有效性」變得微不足道。我認爲重要（即使也很微妙）的一點是，我們把過多的形式和內容認定爲現實，而且我認爲，能同意這點對我們的生活會產生（也應該產生）激進的影響。

但讓我從論證的非激進端開始。當我們理解外在世界時，並不是眞正在理解它，而

① 「空」這個字在大乘佛教的重要性比上座部佛教還高，在這兩種佛教派別文獻中的意義也不盡相同。也許這位老師在此使用「無色」而非「空」的原因在於，它是屬於上座部佛教的傳統。不過後來經過確認，他認為「無色」跟「空」兩者可以相通。

是在「構建」它，這點可說是無庸置疑的。畢竟，我們與世界沒有太多直接接觸，我們所看到、聞到和聽到的東西，跟我們的身體都有一段距離。所以大腦所能做的就是根據間接證據——對街麵包店飄送而來的香味分子、從噴射機發出的聲波、從樹木反彈而來的光粒子——來進行推斷。

舉例來說，這個世界是三維的，但我們是透過二維領域的資料看到它：是因爲光粒子撞擊在我們眼球表面。爲了讓我們的心智深入了解這個三維世界，我們必須運用這個缺少一個向度的二維資料，構建出某種關於這個世界的「理論」。

而這個理論有時候會出錯。如果你去看一部3D電影並戴上3D眼鏡，你的大腦就會被愚弄，看到超級英雄從電影銀幕跳到你的座位上。取下你的眼鏡，你會看到（應該說確實是）在你近身處就只有你自己和爆米花。或是看看更老式的光學錯覺，例如著名的繆氏錯覺中，你會覺得其中一條線比另一條長，但實際上兩條是一樣長的。

這些錯覺利用了我們心智所做的假設，也就是我們眼球上的二維圖樣如何反映三維世界的假設。創造這種錯覺的人，設計出種種讓這些假設不成立的情況。

當然，在日常生活中，這些假設幾乎總是**眞的**成立。我們的心智能在二維資料的基礎上構建三維的現實模型，而且做得十分出色。一般而言，我們的五種感官對於自己的工作非常拿手。整體來說，我們看到的樹木是樹木、聽到噴射機是噴射機等等。不過，嚴格來說，這就是**建構**的過程。感知是主動而非被動的過程，是不斷建立世界模型的過程。這也是不同的人在羅夏克測驗的抽象墨跡中，看到不同事物的原因之一：即使是最模糊的圖樣，我們的心智也會嘗試把圖樣轉化爲有意義的事物。我們喜歡東西具有故事、去說明這些東西是什麼，以及它們具有什麼意義。

在靜坐期間，我們關於事物的故事可能會消失。例如，有時我會專注在聲音。我可以有節奏地進行，吸氣時聚焦於我的呼吸聲，吐氣時聚焦於環境背景中的聲音。或者我可能會卯盡全力，只專注於環境中的聲音，完全不理會我的呼吸。事實上，有時在禪修營中，有的老師確實會要我們整節課都專注在聲音來靜坐。如果你深深沉浸在這種練習，那麼你對聲音「施加」的結構就會開始消失。

例如，一架飛機可能會飛過頭頂，而你會聽到它飛過的聲音。但你不一定會想著：「喔，一架飛機。」你沉浸在聲音的紋理，以至於你可能不會馬上想到「喔，這是某樣東西」。這只是純粹的聲音，不附著於某種特定概念。我想對於沒有飛機文化的人，或是文明先進到飛行器不會發出噪音的外星人來說，這就是他們聽到的聲音。就只是聲音，而不是**任何東西的聲音**。

你可以接著問：但是遺忘飛機噪音來自飛機，有什麼好處？很高興你這麼問。答案是：並沒什麼好處。但現在我們來設想另外一個例子，這種遺忘在這裡**確實**會有所裨益。

噪音轉化為樂音

有一次我參加禪修營時，那裡正在興建新宿舍，因此會有錘子和電鋸的聲響。現在，你可能會認爲施工噪音不利於安靜沉思，或者不利於你進行任何令人愉快的事物。（我可從來沒見過可供下載的「電鋸」手機鈴聲。）事實上，老師早就帶著歉意向我們解釋，接下來整週我們都會聽到施工噪音。但是，正如老師提醒的，正念靜坐的很大一部分就是接受你面對的現實。通常，如果你聽到建築物傳出惱人、討厭的噪音，你可能會關窗或採取其他隔音措施。但在這裡想傳達的想法是，接受這些聲音，並且不去認爲這些聲音是惱人的、討厭的。

這樣做並不容易，但原則上很簡單。關鍵就是正面迎接這惱人的感受，從某種意義上來說，就是去檢視這惱人的感受。你注意到噪音造成的不適。那討厭甚至厭惡的感受駐居於你身體的哪個位置？這種感受的紋理爲何？你的檢視越細緻，對這種感受的接受就越完全，也越能排放掉對它的負面能量。

事實上，我不僅成功放開了這是不悅聲音的想法，當我沉浸在錘子和電鋸發出的聲波中，這些聲音開始聽起來像是音樂，而且是眞的「音樂」。你可能會認爲電鋸的噪音既突兀又刺耳，但我就在音調逐漸降低、聲音繼而消失後，又以更快速上揚的音調恢復音量的沉浮之間，發現了優雅的樂音。

電鋸的聲音變得如此美麗，以至於當聲音沉寂好一段時間，我發現自己竟坐在那裡不知所措，只希望建築工人快點動工，再來切割一些夾板之類的。當然，這只顯示出我距離開悟還有多遠。根據佛教教義，我不應該執著於讓我覺得愉悅的東西。但重點是，我接受了一般認爲的「噪音」，並在其中發現了樂音。

很顯然，我的目標是：如果我們可以將眞正的噪音轉化爲音樂，那麼我們是不是可以將象徵性的噪音，也就是各種不受歡迎的知覺、思緒和感受，變成象徵性的音樂？或者至少把刺耳的部分拿掉？很顯然我會這麼回答：是的，我們可以做到（透過充分勤勉地練習）。

但在進入這些實際應用之前，讓我們回到原來的問題：我的小電鋸交響樂究竟與無色、空有什麼關係？嗯，一方面，在這次禪修營中，我想自己已經放下了你可能稱之為「電鋸形式」的東西。電鋸聲是整個意涵結構的一部分，而當然，整個結構的中心，就是電鋸的概念。我認為我們會覺得電鋸摩擦聲響惱人的原因之一，是因為這聲音屬於該結構的一部分。也就是說，因為我們知道這聲音來自電鋸。電鋸與其衆所周知的切鋸骨頭和木頭能力，是我們許多人不喜歡接觸的東西。也許電鋸的涵義（以及這些涵義所喚起的負面感受），會讓我們厭惡這聲音。

當然，也可能是人類天性就不喜歡電鋸製造出來的聲音。確實，我們天生就會喜歡或不喜歡某些東西，某些味道、氣味、景象、聲音。不過，毫無疑問，我們對知覺的反應在某種程度上也是經驗的產物。在我靜坐的某個時刻，電鋸的聲音從原本電鋸的形式中逃逸而出，占據了另一種形式。它讓我想起牙醫師手上的鑽頭，當然，這聲音也立刻變得**眞的**很不愉快。聲音要從這兩種「形式」（電鋸形式和牙醫鑽頭形式）中抽取而出之後，才會令人愉悅。

還記得泰國僧侶阿姜查說過，如果想單靠「智性」來掌握無我的概念，你的腦子一定會爆炸？他有次提到自己在試著靜坐時，卻不斷被附近村莊的節慶聲音打斷。然後，他回憶著，他當時意識到：「聲音就只是聲音。我才是要去惹惱它的人。如果我放著聲音不管，它就不會惹惱我。如果我不去打擾聲音，它也不會來打擾我。」

我不會太從字面上去理解這則軼事。並不是因為你打擾了聲音，聲音為了**報復**才打擾你。問題的關鍵在於，聲音本身就是被動而非主動的事物，既不會讓人愉悅也不會讓人不愉悅。所以它要讓人不愉悅，從某種意義上來說，你就必須對它**做一些事情**。

再看看《月燈三昧經》那段經文的最後一行。它說所有的東西都「沒有本質，只有能被看到的性質而已」。這部經典並不否認我耳邊電鋸聲波的實際情況，也就是並未否認我所觀察到的「性質」。但它似乎是在說，我通常看到潛藏於性質背後的「本質」（也就是電鋸的本質），其實是解釋的問題。本質是我從性質選擇去建構或不去建構的東西。本質不獨立於人類的感知而存在。

我認為這個版本的「空」之教義是合理的，它也是佛教學者最廣泛接受的版本：**並非一切都是空，空的是萬物的本質。感知空，就是去感知原始的感官資料，而不去做我們天性傾向去做的事**——建立一個關於資料核心內容的理論，然後以本質來填入理論。

很顯然會有人這麼答辯：「但是，呃，事實上，這個電鋸聲響的核心不是有個東西嗎？你知道吧，就是一種叫做電鋸的東西？一種不是空的，而且還有形式的東西？能夠把這個事實推到心智之外，從而將噪音轉化為音樂，真是太好了。但如果電鋸真的在**那**

裡，那麼你對現實的描述就不是變得更清晰，而是在某種程度上變得更『不』清晰，對吧？而佛教的觀念，難道不是讓你把世界看得**更清晰**，好讓你減輕所受的苦嗎？」

針對這些問題，並沒有完全令人滿意的答覆。像「空」這樣激進的想法，一小段電鋸的軼事是不足以成爲有力辯護的。但我希望在接下來幾章，能讓這個想法聽起來即使不能達到無可否認地有效，至少不會像剛開始那樣瘋狂。目前，且先讓我對這些所謂電鋸的空和無色的問題，做出初步回應。

是的，電鋸存在。它由電源線、刀片和扳機之類的東西所組成。你可能會說，這些都屬於電鋸的「性質」。但是，當我談論電鋸的「本質」時，我談論的是我們在電鋸中感知到超過這些性質總和的東西，是一種具有獨特涵義和情感共鳴的東西。如果我設法讓自己從這些涵義和共鳴中脫離，讓我足以眞正享受電鋸的聲音，那麼這種本質已經開始衰敗。

換句話說，在這次禪修營之前，我可能會說：「電鋸會發生令人不悅的聲音，這是電鋸本質的一部分。」但事實證明，製造不愉悅的聲音，實際上並不是電鋸固有的。如果它不是固有的，它又如何成爲本質的一部分？

下一章中，我將論證**許多**事物的「本質」（嗯，甚至是所有事物的本質），事實上都不是事物固有的。我將借鑑現代心理學的各種發現來做爲證據。在那一章之後，我希望這種無色或空的概念看起來會更合理，或者至少你會更清楚知道我主張的這個合理概念，確切意義爲何。

現在，我又要說一個禪修營中發生的趣事。

這是一路到底的故事

在我第一次聽到關於無色想法的禪修營中，每位參與者都能與老師一對一面談十分鐘。我們可以提出自己遭遇的任何問題，並得到老師的指導。和我討論的老師名叫娜拉央·雷賓森，就是她從《月燈三昧經》那裡讀到這段經文。不過，談到無色的，卻是禪修營中另一位老師羅尼·史密斯。我抓住這次機會，請娜拉央解說她的意思究竟爲何。

順帶一提，娜拉央是硬派分子。一如內觀禪修學會的大多數老師一樣，娜拉央已經做過密集的沉思練習，包括在東南亞森林中獨處數月。她教導靜坐，不僅是爲了讓人們減輕壓力（當然她也樂見這樣的益處），還要幫助人們獲得解脫。

基於這個原因，她並不完全贊同我寫這本書。畢竟，寫一本關於佛教靜坐練習的書可能會妨礙練習本身。如果你努力要達到一定的靜坐狀態，如此才能在書中加以描述，那麼你就不太可能達到那種狀態，而且也不太可能經由不同精神的練習獲得各種突破。她神情嚴肅地看著我說：「我想你可能得在寫這本書和獲得解脫之間做出選擇。」

但是，我指出，這本書可能會幫助其他人追隨佛法，而如果這能帶來足夠的幫助，難道不能彌補我無法獲得解脫的失敗嗎？她的立場仍未動搖。她的工作是引導人們獲得解脫，而那一刻她是我的老師。此外，她似乎認爲讓人眞正獲得解脫才是對世界最大的益處，就連由尚未解脫的作家來引導他人走向大致的解脫之道，也完全無法企及。

無論如何，在這次談話中，我問娜拉央，羅尼的觀點是否廣爲內觀教師所接受？她又是否認眞對待無色的觀念？她說，是的。而且，羅尼所談到的無色，在她的圈子裡並不被認爲是激進的。她說：「約瑟夫也會這麼談論無色。」她指的是約瑟夫．葛斯丁。

所以我繼續問她這個詞的精確意義。她證實了我的懷疑：無色並不意味著物質世界不存在或是不具結構。桌子存在、電鋸存在。我們交談幾分鐘之後，我覺得自己抓住了她的要點。我問道：「所以意思是，世界萬物的**意義**，都是我們強加上去的嗎？」她回答：「是的。」

我要趕緊補充一點，這並不是說我們生活在一個毫無意義的世界裡。深植於佛教思想中的，是感性生活的內在道德價值。不僅是人的價值，而且是具有主觀經驗的所有生物的價值，因此具有疼痛和愉悅、受苦與不受苦的能力。而這個價值反過來又賦予其他事物價值，像是幫助人、善待狗等等。在這個意義上，**道德意義**是生命中固有的。

但是娜拉央的觀點是，當我們進行日常生活的時候，會賦予事物一種敘述性意義。最終，這些敘事會獲取巨大的形式。我們認爲自己做的某件事是個巨大錯誤，而如果當初做的是其他選擇，那麼一切都會很美好。或者，我們認爲自己必須擁有特定的財物或成就，如果沒有得到它，一切就會變得可怕。在這些敘述的根本基礎上，是對事物本身善或惡的基本敘述性判斷。

所以，例如我若開始長篇大論，敘述參加這個禪修營是個巨大錯誤，而且我總是會犯下這類錯誤等，那麼這個故事其實存在一些可疑的前提。

其中一個前提是，假設我沒有參加這個禪修營，那不管我改做什麼事，都會進展得很順利。然而據我所知，倘若眞是如此，我會被一輛公車撞倒。而另一個前提是，本週幾次痛苦的經歷，意味著禪修營對我來說是不好的，然而實際上它的長期影響尚未可知。

這個敘述最基本的前提是：簡單的知覺判斷，如「我在試圖靜坐時聽到的電鋸聲是不好的」。這種看似乎如此牢固嵌入事物紋理之中的意義，事實上並非是實相固有的特徵。這是我們施加於實相的東西，是我們講述了一個關於實相的故事。

我們在「故事」的「故事」中建立「故事」，而故事的「問題」則始於故事的「基礎」。不過，正念靜坐是能從頭到尾仔細查驗我們故事的工具，以便我們可以選擇將眞相與構成分開。

11 空的好處

一天，一位年方五十九的男子問自己的妻子：「我的妻子在哪裡？」把這個案例發表在《神經科學》期刊上的研究人員稱他爲「弗雷德」。弗雷德並不是在開玩笑。研究人員寫道：「她驚訝地回答說，她就在這裡。但他堅決否認她是他的妻子。」

問題不在於弗雷德沒有認出妻子的臉。顯然這個女人**看起來**像他的妻子，但他堅持認爲她只是「分身」。他推測，眞正的妻子已經出去了，並會在稍後回來。

弗雷德罹患了「卡波格拉斯妄想」，其中包括確信有人（通常是親戚，有時是親密的朋友）是冒名頂替者。但這是個非常好的冒名頂替者，從外觀看起來一模一樣，不過內在就不是了。這個人可能看起來完全像你的母親，但她缺乏我們稱之爲「你母親的本質」。

一如我們所見，本質——至少本質的**闕如**，是佛教「空」的概念核心：雖然我們在世界上所感知到的事物，在某種意義上是存在的，但他們缺乏稱爲「本質」的東西。所以，當弗雷德看著他的妻子卻沒有看到妻子的本質時，他體驗到的就是「空」嗎？他是否正處於佛教開悟的門檻？

不。

開悟是要**排除**你的妄想，而認爲你的妻子不是你的妻子，則是**獲得**妄想，因此這才稱爲卡波格拉斯**妄想**。無論弗雷德腦子裡發生什麼事，都不是佛教所要說的開悟。[1]在這同時，我認爲弗雷德的大腦可能與處於深度靜坐狀態者的大腦有些共同點，他們視這個世界爲完全或部分的「空」。我認爲這種觀點可能會對「空」的體驗有重要啓發：空是什麼？人們爲什麼要體驗空？以及我們應該怎樣做？

沒有人確切知道是什麼原因導致卡波格拉斯妄想，但有個由來已久的理論認爲，這是由於牽涉到視覺處理過程的腦區（也許是面部識別的梭狀回）和處理情緒的腦區（如杏仁體）之間的連結斷裂。顯而易見的是，這些病患都缺乏**情感**或**感受**（像是通常會由你母親所引起的感受，就是不存在）。如果看到某個人時，並無法引發你看到母親時會出現的感受，那麼這個人怎麼會是你的母親？

我們通常都認爲，識別人類是視覺感知的一種直接行動。這像是一臺電腦可以做的事情。事實上，電腦只需掃描面部就能做好識別工作。但顯然人類是以更複雜的方式來辨別事物：不僅看外表，也看對方帶來的感受。至少，根據卡波格拉斯妄想來判斷，當我們識別朋友和親戚時似乎就是這種情況。

許多其他事物是否也是如此？我們對所居住的房子、所駕駛的車子，甚至是所使用電腦的辨識，是否都取決於我們對這些事物的**感受**？或者，即使沒有這些感受也不妨礙認同本身，反而還能徹底檢視我們的觀點，去查驗這些事物究竟爲何，以及意義何在？海洋這個詞的意義——不是字典的意義，而是實際的意義——是否取決於你與**海洋**間的混雜感受？如果你突然斷開這些關連，海洋會不會變成「空」？

我對此感到懷疑。我懷疑這可以幫助解釋佛教「空」的教義是如何產生。靜坐一方面可以削弱知覺和思緒之間的連結，另一方面也能減弱感受和情感共鳴之間的連繫。那麼，如果你眞的徹底努力在削弱這些關係，而知覺也越來越能脫離與情感的牽絆，這

① 有趣的是，宗教學者埃克爾在描述那些認真看待佛教「空」之教義的人時，羅列了這些人可能會問的問題，其中包括：「母親是誰？兄弟是誰？……這一切都是錯覺，都是空。」但即使是這樣，在對空的經驗稍微極端的描述中，也沒有表明這個人會真的像卡波格拉斯妄想那樣，認為有人冒名頂替他的母親或兄弟。

就可能改變你對世界的看法。事物的外表看起來還是一樣，但似乎缺少了某些內在的東西。

用《月燈三昧經》的話來說，它們看起來「沒有本質，只有能被看到的性質而已」。也許，佛教「空」的概念，最初就是在那些進行非常非常深度靜坐的人心中形成，他們靜坐之深刻，以至於世界的正常情感色彩幾乎消失殆盡，也許連結於各樣事物的感受也跟著消失。這些事情似乎發生了變化，也被剝奪了某種實質。

懷疑這種可能性，是因為你可能不會認為自己對於海洋或電腦有真正強烈的感受，至少強度不足以構成它們身分的一部分。但我想說的是，感受在知覺中所扮演的角色，比我們通常所以為的還重大。

第一部分證據是卡波格拉斯妄想本身。證據表明，儘管依照常識我們會將大腦區分為「認知」和「情感」的活動，但識別某個人的簡單認知行為，可能取決於情感反應。

也許對那些長期密集靜坐、能夠切斷所見所聞之物帶來的短暫感受之人而言，將空的教義視為經驗性的理解，似乎更為合理。當時「空」尚未成為佛教教義，佛教哲學家也尚未闡明並捍衛「空」的意義。

但是這個猜想並不是靜坐練習的重點。重點在於更深入探索這種「經驗性理解」的機制，以便更清楚了解那些看到「空」的靜坐者腦中所發生的事情。這與絕大多數的人不同，因爲多數人隨處所見都是事物的本質。這反而能讓我們期望知道第二批人（也就是我們幾乎所有的人）是否長期受幻想所迷惑，若是如此，可以想見幻想的後果有多麼嚴重。在此我要爆個雷：在某些方面，我認爲後果非常嚴重。

奇特和普通的本質

心理學家保羅．布魯姆寫道：「本質主義（把內在本質歸於事物的傾向）是人類的普遍性。」他所舉出的某些例子十分奇特：有人會花五萬美元購入約翰．甘迺迪的捲尺，顯然是因爲他感到這把尺充滿了總統的某種「本質」。布魯姆的其他例子則沒那麼奇特，像是：結婚戒指通常會喚起某種感受，至少對佩戴者來說是如此，而這並不是款式相同的戒指就能喚起的感受。但是捲尺和婚戒在某種意義上都是特殊的，許多事物的情況也是如此，它們都會投射出特別強烈的本質感。

布魯姆在他的著作《愉悅是如何運作》之中寫道，一樣東西之所以特殊，是「因爲它的歷史，無論是它與受愛慕者、重大事件，或是對當事人具有重大意義之人中間有什麼關係。這個歷史是不可見的，也沒有形體。在大多數情況下，沒有任何檢驗方式可以把特殊物體與看似相同的物體區分開來。但是，它仍然帶給我們愉悅，而其他相同的東西只會讓我們覺得漠然」。

布魯姆認爲，人們在廣義上比這還要傾向「本質主義」。這我同意。事實上，這也是本章要點的一部分：人們以充滿情感的本質，投注在布魯姆意義上並不「特殊」的事物。②

但這至少暫時還有一些優點，能將分析限制在眞正非常特殊的對象上。這可以讓你進行某種非正式的實驗。舉例來說，在拍賣會上，你可以對捧著總統捲尺如皇冠寶石的得標者說：「啊，我們搞錯了！這其實是水電師傅的捲尺。我們會再把約翰．甘迺迪的捲尺送到你家。」然後就可以觀看這個消息所帶來的影響。得標者面部表情的變化，無疑表示他對該事物的感受已經改變。前一秒才激發敬畏和傾慕之情的捲尺，現在已不會激發任何感受。一件珍貴的遺物變成一個單純的東西，前一刻還擁有的本質瞬間被清空。

這種「實驗」也發生在現實生活中。

布魯姆提到納粹戰犯赫爾曼．戈林的故事：戈林一直認爲自己擁有一幅維梅爾的眞跡，結果在得知是僞作的這一刻，目睹的人說，當下戈林看起來「彷彿第一次發現世界上有邪惡存在」。

要看清戈林當時的臉，或者看清我們假想中捲尺主人的臉，就是要看清感知的本質和情感之間的某種關連。這些「實驗」表明，要把特殊物品視爲具有特殊的本質，就是要對它們產生特殊的**感受**。

但是，那些在我們周遭不那麼特別的事情呢？那些我們並不認爲曾是總統所擁有、不認爲是維梅爾的作品，而是貨運火車、小貨車或山間小溪的景象，或是夜間的霧號、蟋蟀，或是清晨鳥兒的聲音呢？在這裡，要建立本質和情感之間的連結並不容易。首

② 我使用「本質」一詞時，僅使用它所代表的部分涵義，也就是心理學家常使用的：本質通常意味著一種看不見、隱藏或抽象的特質，被認為是這個事物所擁有，若沒有這項本質，這個事物就不再是這個事物。此涵義與我所說的本質是重疊的，只不過所「認為」的是清晰明確的信念，而不是較隱微、幾乎不具意識的概念。通常心理學家所指，著實是清晰明確的信念，甚至像 H_2O 被視為水的本質那樣明確。他們之所以會如此強調這點，可能部分來自他們藉由詢問人們對事物的信念來研究本質。無論如何，我更關注的是人們對本質的「感覺」，一種可能是高度含蓄的感覺，而且我從不認為「本質」是表示事物的物質成分。順帶一提，我對「本質」的運用與西方哲學最常見的用法並不一致。

先，人們「**認爲**這些東西具有本質」這件事不那麼明顯。畢竟，人們不會願意爲這些東西付出過高的金額，也不會因認爲這些事物不可替代，而在分別時迸出淚水。人們對於火車和卡車之類的普通事物，較不擁有明確的特別感受。但長期以來，某個思想流派認爲：「普通事物**確實**會引起情感反應，即使只是微妙的反應。」

一九八〇年，心理學家羅伯特．札瓊克表達出在當時看來有點古怪的觀點，他寫道：「在日常生活中，不具顯著情感成分的知覺與認知或許非常少，也就是那些毫不熱烈，甚至連微溫都稱不上的情感。也許所有的知覺都包含一些情感。我們看到的不只是『房子』，而是『一幢漂亮的房子』『一幢醜陋的房子』，或是『一幢氣宇軒昂的房子』。我們閱讀的不只是關於態度改變、認知不和諧，或除草劑的文章，我們閱讀的是一篇關於態度改變的『精采』文章，一篇關於認知失調的『重要』文章，或者一篇關於除草劑的『瑣碎』文章。」

在此也順便注意一件事，札瓊克隱含地把對事物產生**感受**，等同於對事物做出**判斷**。這個等式對於達爾文式的觀點（詳見第三章）是正確的，因爲從功能上來說，感受**就是**判斷。通過批判性地檢查我們的感受，來削弱判斷的靜坐技巧也是如此。但我離題了。

札瓊克繼續說道：「夕陽、閃電、花朵、酒窩、指甲上的倒刺、蟑螂、奎寧的味道、法國索米爾氣泡酒、義大利綠色心臟的翁布里亞大地顏色、第四十二街的車陣聲，都是如此。而一千赫茲的音調聲，以及字母Q的樣子，也是如此。」

字母Q？這可能會稍微承載太多感受，但也不會過多。我認爲，除了對特別事物（那特別漂亮的汽車，或特別醜陋的汽車）的情感反應，我們還會對一般事物產生情感反應。就拿捲尺的例子來說：我非常喜歡捲尺，即使不是總統所擁有的亦然。我喜歡將捲尺展開，並使用它們來獲得我問題的答案。（需要更換的日光燈管有多長？）我也喜歡它們瞬間收起成捲的感覺。我通常不會在五金行裡駐足欣賞捲尺，但是當我看到一件事物會引發微妙的正面回應，可能就會停下腳步。這種反應是我對捲尺概念的一部分，也是它對我意義的一部分。

你可以了解爲什麼我們可以拿眞正特殊的物品進行「實驗」，例如甘迺迪的捲尺或是戈林的維梅爾僞作，但對於不太特殊的物品卻窒礙難行。對於特殊之物，情感涵義來自對物品歷史的明確信念，因此你可以告訴這個人，這個信念實際上是假的，然後衡量這項消息對情感的衝擊。但是類似的操作，卻無法運用在毫不特殊的對象上。

你無法說服我，我對捲尺的許多正面經驗實際上並沒有發生。就算可以，或許也並不重要，因爲我對捲尺的喜愛之情，不來自過往我對它們產生的意識信念，而是來自那段曾無意識發生的情緒條件反應。

感受滲入知覺

儘管如此，還有很多證據表明，人們確實傾向把正面和負面的連結附加到所有類型的事物上。有兩種方式可以表明這一點，一種是細微而巧妙的揭示，另一種則不那麼巧妙。

不太巧妙的方法，就是直接問人們對事物的看法。在一項研究中，受試者會看到東西的照片，並被要求以正四到負四來評等這些東西的好壞。一些照片引發了刻板且可預測的判斷：天鵝非常正面，蛇頭和蟲子非常負面。有些照片引發的反應較爲靜默：鏈條、掃帚以及垃圾桶的平均分數偏負面，南瓜、牙刷以及信封則偏正面。

以較細微而巧妙的方式來探索人們的情感判斷，不是去問人們是否爲天生的評價者，而是去問他們是否爲**自動的**評價者。換句話說，在他們還來不及眞正思考這些事物之前，是否就已對事物產生情感反應？

我們可以透過所謂的「啓動」過程來探索這個問題。假設你會接連看到兩個單詞，並且當你看到第二個單詞時，被要求大聲唸出來。事實證明，在第二個單詞同樣是**知更**

鳥的情況下，當第一個單詞是**鳥**，你唸出第二個單詞的速度，會比第一個單詞是**街道**時還要快幾分之一秒。**鳥**這個詞已經「啓動」大腦對相關單詞做出回應，這就是所謂的「語義啓動」。還有一些你可以稱爲「情感啓動」。如果你看到**陽光**這個詞，那麼你對**愉悅**這個詞的反應，就會比你先看到**疾病**一詞快得多。同樣地，如果你先看到**疾病**這個詞，那麼你對**可怕**一詞的反應，就會比先看到**陽光**一詞快得多。

當然，這些實驗並不能說明你對疾病做出反應時的感受。事情發生得太快，讓意識來不及對事件進行反思。出現啓動單詞、短暫的時間間隔、出現目標單詞，這都在不到半秒的時間內完成。事實上，即使啓動單詞出現的時間短暫到意識尚未覺察，效果仍然存在。所以這些實驗證實，**疾病**一詞在你有意識地把它喚入心智之前，就已經被貼上了負面標記。

這點並不令人意外。疾病是非常可怕的，陽光是非常愉悅的。但我們在較無法明顯喚起感受的事物上，也看到同樣的動態。事實上，那些調查人們對一般事物（鏈條、掃帚和垃圾桶，南瓜、牙刷和信封）反應的實驗者，在換了一群新受試者之後，又以相同圖片來進行啓動實驗。事實證明，是的，第一組人有意識地評價爲負面的圖片，也被第二組人評爲負面，而該組甚至沒有意識到自己**正在**評價它們，而是他們隨後對顯示正或負面單詞的反應速度，才推知所隱含的判斷。

所以札瓊克似乎是對的，人類是自動的評價者。我們傾向於將形容詞分配給名詞，無論是有意還是無意、明確或隱含的。

當你想到它時，札瓊克幾乎必須是對的。從天擇的角度來看，整個知覺的重點就是處理與生物演化利益相關的信息。也就是說，生物能獲得基因傳播的機會。生物爲感知到的訊息，發配正面或負面價值來標示這種相關性。我們設計是爲了判斷事物，並將這些判斷編碼爲感受。

對於像我們這樣複雜的物種，對於什麼東西會與演化上的利益相關，有可能總是不那麼明顯。例如，捲尺並未出現在我們演化所處的狩獵採集地景之中，但天擇設計我們要從找到問題的答案來獲得滿足。而隨著時間推移，當我被問到某樣東西有多長，捲尺能提供我答案。也許這就是我會喜歡捲尺的原因。或者，也許這與我使用捲尺時能讓我感受到自己，而這一事實可能根植於我童年時觀看各種角色人物會使用捲尺。

無論如何，我要說清楚：這並不是說，我所感受到正面或負面的所有事物，實際上會對我傳播基因的機會，產生相應的正面或負面影響。我要說的只是，心智把感受發配給事物的機制，最初是爲了讓基因擴散極大化而設計的。而這種機制不再可靠，是身爲人類的荒謬之一。

我哥哥彷彿不存在

在我們回到「空」之前，我要再次澄清：我並不是說每個人對所有事物都會有情感反應。我剛剛描述的研究，就與大多數研究一樣，是總體的統計。而埋藏在總體下方的，是分別的個體，他們對特定的單詞或圖片，會做出中性的反應，這並不奇怪。畢竟，即使回到狩獵採集的時代，心理景觀也會把那些不影響我們散播基因機會的事物標示出來。所以，總有一些事物是不會引發強烈感受的。

總而言之，正是因爲這樣的東西在演化意義上並不重要，生物一開始便不會重視。另一方面，生物所關注的事情也**確實**都具有傾向演化的意義，因此往往會引發感受。也因爲如此，**知覺**的景觀（我們所關注、會支配我們意識的事物景觀）往往會被注入感受，無論它有多麼巧妙。如果有什麼事物是你根本就毫無感覺的，那麼你可能最開始就不太會注意到它。要說世上沒有所謂純淨無感的知覺，可能也是剛好而已。

我哥哥在步入中年、不再獲得女性注意之後這麼說：「她們不是認爲我不好看，只是不知道我存在而已。」確實！一位異性戀女子走在城市街區時，要關注的東西可多了，所以她知覺工具的首要工作，就是過濾掉那些最粗略甚至無意識的評價——這些東西不值得獲得意識進一步的評估。可悲的是，這類事物包括我哥哥（同樣悲哀的是，他獲得此待遇時，比我現在還年輕）。

但如果這些事物**確實**值得進一步評價，評價結果最終將反映在這位女性的感受之中。他是有吸引力的年輕男子？還是較沒吸引力但很好看的年輕男子？或是具備某種魅力卻看來可能自我中心到令人難以忍受的年輕男子？或甚至是跟我哥哥同年卻駕駛著百萬名車並配戴勞力士手錶的男子？上述這些男性引發的感受各不相同。

理論上來說，在天擇的光照下，所有值得關注的事物都應該引發感受。而感受會為事物注入本質。至少，我的假設是，一些靜坐者感受到事物的本質感削弱，與他們對於事物相關的感受變薄弱有很大關係。

我曾經對羅尼．史密斯實驗這個理論。我就是從他身上首次聽到「無色」的說法。羅尼是名高大、瘦長、滿頭灰髮的男人，渾身充滿福音派氣息，這在靜坐老師中並不常見。如果你把他放在美南浸信會教堂的講台上，這景象毫不違和——直到他開口談論「無色」。私底下，羅尼是個說話直接又不多廢話的人，完全不浪費時間。我問他：

「你一直在談論的這個『無色』與大乘佛教的『空』，兩者關係爲何？」他稍微聳聳肩，輕蔑地揮了揮手，說：「同樣的東西。」

在那次交流中，我與他有更深入的交談。之後我決定嘗試一下自己的理論：降低對事物的情感反應能導向「空」的經驗。

羅尼一直試圖向我解釋空的經驗像什麼。我一方面猜想，在他的感知領域中，事物對他投射出來的獨立身分，並不像對我們大多數人投射得那麼強烈。但是，羅尼強調，你並不會因此喪失識別事物的能力。他說：「你希望能夠拿起一副眼鏡並且戴上，而不把眼鏡當鉛筆。你不會失去事物的形狀或顏色，只是事物之間的空間不再是分裂的。」

我問：「你對事物的情感反應，會比你不在靜坐狀態中要少嗎？你是否會投入較少的情感內容？」

他回答：「如果事情不像你所相信的那麼具有實質性，那麼你對事物的反應也就會比較不熱烈，這聽起來比較合理，是吧？所以，是會發生這種情況的。你看，所有的平靜都是來自於認識事物並非我們所想的那樣。」

我覺得有人站在自己這邊，但又不是完全站好站滿。從某種意義上來說，羅尼證實了我的理論。他說的是：「是的。無色或空的知覺，與對事物的削弱情感反應相關。」

但他對這種相關性的解釋似乎與我不同。我所說的，是削弱的情感能引導你感知到「空」，但他說的關連卻是往反方向進行：對空的知覺能削弱對事物的情感，一旦你一開始就不把自己習慣以強烈情感回應的事物視爲「事物」，那麼理所當然就不會如此強烈回應它。

誰才對？也許都對。或者，至少我們所說內容之間的差異，終究不是那麼重要。記住，首先，當我談論我們的情感受到削弱、我們的感受被削減時，並非指這是一件**壞事**。的確，我已試圖說明爲什麼某些感受對現實來說是不良指導，我也更明白地建議，應該對整個感受的基礎結構有一定的懷疑，因爲這是經由天擇建立的，其最終目的不是培養清晰的知覺和想法，而是培養那些已讓基因廣爲散播的知覺與想法。所以，對我來說，把羅尼的經歷描述爲感受的削弱，絕對不是在說他的經歷無法說明他對世界的看法。

了解到這點之後，我們來看看羅尼提出的兩個主要觀點：

一、對無色或空的理解，比起我們的普通觀點，是對事物更眞實的知覺。

二、在對這些事物的反應中，我們通常經歷的感受，與事物的實相並不相稱。

這些說法與我所說的一致。我和羅尼意見相左的只有內觀的運作機制。他認爲，澄明的視界能引致感受的削弱。在此，他的說法也反映了佛教內部的正統立場。

我則認爲，感受的削弱能引致澄明的視界。確實，情感是如此細緻地與知覺交織在一起，特別是對於本質的感知。③

感受和故事

還有另一個事物，似乎也與本質交織在一起，那就是：故事。別人論述的故事，或我們對自己訴說的故事，都會影響我們對這些事物的感受，並

③ 我想要強調，我與正統佛教對空的辯護之間的差異。空是個「本體論上」的教義，主張實相的真實本性。很顯然，正統佛教論證在實相的真實結構中，若經由正確理解，「事物」並不具有本質。（關於標準的佛教論證，詳情可參見十三章。）我對空的辯護則是，即使論證代表的是空的本體論教義，其本身在根本上並不是本體論的，而是心理學的。換句話說，我不去論證實相具有某種結構，也不論證這種結構不涉及本質，而是去論證人類心智是建立在對實相投射出一種本質感，而投射背後的達爾文演化邏輯，讓我們沒有理由相信這個投射符應著「客觀」實相，並且確實讓我們有理由對此加以懷疑。（該邏輯的闡述可參見第十五章。）請注意，這兩種代表空的學說論證（正統的佛教本體論論證以及我的心理學論證），在邏輯上是相容的。

或許因此形塑了我們在其中所感知到的本質。如果捲尺背後的故事是約翰．甘迺迪的擁有物，就意味著這把捲尺與水電師父的捲尺會帶來不同的感受，也擁有不同的本質。如果我們自認擁有成功的婚姻及很棒的孩子，那麼我們家的景象，可能會比那些自認被困在壓迫婚姻關係中、培育出差強人意孩子的家庭，散發出更正面的氣氛。

這是布魯姆的一個重要主題：我們講述事物的故事，以及我們因此對事物的歷史及其本性的信念，塑造了我們對事物的經驗，從而塑造了我們對其本質的認識。他最喜歡的例子之一，是跟葡萄酒鑑賞家有關的研究。他們之中有四十人認爲，兩款波爾多葡萄酒裡，標示著「頂級酒莊」的這款十分值得一飲，另一款僅僅標示著「日常餐酒」的，則只受到十二位鑑賞家的青睞。你可能已經猜到了要點：這兩種瓶子裡裝著同一種酒。

這個葡萄酒的例子，清楚說明了故事是如何形塑我們的快樂（「那是非常美好的一年」）。但布魯姆認爲，如果你觀察得夠仔細，每種快樂都有一個相應的故事在背後。他對我說過：「沒有所謂簡單的快樂。沒有哪種快樂，是完全不受跟你所快樂之事有關的信念所玷汙。」他以食物爲例，「如果你遞給我某樣東西，我也品嘗了，而我所知的一部分就是，這是由我所信任的人遞給我的，因此我品嘗到的滋味，會與我在地板上所發現，或花了一千美元才得到的不一樣。又或者拿繪畫來說。確實，你可以看著一幅畫，卻不知道是誰畫的，僅僅依照畫所呈現的樣子來欣賞它。但同時，你也知道這是一幅畫。」

他繼續說道：「換句話說，並非原本就有油漆潑濺在牆上……而是有人在某個時候繪製出來展示，而這會讓事物有了色彩。」他又說，「最簡單的感覺就是：性高潮、口渴時喝水、伸展等之類的事情。它總是擁有某種描述，總是被視爲某種類別的例子。」換句話說，總是存在一種隱含的敘述。

快樂是由我們的本質感所形塑，也因此由我們所說的故事以及所持有的信念形塑。對布魯姆而言，這個事實從某種意義上來說，我們的快樂比我們可能了解到的要深刻得多。他寫道：「快樂總是有某種深度。」

但是你可以從另一種方式來看待。有鑑於我們對一瓶葡萄酒的體驗可能受到瓶身上假標籤的影響，你可能會說，我們的快樂事實上存在某種**表層性**，如果我們能夠品嘗到葡萄酒本身，就會擁有更深層的快樂，而不受「可能爲眞也可能爲僞」的相關信念所阻礙。

這點更接近佛教對此事的觀點。

沒有故事的人

接著讓我用格里．韋伯的品酒經驗來說明。韋伯是名結實、精力充沛的銀髮男子，幾十年來已經累積了成千上萬小時的靜坐練習。按照韋伯的說法，所有這些練習使他的日常意識變得與以往非常不同，而且當然也與我的不同。他說，他的經驗不太會影響我們大多數人主導意識的自我指涉，例如：「我昨天為什麼說了這種愚蠢的事情？」「我明天要如何打動這些人？」「我等不及要吃那片巧克力！」等等。他把這些稱為「情緒化負荷，我—對我—我的思緒」。

我們將不得不採取韋伯的話來說明他是個怎樣的人。但他聲稱自己已經達到一種罕見的意識狀態，且確實能加以證實。他參加了耶魯醫學院一項意義重大的大腦掃描研究，也就是我在第四章提到的研究，當時有許多十分純熟甚至著名的靜坐者參與。這項研究發現，在深度靜坐時能平息預設模式網絡。但在韋伯的案例中，卻發現了一些不同的東西：他的預設模式網絡在一開始就是平靜的，非常、非常平靜，甚至在他要進入靜坐之前就已平息。

雖然我引用韋伯的話來說明佛教的「空」，但我應該也要承認，他在某些方面與這個目的不甚相合。他廣泛研究了禪宗佛教傳統，但也受到印度教傳統的影響。他拒絕了部分佛教，認爲**「空」**充其量是具有誤導性的詞彙。他說自己從來不知道有任何達到深入靜坐狀態的人如此描述：「噢，這是一片巨大的空無。」他自己對世界經驗太豐富，不能無條件地稱之爲空。他說：「我所使用詞彙會是**空空的滿**，或是**滿滿的空**。」

但無論你想把韋伯的世界經驗稱爲什麼，這個世界聽起來都非常像羅尼．史密斯所描述的：事物不具備能彼此清楚區分的獨特本質。儘管韋伯就跟史密斯一樣，當然可以分辨出椅子、桌子以及燈具之間的區別，並對每一種情況做出適當反應，但這些東西並不像過去那麼強而有力地投射出獨立的身分——它們成了事物的連續體。韋伯說：「它們和其後的背景沒有區別，都是一個東西。」他有時會把這些「東西」描述爲像是由某種能量構成，但「能量，或是你對能量的感受，兩者並沒有區別」。

我曾試圖要韋伯闡述他從世界上所獲得的享受，與我獲得的本質上有何不同。我說：「我猜想，所以你是說有一種愉悅，是你可以透過自己的感官得到，而這感官並不會牽涉到那種有問題的情感？」

他說：「沒錯。」但他又趕緊補充，「但你的神經末梢功能還在……綠茶喝起來仍然像綠茶，紅酒的味道喝起來仍然像紅酒。你不會喪失這個功能，會失去的是這種感覺引你走向何處：這是一杯**美妙的**葡萄酒，這是美好的一年。」

但我指出，有些人會說，如果你不認爲這是一杯**好**酒，如果你甚至沒有足夠的情感去**喜歡**酒，那麼活著就沒有多大意義。

他回答：「但這是更純淨的知覺。如果我品嘗一杯葡萄酒，並試圖讓某些美食評論家或某位愛好葡萄酒的朋友留下深刻印象，我可能會開始說故事、預期這種酒應該是什麼樣子，以及我應該如何期待它的味道，所以這些眞的會阻斷我純淨、簡單的知覺……因此，驅逐這種情感思緒，我才更有可能直接感知任何感覺。」

怪的是，我好像能懂他的意思。禪修營期間，我坐在食堂中品嘗食物時，有時會沉浸在食物的風味和質地中，以至於我並不眞正意識到自己在**吃什麼**、是什麼水果、什麼蔬菜。反正就是記不得任何伴隨著這種感覺的故事，只記得感覺非常好。

有時候，我認爲「本質」會以兩種方式來妨礙純淨的知覺。其中一種是「一杯美妙葡萄酒」法，也就是本質感很強烈，所喚起的感受不隸屬於「無本質」經驗。但有時候，本質感會微弱到讓你完全脫離經驗。在禪修營期間，我會沉浸在樹皮的紋理中，也許是因爲我缺乏對樹木的本質感。這種感受有時是如此缺乏力量，只是告訴我：「這是另一棵樹，你可以直接越過，然後往更重要的東西前進。」我們會藉由本質感來標示東西，而標籤的其中一種用途就是把東西歸檔後放置一旁，這樣你就不必花時間在它們身上。

也許嬰兒沉迷於形狀和紋理，是因爲他們還沒發展出自己的歸檔系統，也就是他們的本質感。換句話說，他們還不「知道」周圍的「事物」是什麼，所以這世界是個探索的樂園。也許這有助於解釋韋伯如何可以說「空」事實上是「滿」的：有時，不看本質反而會把你拉進事物的豐富性之中。

另一種我認爲「本質」會妨礙純淨的知覺方式是：在某些情況下，本質引發出的是輕描淡寫的故事：這**只是**一棵樹，或這**只是**一片芹菜葉。但在另一種情況下（這是一杯美妙的葡萄酒、這是甘迺迪的捲尺），本質則會引發出放大的故事。這聲音如此大，以至於壓倒了內在的經驗。也許本質可以是完全不鼓勵經驗的標籤，或者是鼓勵經驗但在某種意義上將之扭曲的標籤。

無論如何，韋伯把對某樣事物擁有強烈的情緒反應，等同於對該事物擁有「故事」。對我來說，這是可以理解的。因此，拋棄對事物的故事以及情緒，能讓事物的本質不如原來所投射出的那麼顯著。

但是，剝除事物的故事、拿掉事物的背景知識，讓這些遠離你的感官體驗，這些眞的是可能做到的嗎？如果有可能，那麼發生這種情況時，大腦裡又會是什麼境況？

故事和大腦掃描

針對第二個問題，可能的答案來自跟葡萄酒和大腦掃描有關的實驗。實驗者給受試者幾瓶不同種類的葡萄酒，上面標示了不同價格。但其中標示九〇美元和十美元的瓶子，實際上盛裝的是同樣的葡萄酒。

人們比較喜歡九〇美元的版本。這沒什麼好驚訝的。有趣的是他們做這些評估時，大腦所出現的活動。當他們從九〇美元的酒瓶中喝掉葡萄酒時，大腦皮層額葉中區的活動，比他們飲用貼上十美元標籤的葡萄酒還多。大腦皮層額葉中區的活動與各種愉悅感相關，不僅僅是味道，還有香氣和樂音。這個實驗表明，你所得知關於這個愉悅感的故事，以及這個故事帶給你的預設立場，都會影響大腦的這個部分。九〇美元的故事帶給這個腦區的亢奮，會大於十美元的故事。

對愉悅感發揮作用的大腦，也有部分並未受到葡萄酒價格標籤的影響。研究人員寫道：「重要的是，我們沒有找到價格對主要味覺區域，如腦島、視丘的腹後內核，或是橋腦的臂旁核等產生影響的證據。」他們繼續說，「『自然解釋是』，會對價格標籤的反應發生改變的大腦皮層額葉中區，是合併『由上而下決定預期風味的認知過程』，以及『由下而上體驗感官成分』的區域。換句話說，大腦的這個區塊似乎是故事及其帶來的期望，與原始感官資料混合的地方，以調節研究人員所說的『享樂經驗』。」

你可能會問，是否真的值得以這項研究來探討飲用葡萄酒？如韋伯所言，如果不帶故事地飲酒，會帶來更純粹甚至更愉悅的體驗，這又有什麼關係？大多數的葡萄酒飲用者，都對他們品嘗葡萄酒的方式感到滿意，即便這背後負載著可疑的敘述又何妨？帶有缺陷的品嘗方式，並不會帶來迫切的全球危機。

但這一切都超越了葡萄酒。我們正在探索大腦創造錯覺的能力。這個特殊的實驗研究了特定的錯覺，也就是飲料本身的滋味取決於附加其上的故事。但這只是一個例子，背後還有更普遍的錯覺：我們在事物中所感知的「本質」確實存在，就棲息在我們所感知的事物中。但事實上，這本質來自我們心智的建構，不必然與現實對應。事物帶有故事，而無論其真偽，都會塑造我們對事物的感受，從而塑造事物自身，進一步把我們感知的完整形式賦予在事物身上。

在某些情況下，事物本質的心智建構所帶來的影響，可能遠比價格標籤對風味的影響更爲重大。其中一個情況就是，我們不把本質歸因於捲尺、房屋，或任何無生命的事物，而是歸因於其他人類身上。

這就是下一章的主題。

12 沒有雜草的世界

第一次參加禪修營幾天後，我在樹林裡散步時遇到了我的老冤家。它的大名是大車前草，通常又稱爲車前野草。多年前，我還住在華盛頓特區時，我的草坪就飽受這種雜草折磨。我花了很多時間與之搏鬥，卻多半只是把它拉出地面而已，有時我會非常歇斯底里地用上除草劑。我自認不是那種成天只想著怎麼剷草除葉之人，但必須承認的是，在某種程度上，我對這種植物的態度已經構成敵意。

然而，在這個禪修營中，我首度因雜草的美麗而震懾。也許我應該把**雜草**二字放在引號中，因爲當你覺得「雜草」美麗，就該質疑這是否眞的該被稱爲「雜草」。當我站在那裡看著我的老冤家時，我就問了自己這個問題：爲什麼這種長著綠色葉子的東西會被稱爲雜草，而周遭其他符合相同描述的東西卻沒有獲得如此稱號？我環顧四周，再看著雜草，發現自己無法回答。似乎沒有客觀的視覺判準可以區分雜草和非雜草。

現在回想起來，我想我會把自己第一次對事物的近身觀察稱爲「空」的經驗。也許這不像前一章羅尼．史密斯和格里．韋伯所描述的經驗那麼戲劇化，當然也沒那麼普遍和持久。但這具有相同的關鍵特徵：雜草所投射出的身分，沒有一般那麼強烈。儘管雜草在視覺上跟過去一樣是可辨別的，但從某種意義上說，它與周圍的植被相比，已沒有那麼明顯。它現在缺乏原本可讓它從其他植物中脫穎而出、看起來比外觀更醜的雜草本質。

所以本質很重要！前一分鐘你在某種東西中看到它的本質，讓你想殺死它，下一分鐘本質已經消失，讓你想留它活口。

當然，這裡的風險並不高。據我所知，雜草沒有感受愉悅或痛苦的能力，所以從地面拉出一根雜草並不是嚴重的道德罪過。儘管如此，面對雜草，總是比面對燈、鉛筆或眼鏡，更接近道德心理學的領域（也就是判斷善惡的領域），這影響我們對待其他生物的方式。當你要面對的是有感知的生物（例如人類）時，風險就可能很高。

我之所以花費大量時間在談論空的教義，正是因爲這些道德風險。我認爲，待人方式的根本，就是我們認爲對方所擁有的本質。因此，對本質的感知是否爲眞，或者在某種程度上是錯覺（一如空的教義所示），就十分重要。

從達爾文主義的觀點來看，人們把本質歸到他人身上的原因，與把本質歸到東西之上的原因是相同的。我們會以此評量人們，然後爲他們發配本質。人類同胞不僅僅是食物、工具、掠食者、保護者，也是演化環境的一部分。因此，天擇設計我們以特定方式對他人做出反應，並給予我們對他人的感受，以藉此操控這些反應，而這些感受塑造了我們在他人身上所感受到的本質。但是，人類同胞比環境中其他非常非常重要的部分還複雜。所以我們有理由認爲，我們會擁有特化的心理機制以評量人們，然後爲他們發配本質。

我們的「人之本質」機器

數十年來的社會心理學實驗，揭示了這種機器的運作方式。首先，這機器運作得很快。初次遇見人們時，我們就開始進行評量。而在某些情況下，我們可以在幾乎毫無證據的情況下就做好這份工作。例如，若你給人們看一段短片，裡面有人在交談或是參與某些社交互動，接著讓他們對此人的某些事情進行評量，例如她的專業能力或社會地位，評量結果竟與較客觀的估量頗爲吻合。即使短片是無聲的，結果也是如此，這表示所有評量線索都是非語言的。此外，人們在觀看影片三十秒之後做出的判斷，幾乎與在五分鐘之後做出的判斷一樣準確。

兩位哈佛大學的心理學家對這些「薄片擷取」（編注：為心理學及哲學名詞。指透過短時間、片段的觀察，就準確找出事件的模式，並快速判斷對方的行為型態）研究進行了後設分析，得出的結論是，經過一次非常簡短的觀察，「某些穩定的潛在本質被判斷者所接受」。當然，此處的「判斷者」是指實驗中進行觀察的人，但也可能是指我們所有人。畢竟，我們會逕自判斷，都是經由天擇設計好的。

我們的判斷可能依賴於看似可笑的膚淺證據。例如，被認為具有吸引力的人，更可能被評為有能力的人。但這是有些道理的。有吸引力的人似乎更容易取得社交上的成功，而能夠拉動社交槓桿，也會是一種重要能力。

進行**道德判斷**時，我們並沒有把太多賭注下在外表。因為與沒有吸引力的人相比，有吸引力的人更不可能被視為正直或體貼之人。而這也是有道理的，因為沒有理由認為他們更體貼或更盡責。①然而，有關道德的判斷，與關於能力和地位的判斷有個共同之處，就是我們經常憑藉著單一資料就判別推斷。雖然各種實驗都表明了這點，但是只要反思自己的行為就可以知道。如果你看到某人停下來幫助某個因受傷倒在人行道上的人，你難道不會覺得「哦，這個人眞好」？如果你看到某人快速經過倒在人行道上的傷者，你難道不會覺得「哦，這個人不怎麼好」？

我知道你是怎麼想的：那些停下來幫助有需要的人是好人，那些視而不見快速經過的人**是**壞人。

但是你錯了！一九七三年，由兩位普林斯頓大學心理學家發表的著名研究，就證實了這一點。研究首先提供了一個機會，讓人們成爲好撒瑪利亞人（編注：出自〈路加福音〉中僅有撒瑪利亞人幫助被強盜打劫的猶太人的寓言，後用以指稱好心人、見義勇爲者），幫助有需要的陌生人。以下是心理學家描述他們所創造的場景：「當受試者穿過小巷時，受害者就跌坐在門口，垂著頭，閉著眼，動也不動。當受試者經過時，受害者會咳兩聲並發出呻吟，頭仍垂著。」

受試者都是普林斯頓的神學院學生。他們被告知，必須在附近的一棟建築物裡進行

① 雖然吸引力本身似乎不是評估道德素質的重要線索，但外觀的其他方面可能是。例如，有證據顯示，如果人們具有高顴骨，或是眉毛與眼睛距離較開，更容易被認定為值得信賴。一項大腦掃描研究監測了與可信度評估相關的腦區，證實了即使面部影像因為在潛意識中呈現時間太短，而無法被意識所感知，大腦還是會進行相關評估。

簡短的即席演講。其中一些人更被告知他們已經遲到，另一些人則獲得通知表示時間還很充裕。在前一組有一〇％的受試者會停下來幫助人，而後一組則有六三％停下來幫助人。因此，在六三％的人中看到好人的本質其實是誤導，更準確來說，你看到的是時間充裕者的本質。

除了匆忙程度，實驗者還操縱了另外一個變量。一半的受試者在前往演說前，先讀了《聖經》中好撒瑪利亞人的故事，然後針對此進行演說。另一半的受試者則讀了《聖經》中與利他主義無關的段落。事實證明，即使反思好撒瑪利亞人的故事，也沒有增加成為好人的機會。

這個實驗適用於大量和「基本歸因謬誤」相關的心理學文獻。「**歸因**」一詞指的是解釋人們行為的傾向：以「性情」因素來解釋（例如：他們就是那種人），或者以「情境」因素來解釋（例如：他們遇到什麼事情所以遲到了）。「**謬誤**」一詞指的是，這些歸因往往是錯的。我們傾向於低估情境的作用，並高估性情的功效。換句話說，我們對本質有所偏好。

「**基本歸因謬誤**」一詞是由心理學家李．羅斯在一九七七年創造出來的，其涵義可能令人迷惘。例如，我們經常把罪犯和神職人員視為**兩種**根本不同的人。但羅斯和同儕心理學家理查．尼斯貝特，建議我們重新思考這種直覺。他們說：「神職人員和罪犯很少面臨相同或相當的情境挑戰。確切來說，他們將自己擺放進去（也被別人放入）的情境，正好會促使神職人員的外表、行爲、感受和思考方式，相當像名神職人員，也讓罪犯的外表、行爲、感受和思考方式像名罪犯。」

哲學家吉爾伯特．哈曼在回顧基本歸因謬誤的文獻之後，對於是否確實存在誠實、仁慈和友善等性格特徵提出了疑問。他寫道：「既然我們對性格特徵的普通信念，可能解釋爲源於某些錯覺，我們必須推斷，性格特徵的存在並沒有經驗基礎。」

這觀點聽起來也許頗爲極端，而且許多學者對歸因謬誤的文獻解釋也沒那麼激烈。大多數研究這些東西的心理學家都會告訴你，一般人的某些人格特質會相當穩定地維持下去。儘管如此，我們把道德本質歸因到人身上（視這些人爲好人、卑鄙的人、友善的人、不友善的人）的程度，確實超出實際證據。我不止一次看到有人在公開場合表現得粗魯或不得體，讓我一眼就注意到他，並且**覺得**他很糟糕。在壓力很大的情況下，我也不止一次表現得同樣粗魯無禮。然而，我並不認爲自己很糟糕，至少**本質上**並不壞，即使反省後也一樣。

我之所以不把自己視爲糟糕的人，其中一個原因是，我明白壓力會導致我出現不當行爲，因此那個做壞事的我，並不是「眞的我」。但若是其他人，我就不太去考慮這種可能性。這就是基本歸因謬誤：將他人的行爲歸因於性情，而不是情境。我把「壞」定位在他們的內在，而不是在環境中。

✦

爲什麼人類心智被設計成在評量人時，會忽略或淡化情境因素？嗯，首先請記住，天擇對人類心智的設計，並不是要人們做出**準確**評量，而是做出評量後，能引致對評量者基因有利的互動。

細想人們所持有的論證，何者較爲荒謬？論證通常會以諸如此類的斷言起頭：「她人眞的很善良」「他是個好人」，接著會有人持不同見解：「不，她並沒那麼善良」「不，他其實是個壞人」。這些論證可以一直持續下去，除非有人說：「好吧，也許對我來說她很善良，但對你來說不是」「也許在我遇到他的情況下，他很好，而在你遇到他的情況下，他很糟」。

但從天擇的角度來看，人們沒有理由對這種可能性給予足夠的重視：良善和美好在很大程度上是情境化的，而不是性情上的。畢竟，本質模型（相信每個人都具有普遍良好或普遍劣質的性情）運作良好。如果有人對你一直很好，那麼進入友善的互惠關係是有意義的。換句話說，這就是友誼關係。而相信這個人本質上是良善的，可以順利把你拉進這種友誼關係。

更重要的是，這種信念能讓你輕鬆**說出**這個人很好。這樣很省事，因爲給予朋友高度評價是構成「友誼互惠利他主義」的一部分。看到朋友內在的好本質，可以讓你毫不費力地完成這部分的互惠。這能讓你不致感到憂煩，因爲就你所知，當你不在朋友身邊，他們成天都在詐騙老人家。

另一方面，如果有人一直對你很壞，那麼在他身上看到壞的本質就是導致你出現自私行爲的原因。你不僅會避免做任何可能無法互惠的行爲，還會堅定地說他是個壞人。說你的敵人是壞人有其道理，因爲這樣你越能破壞他們對你的重要性，他們也越不能傷害你。

實際上，在現代世界中，這可能不是個有效的策略。但是在人類演化的小型狩獵採集社會中，持續不斷詆毀人們，可能確實對他們的社會地位產生了顯著影響。這也可以做爲對其他人發出的警告：不要跟你作對。

總而言之，有個情境變量，總是讓我們對人的評量產生偏見：每當我們看到他們做某件事，就認爲對方是故意做給我們看的，而且就我們所知，他們與其他人相處會有不同行爲。但我們會忽略這個變量，並將自己所看到的行爲歸因於他們的性情。這點就自我保護而言，是其來有自的，因爲這樣我們就會認爲對方擁有本質（不管是好是壞），而視他人擁有本質對我們來說最有利。我方朋友和盟友將擁有好的本質，對手和敵人則擁有壞的本質。如此一來，這種情況眞是再省事不過了。

我們的本質保存機制

但是，如果現實入侵了這種方便的錯覺呢？如果我們碰巧看到或聽到敵人做了好事怎麼辦？如果我們看到或聽到朋友做出壞事怎麼辦？難道這不會構成威脅，讓他們內在的本質有了消失的危機嗎？

是的，這確實構成了這種威脅。但我們的大腦非常善於抵禦威脅！事實上，我們的大腦似乎有爲了應付這種特殊威脅而設計的機制。你可以稱之爲：本質保存機制。

事實證明，基本歸因謬誤（傾向於高估性情的角色以及低估情境的角色）並不像心理學家最初認爲的那麼簡單。有時我們確實淡化了性情的作用、放大了情境的角色。

我們在這兩種情況下，會出現這樣的傾向：

一、如果敵人或對手做了好事，我們會傾向歸因於環境。例如，他會給乞丐錢，是因爲有個女人剛好站在那裡，而他想加深她的印象。

二、如果密友或盟友做了壞事，那麼我們更會強化環境歸因。例如，她之所以會對路邊討錢的乞丐大吼大叫，是因爲她的工作壓力很大。

這種解釋上的靈活性不僅塑造了我們的個人生活，也形塑了國際關係。社會科學家赫伯特．凱爾曼已經注意到這種傾向如何讓敵人永遠留在敵人那一端：「歸因機制……促使你去確認原始的敵人形象。敵人的敵對行動是性情歸因的，因此會進一步證明敵人天生具備侵略性、無情的性格。和解行動則會被解釋爲對情境力量的反應，是戰術操作、是對外部壓力的反應，或是因屈居弱勢所做的權宜之計，因此不需要修改敵人的原始圖像。」

這有助於解釋，當戰爭接近時，爲什麼主戰的人們會卯盡全力妖魔化敵對陣營的國家領導人。在美伊戰爭前，情勢逐漸緊張之際，當時強硬派的美國雜誌《新共和國》，將登上封面的伊拉克總統薩達姆．海珊畫像上的鬍子，修成希特勒的模樣。這做得並不十分微妙，但有效。因爲一旦有人被牢牢關入敵人的盒子裡，我們的歸因機制會讓敵人很難從盒子中脫逃。例如，如果像海珊這樣的人會放行國際檢查員進入他的國家尋找大規模毀滅性武器，那一定只是伎倆（確實，他在二〇〇三年伊拉克戰爭前不久就這麼做了）。他一定已經把那些大規模毀滅性武器藏在某處了。畢竟，海珊的本質如果不是邪惡的，那也至少是壞的！

而且，可以肯定的是，海珊**已經**做了可怕的事情。但未能看清他，導致更可怕的事情發生：伊拉克戰爭及其餘波中超過十萬名無辜者的死亡。

戰爭提供了絕佳範例，讓我們知道本質如何從一個層面散播到另一個層面。你一開始抱持著這樣的想法：國家領導者本質上都是壞的。接著跳到下一個想法：整個國家，像是伊拉克、德國或日本，都是你的敵人。然後，再轉化到這個想法：該國的所有士兵，甚至所有**人民**，本質上都是壞的。而如果這些人很壞，就意味著就算殺死他們，也不會良心不安。美國在日本兩個城市（是城市，而非軍事基地）投放了原子彈，而此舉幾乎沒有美國人提出抗議。

令人高興的是，我們大多數人都沒有因爲這種致命的後果而被捲入部落心理學。這種心理學改變了我們的感知與道德計算，雖然這些案例的重要性不高，卻很常見。一個特別有說服力的案例發生在一九五一年，位於普林斯頓神學院以東一．六公里處，這也是進行一九七三年好撒瑪利亞人實驗的場所。

作對的本質

這個研究進行的地方是帕爾默體育場，是普林斯頓大學對上達特茅斯學院的美式足球比賽。當年是常春藤聯盟大學還位居世界級足球的年代。比賽前一週，普林斯頓大學的美式足球四分衛迪克．卡茲梅還出現在《時代》雜誌的封面。

這場比賽很粗暴，而就某些人的說法是：「不但粗暴而且下流。」比賽第二節時卡茲梅被打斷鼻子，第三節時一名達特茅斯球員因爲斷腿而下場。普林斯頓大學的哈德利．坎特里爾和達特茅斯學院的阿伯特．哈斯托夫，這兩位心理學教授後來寫道：「比賽進行時和結束後都充滿了火爆氣氛……譴責隨之而來。」

他們倆將這場比賽做爲部落心理學的研究：把比賽影片拿給兩校的學生看，發現雙方觀點有明顯差異。例如，在觀察達特茅斯隊的犯規次數時，普林斯頓的學生平均看到了九．八次，達特茅斯學生則是四．三次。這些發現可能不會讓你震驚，部落的臍帶關係可以扭曲感知，這已是常識。但這項研究採用了眞實世界的偏見案例，因而讓這種偏見從街談巷議，躍升爲科學研究中的眞實數據。這項研究因此成了經典之作。

與該研究著名的偏見量化相比，較鮮爲人知的是：作者提出「關於**偏見**是否眞的是正確用詞」的疑問。當我們想到認知偏見時，我們想到的是加以扭曲所感知事物的清晰觀點。但這預設了有個東西在那裡「被感知」。哈斯托夫和坎特里爾寫道：「說不同的人對同一件『事』會有不同『態度』，是不準確且誤導的……這裡的數據表明，沒有像『遊戲』這樣的『東西』，以自身存在於『那裡』讓人們可以僅止於『觀察』。『遊戲』是爲了人而『存在』的，並且只有遊戲中發生的事情對遊戲者的目的產生意義，才能說他經驗了這場遊戲。在環境下發生的所有事件中，一個人會從以自我爲中心所建構的整個架構裡，選擇那些對他具有一定意義的東西。」

當然，哈斯托夫和坎特里爾並沒有談論電影《駭客任務》。但是，就跟這部電影一樣，他們對於「眞實世界」到底有多眞實產生了懷疑，也就是懷疑去談論獨立於心智之外而存在於那裡的「事物」是否有意義。他們寫道：「『事物』對於不同的人來說就是不一樣，不論那個『事物』是足球比賽、總統候選人、共產主義，還是菠菜。」

所有這一切都讓我想起了自己與勒達．科斯米德斯的對話。我們在第七章提過，她在發展模組化心智的概念上做出了長足的貢獻。其實，她已不再稱這爲模組化觀點。她說，「**模組**」一詞已經遭到誤解，部分原因就是我在第七章試圖釐清的常見誤解。她現在會使用其他術語，如「特定範疇的心理機制」，這雖然較不那麼簡潔，卻更精確。

我和勒達討論到這些模組，以及為人類帶來憂煩的各種偏見之間的關係。我談到我們對世界的觀點，如何被當前主導我們意識的模組所「著色」。她質疑去談論「著色」過程是否有意義，因為這預設了原先存在著所謂「未著色」的觀點。

她說：「總會有某些心理機制在做某些事。這些機制在創造我們的世界，創造我們對世界的觀點。這就是為什麼我不會說『特定範疇的機制為我們的觀點著色』，而是說『它們**創造**了我們的觀點』。要感知這個世界，就一定要在概念上把世界切割成一片一片。」

這聽起來很像佛教觀點：從菠菜到足球比賽，所有事物的固有存在都是空。只有在我們從知覺領域中取用了一些元素組合，再施加集體的意義之後，事物（色）才會存在於我們的意識之中。哈斯托夫和坎特里爾寫道：「除非賦予那些在足球場或任何其他社交場合『發生的事件』某些意義，這些才會成為『經驗性的事件』。」他們說這種意義來自於某種意義資料庫，那個駐留在「我們稱之為個人採用的形式世界」資料庫。

據推測，在發配給事物這些意義之前，世界在某種意義上是不具形式的。一旦被發配了意義，事物就有了形式，也就有了本質。

事實上，本質內還有本質。有足球賽的本質、足球隊的本質、足球員的本質。而這些不同本質可以相互連繫。特定足球賽的特定本質，將取決於兩支球隊的本質。舉例來說，我們喜歡、我們有多喜歡，以及我們用什麼方式來喜歡哪支球隊，都將反過來成為球員的本質。

或者，也許事情會以反方向運作。我們在特定球員身上看到的本質，將決定我們喜歡哪支球隊，進而形塑這場比賽在我們記憶中所採用的形式。毫無疑問的是，在一九五一年的美國某地，一些從未聽說過普林斯頓大學的孩子會讀到迪克．卡茲梅在《時代》雜誌的封面故事，並成為普林斯頓球隊的粉絲，而所有後來有關普林斯頓美式足球比賽的消息，都會形塑成適當的形式。

我並不是說，如果你沒有一支喜愛的美式足球隊，那麼美式足球的世界對你來說就是沒有形式的世界。我也不認為這是哈斯托夫和坎特里爾的意思。如果你正走過機場大廳，抬頭看到電視螢幕上的美式足球賽，那麼在你尚未了解到是哪些隊伍在比賽時，你所感知到的就是一般的美式足球賽本質。即使你沒有偏愛哪個球隊，你可能也會在細查之後注意到，這種本質的「一般」意義，確實涉及某種偏好。你或許不是任何一支球隊的球迷，但你仍可能是美式足球迷，因而會更著迷於球賽，想知道是哪支球隊在比賽，或只是很想看到一些有趣的賽程。另一方面，如果你不是美式足球迷，那麼你所感知到的本質並不會令你著迷，甚至可能會令你反感，即便只是稍微反感。

這提醒人們，具體而言，**部落心理學**在某種意義上與心理學大體上差異不大。我們每天都會把所看見的東西貼上正面和負面標籤。要隸屬於一個部落——一個球隊、一個國家、一個民族——是這種傾向的特別例子，而且有時還會特別激烈：我們的部落可能**非常**好，而敵對部落則**非常**壞。

與此同時，如果我們只把部落心理學視為強度較大的一般心理學，那就錯了。天擇設計了人類心智的某些部分，專門引導我們解決衝突，包括個人及群體之間的衝突。我們的一些心理機制精巧地接上這一功能，包括使敵人因為壞行為，而比我們盟友更容易受到指責的本質保存機制，也讓我們更容易漠然地觀看敵人受苦。

事實上，「滿足」比「冷漠」還貼切。正義感是天擇在我們大腦中植入的直覺思考道德裝備：善行應該得到善報、惡行應該受到惡報。所以看到惡人受苦，能帶給我們正義獲得伸張的滿足感。而且，湊巧的是，我們的敵人和對手通常都會做壞事，而要是我們的朋友和盟友這麼做，很可能只是環境的受害者，所以不該受到嚴懲重罰。除非他們的壞事跟我們有關，那麼這可能會導致他們從自己的「朋友和盟友」類別中被移除。

愛敵人

現在，我們要回到雜草身上。儘管我對車前野草長期以來都抱持著敵意，這種雜草周圍確實也環繞著某種道德光環，只不過我並未拿出我所有的道德武器。眞正的重型武器是爲人類保留的。然而，要布署這條道德武器的界線，也就是「好」人和「壞」人之間的界線，通常跟區分雜草與其他植物的界線一樣隨意。

有一種靜坐技巧是專門用來模糊這條界線的，稱爲「慈愛靜坐」（古巴利語爲metta）。一般而言，靜坐一開始的重點在於對自己產生慈愛的感受，然後再想像某個你愛的人、某個你喜歡的人，並對他們表達一些慈愛。接著，你再想像一個無論如何都不會讓你產生強烈感受的人，也對那個人表達一些慈愛。一路這樣想像下去，直到想到一個眞正的敵人。如果一切都按照計畫進行，你也會努力去對那個敵人表達慈愛感受。

對於慈愛靜坐，似乎只適合說一些慈愛的評論，那就是：它對某些人有用，但對我沒用。我認爲自己從一開始就碰上麻煩，也就是要我對自己表達慈愛之意。無論如何，我要很高興地說，對我而言，非慈愛靜坐（也就是平淡無味的正念靜坐），就擁有應具備的一些效果：它抹去了我的惡意，甚至可以放大我的同情。

事實上，我一度在禪修營期間，進行將近一週廣泛的正念靜坐。我想到了全世界前幾名令我感到痛苦的敵人之一，也就是我的前同事（姑且稱他爲拉瑞）。含蓄一點來說，我從未覺得他跟我能共事。通常，如果我看到（甚至只是想到）拉瑞，我就會感受到一股惡氣。你或可稱之爲「拉瑞的本質」。但在那次禪修營中，我開始想像不帶有這種惡氣的他。我可以把他最令人生厭的行徑（至少是我認爲最令人生厭的行徑）視爲他缺乏安全感的表現。我生動地把他想成一個笨拙、四肢不發達的青少年，想像他在操場上遭受屈辱，而他則試圖尋找自我認同的模樣。最後他終於找到了自我認同的方式，那就是以錯誤的方式來刁難我。那一刻，我對他萌生某種同情，且沒有感受到他的本質。至少，我沒有感受到自己過去一直感知的那個拉瑞本質。而我認爲這是關鍵：打破拉瑞的舊本質，讓我得以去設想一個更接近眞實的「新版拉瑞」。

據聞，十三世紀的蘇菲派詩人魯米寫道：「你的任務不是去尋求愛，而是要去尋找並發現障礙，那個你建造在自己身體裡，把愛隔絕於外的障礙。」魯米是否**確實**這樣寫，還是個問題。但無論如何，如果屬實，我認爲他是想傳達某些事。

可以肯定的是，要說拆除我所面臨的障礙（也就是我的心智多年苦心經營的拉瑞本質），能引導我去**愛**拉瑞，或許誇張了點。然而，我確實感受到一種同情，像是父母觀看年幼兒女在社交上屢戰屢敗時所感受到的同情。當然，那種感受會過去。但我想這產生了持久的影響：下次我看到拉瑞時，我和他握了手並互致問候，而且這是長久以來我首度覺得自己並不是裝出來的。至少，我不覺得自己是百分之百在假裝，大概只有四〇%到五〇%的虛情假意。

✦

那次禪修營中，除了看到不具雜草本質的雜草，我也與爬蟲類有了一次有趣的相遇。我在樹林裡散步時，低頭看到一隻蜥蜴走到一半就突然動也不動，大概是因為看到我。牠緊張地環顧四周，並計算下一步，此時我的第一個想法是，這隻蜥蜴的行爲是由較爲簡單的運算法則所控制：看到大型生物，別動；如果這生物步步逼近，快跑。但後來我才了解到，儘管我自己的行爲算則比這複雜許多，但很可能會有個遠比我有智慧的生物，覺得我就是個心智簡單的生物，就像我看蜥蜴那樣。越是這樣想，我就越覺得和蜥蜴有共同之處。我們都是未經選擇就被扔進這個世界，未經選擇就受到行爲運算法則的引導，並且努力在這情況下做出最佳反應。我覺得自己與蜥蜴有一種親密感，這是我對蜥蜴從來沒有過的感覺。

就像我對拉瑞的同情一樣，我對這隻蜥蜴的親密感並不需要透過慈愛靜坐。經過勤奮練習，正念靜坐本身往往會擴展你對其他生物的理解。我說的「理解」不僅僅是對於和平、愛和理解等糊成一團的意義，主要是對生物有更清晰理解的意義。我看著這隻蜥蜴，如同我是來自火星的訪客一般：我帶著興趣和好奇心，對這類事物扭曲的先入之見也比一般來得少。我認爲自己之所以能夠幾乎不帶偏見地看待蜥蜴，是因爲我**沒有**看到蜥蜴的本質，或者至少沒有我通常看到的那麼多。

事實上，你可能會說，沒有看到本質以及沒有先入之見是同一件事，因爲我們在事物中所感知的本質，就是早已內建在我們腦中的先入之見。這些看法通常能讓我們在某種意義上，以便利卻未必涉及對事物眞正理解的方式，對事物做出反應。

當然，便利有其優點。知道你的配偶是你的配偶可能很便利（是好的方面）。所以我不建議像弗雷德（上一章提到的卡波格拉斯妄想患者）那樣徹底放棄你的本質感。但無論如何，這不是你必須擔心的事情。我不知道是否有任何靜坐者已經做到這一步，即便是那些貌似已近乎開悟的人。弗雷德的案例對於描述本質和情感之間的關連非常有用，但對於描述佛法可以把我們帶到哪裡，則沒多大用處。

儘管如此，這確實提出了一個有趣的問題，也就是：「佛法可以把我們帶到哪裡？」即使佛法不會引領你走到弗雷德的處境（你所看到的本質少到讓你無法弄清楚誰是誰），但仍有可能把你帶得太遠嗎？

舉例來說，假設你仍可以準確識別出自己的另一半，但你看到的配偶本質卻比以往來得少，你對配偶的感受可能也會相應改變。這是否意味著你現在對配偶的愛不再那麼深？或者再舉一例，那些進行密集靜坐的父母，對子女的愛會不會因此削弱？事實上，倡導個人應該棄絕情感依戀的整個佛教觀，所鼓勵的父母之愛在某種意義上，是否會比我們一向所知的來得少？

如果你問一般禪修老師這樣的問題，你會聽到一些關於佛教對這件事的影響，那就是：不，靜坐不會否定你的愛，甚至加以壓制，但可能會改變愛的本質。也許會是父母的愛變得不那麼具占有性，並且，或許比起更焦慮、更有控制欲的愛，前者還能產出更快樂的父母和更快樂的孩子。

出於實際目的，這個答案還可以。

據我所知，靜坐更可能強化親密關係（不論是親屬或非親屬的），而非將之削弱。

但是假設有些老師對於削弱愛的問題，給出不那麼令人安心的答案：「是的，如果你一直不斷靜坐，那麼你對子女的愛，**強度**確實有可能下降一點。」這種答案眞的會很可怕嗎？

想像一個這樣的世界：富裕的美國父母對孩子的投入和關注程度稍微降低了一點，然後把省下的時間用來關注那些孤兒，並問自己可以做些什麼來幫助他們。這會很糟糕嗎？天擇讓我們擁有愛、憐憫和利他的能力，這樣很好，但這並不意味著我們必須接受天擇發配這些寶貴資源的方式。

我想強調的是，關注於親屬和非親屬福利之間的想像性權衡，是多麼富有假設性的一件事。關於愛被削弱這個問題，有個標準且更令人放心的答案，而這結果通常是正確的：別擔心，當你遵循佛法，即使是長期遵循（或者應該說尤其是長期遵循），你的家庭關係整體而言會平衡而豐富。不過，我不想掩飾這項重要觀點：從**道德**的角度來看，靜坐練習對你所愛之人的影響，未必會是唯一甚至核心的問題。

潛伏在此的第二個道德問題是：如果靜坐沒有引導你以不同甚至更公平的方式發配你的同情心，卻不知何故讓你完全棄絕了同情心，是否會讓你對人們的幸福無動於衷？畢竟，如果靜坐能夠消除敵意、憎恨等動機，是不是也有可能對稱地消除另一邊的效應？

這一切是有可能的，但它往往不會讓人這麼做。不過，「往往不會」並不表示「永遠不會」，這一點值得詳述：從事物中拿掉一些本質，可能會讓你成為更好的人，但並不能**保證**讓你成為更好的人。

就像更一般的靜坐方式，這可以給你更加超脫的視角，從而使得自我控制變得更容易——然而，這個世界卻充滿了可以積聚超脫和自我控制，卻又非常可怕的人們。事實上，超脫和自我控制使得他們其中一些人變得更為老練又可怕。擁有偉大沉思能力的靜坐老師，對心理脆弱的學生進行了性剝削，例如曼哈頓一位知名的「上東城獵艷禪師」。他們其中有些甚至可能是以「正念」觀看內心萌生罪惡感的痛苦，來緩解他們內在對於錯誤行為的抵抗。

靜坐掌握的這種雙刃本質，凸顯出以道德教育補充佛教靜坐的價值。這對我來說並不是原創見解。佛陀指出解脫之道（四聖諦之末所揭示的八正道）時，道德戒律就占了一席之地。重點在於，密集靜坐本身未必就會帶來各向度的開悟。

無論如何，靜坐是整個計畫的重要部分。一個原因是，它能培養出對存在本質的洞察（包括對空的理解），因此即使不會自動讓你成為更好的人，卻的確會帶來道德洞察力（這部分我們將在第十五章進行更充分的探索）。

另一個原因是，靜坐可以用來培養美德，以抵消我們不那麼受到讚美的傾向。雖然我已經承認自己缺乏對慈愛靜坐的感悟，但我並未放棄它，我也鼓勵大家去嘗試。

快活的佛法

說教已經說得夠多了，現在來點有趣的！這可能嗎？

關於佛法，另一個普遍受到關注的問題就是，它會帶走生活的樂趣。這個問題我問過菩提比丘，他是美國佛教僧侶，將佛教文本大量譯成英文，在學術界頗負盛名。他待人和善，剃著光頭且笑容滿面。我女兒在看了我採訪他的影片之後說：「我希望他成爲我的叔叔。」

在那次採訪中，我一如往昔，試圖對自己的理論進行第一手的證實：看到「空」，也就是「沒有看到本質」，是讓自己對事物的感受不那麼強烈的大部分原因。

我的開場白是：「當我們……把解釋帶入某樣東西，從而把本質歸因於它，其中一些解釋會牽涉到我們對該事物的感受。所以，我的敵人是壞人，我的家是個溫暖舒適的地方。我歸因到事物的部分本質，就來自於我的感受，對吧？」

他說：「完全正確。」

然後我喋喋不休地談了一些：如果你正在認眞追求解脫，並試圖讓自己脫離大多數人所擁有的渴望和厭惡，那麼世界上的事物自然不會有「強烈的情感意涵」，而那可能會是讓你感知到事物不具本質的部分原因。

這一次，他並沒有立即就同意。停頓了好一陣子之後，他說：「如果人們完全按照字面去理解這一點，有可能會認爲佛教的終極目標是成爲毫無感情、感情平淡、感情遭剝奪的機器人。」說到這，他又綻放出那史詩般的燦爛笑容，開始大笑說：「就像我母親常說的，開悟的佛教徒和蔬菜沒有兩樣。」他抬起頭，笑了整整五秒，才又繼續引述他母親的話：「所以你想成爲佛教僧侶，就是爲了變成一把菜嗎？」

然後他再次回到正題：「但我會說，就我的經驗來說，佛教會豐富一個人的情感生活，使他在情感上變得更敏銳、更幸福、更快樂。而且我會說，在我看來，如果持續實踐佛教之道，人們可用更自由、更快樂、更愉悅的方式回應世界上的事物。」

我覺得聽起來很合理。畢竟，正念靜坐的一個優點是，以謹愼和澄明的方式體驗你的感受，而不是反射性地、不加批判地追隨感受，這讓你能選擇自己要跟隨的是哪些感受，像是喜悅、快樂和愛。選擇性地參與你的感受，削弱對感受的服從，原則上這些都可以囊括那些塑造我們對人事物本質的感受。

我進一步追問菩提比丘關於這種情感和本質的事情。我說：「自由，有部分正是因為你沒有把這些判斷性的、情感的涵義附加到事物上，對吧？換句話說，不把本質強烈地歸因於事物，會是自由的源泉。」

他大力點了點頭：「完全正確。」

13 萬物歸一

詳述你在靜坐時所擁有的經驗，是件微妙的事。如果這些經驗並不尋常，最值得重述；但如果這些經驗「太不尋常」，人們就會看著你，彷彿你瘋了一樣。我就有過這樣的經驗，而我希望這經驗能恰到好處：夠奇怪，能引起人們注意，但又不會怪到讓他們派人來把我抓走。

這是在禪修營的第四或第五天。我像往常一樣坐在墊子上，盤腿閉目。我並沒有把注意力集中在任何一樣事情上，不特別聚焦於聲音，不特別聚焦於情緒，也不特別聚焦於身體感官。我的意識領域似乎是開放的，很容易把注意力從這裡移動到那裡，輕輕停歇在每個新的棲所。在此同時，我的整體感仍然存在。

靜坐到某個時刻，我的腳感到一陣刺痛。幾乎在同一時間，我聽見一隻鳥在外頭唱歌。而奇怪的是，我覺得自己腳上的刺痛並不比鳥兒的歌聲更屬於我。

你或許會問：我是覺得鳥兒的歌聲眞的屬於我，還是覺得腳上的刺痛並不屬於自己？更確切地說：我是覺得自己跟這個世界合而爲一，還是更像自己並不存在？如果這眞是你要問的問題，那麼你可就問了一個迷人的哲學問題。這個問題凸顯了佛教不同思想流派間的差異，更根本地區隔出佛教主流哲學與印度教主流哲學。但你要問的可能不是這些問題，你可能更想問的是：我是不是瘋了？因此，我會先解決這個問題，然後再深入探討哲學問題。

首先，請容我強調，如果這種經驗會讓我發瘋，那麼我的同伴可多了。我有幾次機會對眞正老練的靜坐者描述這項經驗，其中一些是僧侶，還有一些是頗負盛名的靜坐老師。他們都能辨識出我所描述的那種經驗，他們也有過。

更重要的是，他們相信這種經驗非常重要。實際上，我甚至可以說這是佛教的核心經驗。之所以是核心，並不是因爲這經驗是最深刻或最重要的，而是因爲這個經驗在佛教哲學地景中所占據的位置：它占據了佛教的兩個基本、聽似瘋狂但可咸認爲有效的概念交會處：無我與空。這是一種宏大的合一靜坐經驗。

在解釋我的意思之前，我應該試著多描述一下這個體驗。

首先，我要強調的是，我在我自己和唱歌的鳥之間感受到的任何連續性，並不特別跟鳥有關。

這不像我上一章所提及自己對蜥蜴的感覺，也不像我意識到自己和蜥蜴之間的共通性比我先前以爲的更多。這次經驗的認知性較低，更接近純粹感知。這是我與整體世界的感知邊界正在消解。換句話說，這是一種領會，而非結論。我並不是經由邏輯論證而確信這點，比起我腳上的刺痛，鳥兒的歌聲並不會更不屬於我。

儘管如此，在這次經歷之後，我開始認爲你也許可以做出類似的論證，並這樣開始：腳上的刺痛感和聆聽鳥兒唱歌之間有多大差異？在這兩種情況下，感知似乎都記錄在我腦海中某處，在某種意識中。這意味著，在這兩種情況下，感知都要求訊息從遠端位置傳輸到我的大腦。我的腳傳遞有關刺痛的訊息，跟鳥兒傳遞有關鳥鳴的訊息，有什麼不同？

最明顯的反駁是：「刺痛源於你的皮膚，是你的一部分！」嗯，是的，刺痛在我皮膚裡面。但是我提出的問題在於，我的皮膚是否眞的像我們直覺假設的那樣重要？在我內部的東西都是我，在外部的都不是我，這種想法眞的合理嗎？因此，你不能只重申這種出自直覺的假設來應付我的問題。如果這種策略被認爲是公平的，那麼沒有任何假設會被推翻。

你還可以這麼反駁：「但是刺痛等身體感覺，往往帶有深層的、固有的情感。」例如，你的腳痛本來就是會痛的，但鳥鳴則是品味問題，因爲有些人聽來覺得愉悅，有些人則覺得煩人。這個反駁的問題在於——疼痛的痛苦並非是固有的。我在前面提過，有一回我藉由靜坐，把令我極度糾結的焦慮轉化爲一種僅僅令我感到興趣的對象；還有一回也是藉由靜坐，把一波波襲來的急性牙痛變得莊嚴又美麗；還有一次，我藉由改變自己對腰背疼痛的看法，把疼痛轉化成溫和愉悅的感覺。

當然，把檸檬變成檸檬水並不是生活日常，這種事情在禪修營中、在我沉浸於靜坐的生活方式中，會比我回到「眞實世界」時容易發生。在眞實世界中，我會說的是：「我的背讓我好痛！」而若要更進一步重建疼痛的概念，要達到越南僧侶釋廣德那種無畏獻出自己的心境，還得更深刻地沉浸在靜坐的生活方式之中。

但重點是，沉浸於靜坐的生活方式是可行的，而且這打破了一項簡單的主張：來自「內部」的感覺具有固定的意義，來自「外部」的感覺則無。此外，如果判斷某件事物是否屬於我自己的關鍵判準，在於我對該事物所發送訊號的「自動」解釋有多接近，那麼，我跟自己的兒孫夠接近嗎？我女兒不在我的皮膚裡，但是當我看到她們感到痛苦，我感受到的就像是自己的痛苦。

偉大的美國哲學家威廉．詹姆斯寫道：「所謂的『我』和『我的』之間，其實很難劃清界線。」從這個意義上來說，他評論道：「我們的直系親屬是我們自己的一部分。我們的父母、我們的妻子和孩子，都是我們的骨中骨、肉中肉。當他們死去，我們自己的一部分也跟著消失。」

演化與自我的邊界

如果你問，爲什麼親人會擁有這種幾乎等同自我財產的特性？答案是，我們是由體現某些價值觀的特定過程所創造的。

實際上，這個過程似乎體現了一種價值：遺傳物質得以透過世代成功傳播。而從天擇的角度來看，近親共享我們許多基因，因此照顧近親是有道理的。家族共感和家庭之愛，以及諸如家族歉疚等一連串相關感受的基因，才會因此開枝散葉。

換句話說，我們對何謂「我們」和「我們的」的直覺定義，是特定規則的產物，而天擇這種特定的創造性過程，便是透過特定規則來運作。

順道一提，我們的物種所採取的演化路徑，有可能會讓我們對某些鳥類的感受，與我們對自己近親的感受相連。當兩個物種具有共生關係（也就是說牠們會相互幫助），便可演化出維持這種關係的溫暖情感。狗似乎是與人類共同演化的，而這可能有助於解釋這樣一個事實：我的孩子一直指責我，對我家小狗的愛跟對他們的愛一樣多。我強烈否認此項指控，但若我的狗感到痛苦，我在某種意義上確實也會感到難受。

共生還可以支持一種不同的關係，讓我們質疑自我的邊界。

我們與居住在自己體內的各種細菌有共生關係，而這種關係會以各種方式影響我們的情感和思緒。科學家已經發現，若以合群小鼠的腸道細菌，取代害羞、焦慮小鼠的腸道細菌，能使害羞的小鼠變得合群。出於道德原因，此研究沒有進行人類實驗。但其他證據清楚顯示，在我們的物種中，微生物也會影響心智，部分是透過影響神經傳遞物。也許這麼說並不會太過分：事實上，這種細菌就像禪修營中的那隻鳥一樣，向我的大腦發出訊號，只不過是以更微妙的方式在傳遞。

因此，如果我經常將自己身上細菌發出的訊號，認定為我的一部分，何以不能把鳥類發出的訊號也認定為自己的一部分？如果特別考慮到演化採取不同途徑，涉及人類與鳥類之間的共生。那麼，這些訊號或許看起來更像是我的一部分？①

我試圖提出的一般觀點如下：大量訊息影響到我的大腦，我的大腦則決定要把哪此訊息認定爲自己的一部分，哪些則不，哪些訊息又要歸在兩者之間（例如兒孫的哭聲）。我理所當然地認爲，這些決定符合一些深刻的形上學眞理，也就是哪些是**我**，哪些是**他者**。但實際上，我的大腦可能是以不同方式連結的，因此會以不同方式解讀這些訊息，使得我對**我**與**他者**之間的區別有非常不同的意義。

例如，「鏡像觸覺通感」的患者，幾乎可說是眞正與身旁的人「感同身受」。如果他們看到有人被觸摸，他們也會**感覺**到觸摸。而腦部掃描顯示的神經元活動，也與他們**眞正**被觸摸時相同。你可以想像一個創造有機生物的過程（不論是在詭譎多變條件下運作的天擇，或是天擇以外的某些過程），這會使鏡像觸覺通感成爲常態而非異常。在這種情況下，**自我**所意指的一般概念就會非常不同。

但我們已經知道故事的結局。

① 我們對統一自我的傳統意義，可以被描述為相互共生的產物。我的各種基因都在同樣的代與代之間的船上（也就是我的基因組），因此可以透過相互合作獲益（就生存以及世代繁衍的達爾文演化意義上而言）。有人可能會說，這就是為什麼我的腳趾和我的鼻子都像是我的一部分：因為腳趾和鼻子的基因共同合作進行高度的非零和賽局，各方的收益或損失總和不是零值。而或許更重要的是，因為它們與將之視為我的一部分大腦基因，也擁有非零和關係。

我們當初受造的過程，如果在這裡或那裡有一點變化，甚至根本完全不同，那麼我們對世界的看法可能會有什麼不一樣？關於這個問題，我將在第十五章更深入探討。目前我們的重點是，我們會認定與自己相同的東西有哪些，以及這些東西跟自己關係有多密切（位於我們皮膚內和皮膚外的東西），在很大程度上其實是人類演化道路上的結果。我們對自我及其邊界的直覺概念，在這個意義上是隨機的。

我想，我可以進一步捍衛自己在那次禪修營經驗的有效性，但堅持下去並沒有多大意義。因為我並不認為，會有什麼一招斃命的論證來說服你，「鳥鳴是我的一部分」。事實上，我自己也不相信鳥鳴是我的一部分。我只是想讓你相信，我所感知到的並沒有聽起來那麼瘋狂。這就是我所能做的一切。

也許試著真誠與你分享經驗，最終還是會失敗。一如所有的神祕經驗，你都必須親身經歷。

無論如何，不論你怎麼看待我那小鳥啾鳴的時刻，從中得到的一點是，我所謂的「無我經驗」實際上有兩個面向。本書先前提到，我談到所謂「經驗的內部版本」，也就是你要「向內看」，觀看你的思緒、你的感受，並且問：「等一下，這些東西在什麼意義上真正是我固有的一部分？」這是佛陀在祂著名的無我論述中提出的基本問題。

但也有可稱為外部的無我經驗。這包括觀察「外在」世界，觀察你皮膚以外的事物，並問道：「在什麼意義上，這些東西**不是**我的一部分？」換句話說，我們不問自我的預設內容是否真為自我的內容，而是問自我的預設邊界，是否也是自我的邊界。在某種情況下，你會質疑自己的直覺，懷疑把所有「內在於」你的事物（例如無意義的焦慮）等同於你是否正確；而在另一種情況下，你會質疑自己的直覺，猜想不把所有「外在於」你的事物等同於你是否正確。

根據我的經驗，第一個問題可以導出第二個問題。要在我腳部的刺痛和鳥鳴之間劃出明確界線很困難，其中一個原因是，我一開始並沒有認定刺痛感跟我有十分密切的關係。我對「自我」的分解，使得自我的內容看起來更像是我以外的世界，我的「自我」瀰散，使得自我的邊界變得不那麼明顯。

在這個意義上來說，有一種邏輯進程，類似連接無我經驗的內外版本。但如果這裡有一種邏輯，那麼也存在一種悖論。畢竟，去談論皮膚以內的「你」這件事的意義越稀薄，去談論「你與外界的」連續性，似乎也就越不具意義。如果你採取正統佛教的立場，談論皮膚內部的「你」是**沒有**意義的，如此一來，「你與外界的」連續性想法，似乎也同樣毫無意義。

現在，我們要回到本章開頭尚未處理的問題：當腳和鳥之間、內部刺痛和外部鳥鳴之間的界線變得模糊時，我是否覺得自己和世界合而爲一？還是覺得自己什麼都不是，彷彿「在這裡」的部分已經消融，無法與「在那裡」的部分合而爲一？

我不願意回答這個問題，原因至少有二：首先，說實話，我不確定自己的經驗等同於哪個選項。第二個原因是，回答這個問題的方式，可能會讓你陷入佛教思想家和印度教思想家之間的重大爭論——而且，就此而言，也是佛教思想家其中一個派別和另一派別之爭。

疏失引發的網絡爭議

我推出「佛學和現代心理學」的線上公開課程不久後，事情又往前推了一步。這是我在普林斯頓大學教授的一門課程改編版。改編面臨的挑戰是：校園版得助於許多受邀的講者，從腦科學家到非常認眞的靜坐者等。所以我決定藉由數位影片爲線上學生創造出類似的體驗。我在自己主導運作的網站 Bloggingheads.tv 上，與受邀的講者進行了對話，再擷取影片的部分內容，穿插到我的線上課程之中。其中一段擷取的影片在課程的版上論壇引發了一些爭議。

擷取的內容和第十一章提到的格里．韋伯有關。他參與耶魯大學的大腦掃描研究，即使未處於靜坐狀態中，他的大腦預設模式網絡也非常沉靜。在與韋伯對話時，我向他詢問一句他說過的話：「壞消息是，你不存在；好消息是，你就是一切。」韋伯進一步向我闡釋這句話：「如果你什麼都不是、如果你消失了，那麼你就可以成為一切。然而除非你什麼都不是，否則你無法成為一切。從邏輯上講，就是這種情況。」

好吧，我不確定它在**邏輯**上如何。但顯然，如果你和韋伯所處的狀態相同，這似乎是無可阻擋的邏輯。他繼續說：「如果你什麼也不是，你會發現自己並不只是消失並成為虛空，而且就某種奇怪的角度來說（你確實看到了這一點，你也感知到這個角度），是萬法歸一。這是陳腔濫調，是奧祕的陳述，但它確實是可感知的：你可以深刻感覺一切都是同一事物。而怪的是，不知怎的，這都在你裡面。」

沒多久，韋伯的評論在論壇上出現反彈。有些是可預期的，如：「人們會發現，韋伯經驗核心的悖論是無法理解的，說好聽點是這樣。」一位學生寫道：「『我什麼都不是，意味著我就是一切』，這是自以為是的空話，眞正的意思其實是：『我身處這麼高的精神層面，你不可能理解我。』」

有的學生反對的不是悖論本身，而是後半部「我就是一切」的那部分。有位學生自己就是靜坐老師，她寫道：「佛教哲學並不支持萬法歸一。」

她基本上是對的。你當然可以找到受人尊敬的佛教思想家，他們的描述大致也會跟韋伯的一樣，但你不會在大乘佛教強調空的主流哲學中，找到萬法歸一的想法。畢竟，如果我們在世界上看到的事物在本質上是空的，那麼在某種意義上，這些事物並不存在——至少事物本身並不存在。當然，根據佛教哲學，自我並不存在。如此一來，萬物怎麼會（一堆嚴格來說並不眞正存在的「在那裡」之物，以及嚴格來說並不眞正存在的「在這裡」自我）都是一體的？「什麼都沒有」加上「什麼都沒有」，再加到「什麼都沒有」身上，並不會是「一」，對吧？

這是眞正佛教論證的一個簡化版本，而且幾乎有點搞笑。但它捕捉到論證的精神，並有助於解釋爲什麼正統佛教徒會執意鬆散地談論「合一」。另一方面，一旦你超越表層的搞笑，深入看待主流論點，就會開始懷疑執意於某種談論方式是否眞的適當。

事實上，思考學生對韋伯的反應，讓我相信「空」與「一」這兩種概念之間的界線非常模糊。

空與一有何不同？

瀏覽一下佛教哲學家針對空之教義所陳述的邏輯，就會發現這與佛教所謂的「因緣」有很大關係。

基本上，「因緣」是那些看來或許獨立於其他事物而存在的事物，其存在和特性其實是依賴於他物。樹木需要陽光和水，並且會隨著所接觸到的其他東西而不斷變化。溪流、湖泊和海洋需要雨，而雨水需要溪流、湖泊和海洋。人們需要空氣，而空氣也需要人們吸入並呼出，才會有空氣目前的組成。

換句話說：沒有東西的存在是**固有的**；沒有東西能把所有持續存在的成分包含在自身之內；沒有什麼是自給自足的。因此，這就是所謂的「空」：所有事物都沒有固有、獨立的存在。

如果你透過長期靜坐而感受到事物缺乏本質，根據佛教哲學，這就是你透過直覺領會到關於實相的事實。同時，如果你感覺到自己的邊界開始消失，那麼你也只是在經歷一個更廣大的空，這個空不僅遍及所有應該在那裡的事物，也遍及應該在這裡的自我。（這有助於解釋，爲什麼無我教義有時被描述爲不過是更廣泛的空之教義特例，這在大乘佛教中尤其如此。）

藉由強調這種無處不在的空，佛教哲學家有時會把無我一詞用於「在那裡」的事物，也會用於「在這裡」的事物。樹木、岩石就跟你一樣，缺乏自我。②或者，這些名詞也可以互換位置：你就跟樹木和岩石一樣，缺乏本質。無論用何種方式表達，你所看之處都是空。

這至少是個論證。

但在我看來，你也可以把這個佛教論點反過來證明，這普遍的空和一觀念聽起來並沒有眞的那麼不同。倒反論證的樞紐，就是位居論證中心的名詞：**因緣**。

如今，**因緣**是個常用術語。例如，你可能會關注幾個國家的股票市場，發現到它們往往是互相關連的，並說：「哇，這些經濟體之間的相依性（因）比我所知道的更高。」而這個術語的第二部分「共同產生」（緣），也適合應用於此。畢竟，如果這些經濟體沒有與其他經濟體進行互動，它們就不會成爲現在的樣子。

現在，如果注意到這種相依性之後，你又說：「這些經濟體之間的統一性比我所知道的更高。」大多數人會認爲這是合理的說法：一堆高度相依的系統，比一堆非相依的系統更接近統一。實際上，有機體之所以會被認爲是統一的，就是因爲它各個部分之間有諸多相依性，如腎臟、肺部等等。

因此，若你否定某個人對統一或一的理解：「不，不，你完全錯了。這其實是相依且相連結的，而不是統一或一。」這似乎有點奇怪。相依和相連結不就是指向統一和一嗎？我的意思是，它們雖然不是完全相同的東西，但是相依性和相連結性越高，不就越接近於一嗎？那些支持空之教義的人，基本上不就是說相依性和相連結性遍及整個實相嗎？

這讓人好奇，當韋伯這樣的人談論「一」而不是無處不在的「空」時，何以會讓一些人感到沮喪？當有人面對一個語義模糊的問題，採取可說是辯護的立場時，何以會讓一些人感到憤慨？但哲學上的賭注比你想像的要大。在這裡，我們來到上述佛教和印度

---

② 以「無我」一詞來指稱缺乏本質，有一個值得留心的涵義。正如我們所見，內觀禪修旨在促使人們清楚理解「三相」、幫助我們看到事物通常具有的三種特性，其一是無我。如果按照這個意圖，我們會看到「在那裡」的事物（我們所感知外在世界的事物，而不是在我們自己裡面或其他人類裡面的事物）的無我特性，我們也就理解了空。這一點之所以值得注意，是因為相較於大乘佛教，人們一般認為上座部佛教幾乎不強調空。然而，內觀的教導是在上座部佛教傳統中形成的。如果你嚴格解釋它的指示來理解三相，會發現內觀的教導非常強調空。

教哲學之間的衝突。

✦

在印度教的思想中，特別是在吠檀多不二一元論的印度教學派中，人們認爲個人的自我或靈魂，實際上只是所謂宇宙靈魂的一部分。以印度教詞彙來重述這個命題就是：阿特曼（自我或靈魂）即是梵（宇宙靈魂）。現在，要說阿特曼是一切（也就是梵），就表示首先阿特曼必須存在。而佛教在印度教環境中以獨特之姿誕生，主要就在於**否認**阿特曼的存在。

所以，你可以看出爲什麼把格里．韋伯帶入佛教課程，可能會讓我遇到麻煩。要說「萬法歸一」，在哲學上就意味著自我存在。而這又反過來表明，在東方哲學中，佛教終究不是那麼特別。

但有趣的是：韋伯其實也**否認**自我存在。他明確地把「你是一切」的感覺，與「你什麼也不是」的感覺相連繫。的確，影片對話的後半部分強化了這種連結。在影片中，我對韋伯說：「我在一次靜坐經驗中，我的自我邊界在某種意義上突然變得更能滲透，彷彿鳥鳴所進入的感覺器官邊界，不再是明確的界線。」

他答道：「沒錯。」

我接著說：「但這像是僅止一次的短暫經驗……你會說自己每天走動時，你等同於其他人的程度，跟你等同於自己的程度一樣嗎？」

「沒錯。我會說這與那個有點不同，但差別不大。我不會把自己等同為其他事物。我的意思是，這裡沒有人等同於我或其他人。它就是個空，既存在於此（在我身體之內），也存在於彼（在我身體之外）。」

「所以，說你把自己等同於其他人，這裡的問題就在於第一個字：你。」

「完全正確，因爲並不存在一個你在那裡，去等同於其他事物。」

他竟然以這種方式來表達。以這種不全然是佛教，也不全然是印度教的語言來傳達這般悖論。

好吧，說到悖論，正如我在本書開頭所建議的，如果你不喜歡悖論，也許東方哲學不適合你。（還有，就如我所提到，量子物理學也不適合你。）至於韋伯拒絕像個佛教教條主義者或印度教教條主義者一樣說話，那是因爲他在印度教的吠檀多不二一元論傳統以及佛教傳統中學習多年，並不會執著於任何特定的哲學。因此，當他擁有靜坐經驗時，也不會受制於特定方式來詮釋這份經驗。他只是告訴你靜坐時的感受。

而靜坐的感受似乎讓他站在佛教哲學和印度教哲學的邊界。他有時會跨向佛教那一側，有時又跨向印度教那一側。這是有點道理的，就像如果我之前提出的主張「事物是相依又相連結的，以至於缺乏個體性」是正確的，但我也說「事物是相依又相連結的，以至於成爲同一事物」，這兩者其實並沒有多大差別。

這意味著一項有趣的可能性：也許佛教徒和印度教吠檀多不二一元論派教徒最深刻的靜坐經驗，基本上是相同的。兩者都有自我邊界的消解，以及隨之出現與外在世界的連續感。如果你是佛教徒（至少是主流佛教徒），你受到的鼓勵就是把這視爲空的連續；如果你是印度教徒，你受到的鼓勵就是把這視爲靈魂或精神的連續。就此而言，也許基督徒、猶太人、穆斯林這些亞伯拉罕諸教（編注：基督宗教、伊斯蘭教與猶太教，均給予《舊約聖經》中的亞伯拉罕崇高地位，且均信奉唯一眞神的教義）中的密契主義者，在沉思靜坐時所感受到與神的結合，多少與印度教徒和佛教徒的經驗相同，並會以較接近印度教的方式詮釋它。核心經驗是一樣的，但教義闡述各異。

而且，這些闡述可能實際上並沒有表面上那麼不同。印度教徒和佛教徒，以及從某種意義上說，甚至還有亞伯拉罕諸教的密契主義者，都在說我們對自我的普通概念（也就是獨特且獨立自主的事物）在某種意義上是虛幻的：我們感覺到一個最終並不如我們想像那麼真實的邊界，並走向自我邊界消解的終極真理。

無論如何，我對宗教信仰的基本看法是，最終的問題不是它們的具體內容，而是：信仰會使你成為什麼樣的人？它如何引導你的行為？「自我邊界並非真正的邊界」，這樣基本的佛教—印度教觀念，合理地能引致良好的行為。

我曾問朱德森·布魯爾（他進行韋伯所參加的那項耶魯大學研究，本身也是非常投入的靜坐者），如果世界上每個人都密集地靜坐，世界上還會有戰爭嗎？他以一個問題來回答：「為什麼會有人想要傷害自己？從這個意義上說，我認為不會有戰爭。因為就像為什麼要砍斷自己的右手？」韋伯則這麼說：「如果一切都是同一事物，我為何要做些什麼（如果有個**我**在做的話）來擾亂呢？我為什麼要對你做不好的事呢？」

我同意韋伯的觀點：他不應該對我做不好的事。事實上，我甚至同意自己不該對他或其他人做不好的事。問題在於，這對我來說只是抽象的信念，而不是深刻的、具有經驗基礎的直覺。但是對他來說則可能是如此。

這或許有助於解釋為什麼我並不總是遵守這原則。而且如果我要像韋伯或布魯爾那樣強烈地感受到這種直覺，那麼我顯然將不得不再靜坐一萬小時（噢）。但生命是如此短暫啊！

幸運的是，有一種方法可以讓我省卻每日三小時、持續十年的靜坐功夫，就能知道自己可能變成什麼樣的人。禪修營的一個好處是，鎮日沉浸在靜坐之中，即使爲期不長，仍能讓你快速一瞥眞正投入的靜坐者，可以過著怎樣的生活。而且我在禪修營中已多少了解到，無我經驗與成爲更好的人之間的連結。

惱人的打鼾者

你可以想像得到，我在二〇一三年十二月的禪修營中對這個傢伙是做何感想。靜坐時，他就坐在我面前幾排，而且睡著了。你可能會問：如果我雙目緊閉，怎麼知道他睡著了？因爲他在打鼾！

當你還在努力進入狀態時，打鼾會讓你神經緊張，尤其當你不是那個打鼾的人。的確，我注意到自己的下腹部升起對這名男子的憤怒。

但起初我其實並沒有眞正**注意**到它，只是感覺到它，並且反射性地服從於它。思考這種感覺的各種想法，是天擇爲了讓我們思考而設計出來的，例如：「誰是這個混蛋？」我有要睜開眼睛，找出罪魁禍首的強烈衝動。甚至，能將他繩之以法更好。

但是，最後我做了在正念靜坐中應該做的事情：觀察你所擁有的任何感受。我那時眞的注意到了憤怒，而我就直視著它。經過幾秒鐘的清晰觀察後，憤怒就完全消解了。彷彿我的注意力是一道具有殺傷力的雷射光，而這種憤怒感是敵方的太空船。滋滋滋～它不見了。

那麼，我的憤怒經驗究竟與無我經驗有何關係？實際上有兩個關係，其中一個顯而易見，而且與無我經驗的「內部」版本有關；另一個則較微妙，與「外部」版本有關。

這是明顯的內部版本：當我正念觀看自己的憤怒時，我不再認定自己等同於它，不再擁有它。過去似乎屬於我的一部分、已經根深柢固在我身上，以至於我無意中所服從的感受，現在看起來像是另一種東西，像是被觀察的對象。一旦我訓練自己的注意力放在這感受身上，它甚至在消解之前，就已不再是我的一部分。

當然，這並非徹頭徹尾的無我經驗內部版本。我只是在單次場合斷絕單一感覺，略微縮小自我範圍。不過，這仍是件大事。這讓我暫時成爲更好的人，不再考慮去殺人。

至於較微妙的、**外部的**無我經驗感受，嗯，這需要一些解釋。具體來說，這需要解釋一下米瑞．阿爾巴哈里的工作。她是澳洲哲學家，對佛教哲學的研究，部分來自於靜坐的實踐。但出於她近乎強迫性的謙遜，她強調自己「**並非**老練的靜坐者」。她說，在長時間的禪修營期間，她覺得自己可以達到「更少自我」的境地，但還沒達到「無我」。在不同時期的禪修營之間，她也不能夠固定維持日常練習，但只要能做到，她說自己的生活「明顯變得更好」。

在阿爾巴哈里的《分析佛教》一書中，她提出了一個論證，把我們帶回佛陀在開悟之後的第一次演說，即著名的「鹿野苑說法」。

佛陀在此羅列了四聖諦，解釋苦（受苦、不滿足）的原因和解方。祂說，苦的基本原因是「渴愛」（tanha），這個詞通常譯爲「渴」或「渴望」，有時則譯爲「欲望」。要解釋得更細緻，苦的根源就出在「渴愛」的不可遏抑。追求我們的欲望總是讓我們不滿足，會渴望更多相同的東西，或是渴望新的東西。

阿爾巴哈里說，「渴愛」與自我的感覺有著千絲萬縷的連結，因此要克服它，就得與無我的體驗連結在一起。她談論的不僅是無我經驗的內部版本，不僅是如果你放棄了某種特定欲望，就已經與之斷絕，而你的這部分自我就消失了。她還要說的是，「渴愛」深深牽涉到「自我是有邊界」的感覺，維持並強化了自我的邊界感。而在外部的無我經驗中，這種邊界感會減弱。

她說，如果你渴望某種東西（例如熱巧克力），那麼你就會痛苦地意識到自己和巧克力之間的距離，而這意味著你對自我邊界有了概念。的確，當我坐在這裡想到這種特殊的渴望被熄滅時，我確實想像到自我的某些邊界。我想像自己的手碰觸到盛滿熱巧克力的馬克杯，又想像到舌頭表面接觸到熱巧克力。

想看到阿爾巴哈里論證的範圍有多廣，你必須明白，她就跟許多學者一樣，認爲「渴愛」不僅包括讓你感到愉悅事物（如性愛、巧克力、新車、更新的車）的渴望，還包括擺脫讓你感到不快之事的渴望。換句話說，「渴愛」不僅能使誘人之事更具吸引力，還能使討厭的東西更令人反感。在這樣的觀點下，我對禪堂中的打鼾聲會爲之惱怒，也是「渴愛」：渴望能免於鼾聲的干擾。

阿爾巴哈里說，如果想要**擺脫**某些東西，那麼你要記住在自己和那個東西之間創造更多距離（假設你沒有採取更直接的方法，例如把坐墊扔到那個製造出噪音的人身上）。而想要在自己和某物之間創造距離，意味著你得知道自我邊界到哪裡結束。如果想要閃避響尾蛇的撲咬，就要會對自己占據了哪部分的空間（也就是你的皮膚所定義的空間）有非常精確的概念，才不會讓響尾蛇咬到你。

無論哪種方式，無論「渴愛」驅動的是引力還是推力，它都需要定義自我的界域。

正如阿爾巴哈里所寫，涉及「渴愛」的情感，「似乎指向了一條未言明的邊界，就在被辨識爲自我，以及所欲／所不欲事物之間。一如見證主體所感知或想像到的那樣」。因此，「渴愛」不僅會**指出**邊界，而且還有助於**創造並驅動**自我與他者之間的邊界感。反之亦然：你越清楚深刻地感受到邊界，你就想要擁有越多「渴愛」。「除非我完全等同於自我，否則我怎麼會特別關心『我』的欲望是否得到滿足？」

那麼，你可能會問，這些與撲滅我對打鼾者的怒火有什麼關係？如果我沒有回去查看在怒火撲滅之後不久所寫的筆記，我可能也會問同樣的問題。事實證明，我剛才講述的那個版本是不完整的。那是我憑著記憶寫下的，而當我再回頭去閱讀筆記時，發現自己遺漏了一些重要細節。

✦

首先，就在這個上午的晨間靜坐之前，禪修營的兩位領導人之一娜拉央，爲初學者進行了簡短的談話。她的主題是接受——學習接受你會覺得不愉快的處境。因此，我在花了一點時間覺得打鼾令我不愉快之後，我決定練習娜拉央的教誨，並試著克服我對打鼾的厭惡。當然，這意味著要正念觀察厭惡。正如我那天後來在我的筆記本中所記下的，我試著「以中立的方式感受自己的厭惡和憤怒（這是我可以確定感受和標定的）」。接著，當我接受了打鼾，「這種感受基本上就消失了」。

所以，實際上，我有兩種相互交織的感受：我對打鼾者的憤怒，以及對鼾聲的厭惡。而一旦你克服厭惡，按照阿爾巴哈里的邏輯，你就不只是克服憤怒而已，而是更充分且直接地接近無我經驗的外部版本。③你正稀釋那個在強化自我邊界的「渴愛」。

在我筆記的最後一段，清晰呈現了這種動態：當我觀察到自己的厭惡和憤怒，這些感受便失去了力量。此時，「有這麼一瞬間，我把流竄在自己五臟六腑的感受和他的鼾聲，想像為一種單一系統或有機體，並透過溝通而統一」。

換句話說，我把注意力集中在從他鼻子發出的連續聲波流，進入我的大腦後引起的厭惡和憤怒。有那麼一瞬間，「令人惱火的人」以及「感到惱火的人」，嚴格來說並不是**我**和**他**這樣兩個截然不同的事物。一旦我厭惡鼾聲的「渴愛」力量消退，我的自我邊界就變得更加可滲透。

③ 有人可能會問，憤怒和厭惡之間的內在相關性，是否可以讓人在不克服厭惡的情況下，去克服憤怒？我不知道答案。但這肯定是真的，至少根據我的經驗，厭惡和憤怒是截然不同的感受，因此有可能只專注於憤怒。不過，藉由專注於憤怒來解決憤怒，也確實必然能平息厭惡本身。

因此，米瑞．阿爾巴哈里對自我的觀點，以及對自我與「渴愛」關連的觀點，有個非常受歡迎的效果：它讓我成爲一個看起來更令人印象深刻的靜坐者。而若非因爲有這樣的觀點，我無法成爲這樣的人。當我摧毀而斷絕這個憤怒時，這不僅涉及一點內部的無我經驗，在克服「渴愛」點燃怒火的過程中，我也了解到一點更難以捉摸的外部無我經驗。就跟內部經驗一樣，似乎能暫時讓我成爲更好的人。

兩場說法和三毒

阿爾巴哈里的觀點還有另一個優點：它有助於解決早期佛教經典中的難題。在佛陀開悟後的第一次說法，也就是鹿野苑說法中，祂說解脫苦的關鍵在於克服「渴愛」。但在祂的第二次關於無我的演說中，解脫之道似乎在於認識自我不存在，而當下聽到這場說法的所有僧侶便立刻得到解脫。哪次說法才對？要進入涅槃，是要征服「渴愛」，還是看清自我的存在是錯覺？

好吧，也許兩者是同一個。即使不借助阿爾巴哈里，我們也可能會這麼想。畢竟，無我經驗的內部版本涉及斷絕感受，以及斷絕乘載著感受的思緒。

感受往往來自正面（擁有吸引的元素）和負面（擁有厭惡的元素）兩種基本風味，而這也就是擁有「渴愛」。④因此，內部無我經驗本身就關乎放棄一些「渴愛」。（事實上，佛陀在強調無我經驗時，講的也是同樣的東西：無我經驗關乎的是不再執著於——也就是停止欲求——思緒、情感等之類的事物。）但是阿爾巴哈里爲這個論點添加了一個新的向度，她把外部無我經驗與棄絕「渴愛」相連結，如此一來，佛陀的前兩次說法便互相等同。

想想這其實十分合理，「渴愛」與我們外部邊界的連結，不亞於與我們核心的連結。從達爾文的角度來看，「渴愛」被內建到我們身上，這樣我們就可以照顧好自己。也就是說，我們每個人都會照顧好乘載著我們基因的載體。那個載體就停泊在皮膚上，在身體的邊界。如此，「渴愛」會強化對這些邊界重要性的感覺，而這邊界定義了天擇

④ 實際上，在佛教觀點中，感受未必一定要是正面或負面的；反而是，瀰漫在我們對世界理解中的「感受基調」可以是正面、負面或中立的。人們可以爭論，真正中性的感受基調是否應該被稱為感受基調。但無論如何，可以公道地說，佛教心理學的普遍偏向，是去強調正面或負面的感受，會以微妙或不那麼微妙的方式，去塑造我們對世界的感知與反應。

所分配的關注區域。

「渴愛」和我們自我感覺之間的連結，巧妙構作出不斷重複出現在佛教文本中的副歌。這副歌警告人們要避開貪瞋癡「三毒」，也就是「**貪婪**、**仇恨**和**妄想**」。這是許多靜坐者都熟悉的詞彙，他們會從老師的嘴中不斷聽到，有時則是在禪修營的法語時段中聽到。但這樣的翻譯在某些方面會造成誤導。**貪婪**一詞指的不僅是對物質財富的渴求，也指更普遍意義上的渴望：想去抓取事物的引力。**仇恨**一詞不僅意味著對人的負面感受，也意味著對任何事物的負面感受，亦即所有的厭惡感受。

換句話說，前兩種毒就是「渴愛」的兩面：渴求愉悅，以及厭惡不愉悅。如果「渴愛」確實與自我的感覺緊密相連，那麼，把這兩種毒與第三種毒「妄想」連結起來，就頗爲合理。畢竟，佛教最著名的妄想之一就是自我的錯覺。所以你或許會認爲，前兩種毒是第三種毒的要素。貪加上瞋等於癡。⑤

當你再加入另一個著名的妄想「本質的錯覺」，及其相應的偉大洞察「空」，這個等式會更加有意義。我在上一章中論證，在我們的直覺裡，事物具有本質，這種直覺是感受滲入我們對事物知覺所塑造的。仔細觀察，這些感受往往不是正面就是負面的，包括對事物的渴望，或對事物的厭惡。換句話說，這些感受至少在某種程度上會涉及到**貪**

或**瞋**。因此，在錯誤感知到事物具有本質的情況下，「妄想」這第三種毒，似乎又會歸結爲前兩種毒。

如此說來，一些古代文獻表示「解脫關乎根除三毒」，才會合乎邏輯。畢竟，這種根除意味終結「渴愛」（佛陀第一次說法中所認定的受苦之源），以及終結自我存在的錯覺（佛陀第二次說法中提到必須解脫的巨大阻礙），當然還有終結本質的錯覺。這種錯覺也被視爲解脫的阻礙，在大乘佛教裡尤其如此。

韋伯一度試圖對我如此描述他的意識狀態（一種顯然幾乎沒有任何自我或本質感的狀態）：「這是一個你無法想像還能再增添什麼，或取走什麼以讓它更完善的空間。」

⑤ 貪加上瞋等於癡，這個「等式」的邏輯在某種意義上與佛教邏輯的一般表述相反。這個「等式」的廣泛解釋是：渴望和厭惡會導致妄想，也就是對世界真正本質的無知。但是，佛教對這些事物之間的關係，一般表述卻是反過來說：無知和妄想（例如未能看到無常的普遍性，或是未能看到無我或空的真相）會導致渴望和厭惡。我自己的觀點是，即使這兩種表述都太簡化了，這個「等式」是為了捕捉因果關係的實際方向，而不是要取代原有的表述。我還認為，至少在某些情況下，靜坐過程的動態暗示著「等式」所意味的因果關係方向。也就是說，正念觀察並因此在某種程度上克服渴望和厭惡，是人們克服無知與妄想過程的一部分，因而獲得對於無常、無我和空等概念的經驗性理解。

他基本上就是在描述「渴愛」的反面。畢竟，「渴愛」的假設就是事物在取走或增添某些東西之後，總是能變得更好。「永遠不滿足」，就是「渴愛」任務的一部分。

韋伯並沒有把他所處的狀態稱爲「涅槃」或「開悟」。但是，他談論到自我（或是缺乏自我）的方式，使他聽起來與佛陀第二次無我論述中所提及的「開悟判準」相距不遠。無論如何，韋伯比我更接近這個標準。

儘管如此，當那隻鳥的歌聲隸屬於我的程度，不多於也不少於我腳上刺痛的那一刻，我想，我已經意識到在靜坐的道路上，比我現在更遠的那個地方會是什麼樣子。而這感覺非常、非常好。就這一點而言，棄絕那一直鼓動我、讓我越來越厭惡那打鼾靜坐者的「渴愛」，也讓我感覺比以前好很多。即使只是暫時的，但靜坐使我成爲一個更好的人，就是很好的獎賞。

14 涅槃究竟是什麼？

一九九〇年代初期，涅槃搖滾樂團（Nirvana）聞名於世。不過這個樂團一開始並不是這個名字，早期換過一系列名稱，其中之一是「妙樂」（Bliss）。

有些人可能會問：這兩者有什麼區別？「涅槃」和「妙樂」不是同一回事嗎？但正如我們前面所見，答案是否定的。

涅槃確實能帶來妙樂，但它帶來的不僅僅是妙樂，最顯著的是開悟。菩提比丘在他翻譯的大量佛教文本中，就有許多關於涅槃的特徵描述。他對涅槃的描述是：「完美的幸福、完全的清安、完整的內在自由，以及全然覺醒和理解的狀態。」

妙樂和涅槃之間的另一個區別是，達成的難易度。如果你追求的是妙樂，而且僅只於此，你可以透過服用藥物達到。這種方法在某段期間內保證有效，但長遠來看就不太可能。涅槃樂團的主唱科特·柯本後來成爲海洛因成癮者並結束了自己的生命。

如果你追求的是涅槃，而不僅僅是妙樂，就沒有那麼直接的方法，而且還要多花點力氣。即使你很勤奮，能達到涅槃的可能性，也比柯本獲致妙樂（即便十分短暫）的可能性還低。但另一方面，無論你達到什麼程度的滿足，幾乎肯定的是，會比柯本的妙樂更持久也更穩定。

涅槃的概念在佛教思想中占有獨特的地位，不僅因爲這代表了佛教道路顛峰，也不僅因爲這代表了最美好的想像之地，而是因爲它跨越了佛教的兩個面向。這本書談論的是佛教的其中一面——「自然主義」那一面，其特點是很容易融入大學心理學或哲學課程。而佛教另一面的特色是——超自然和奇異的想法，這些想法較適合宗教系。

涅槃當然有其奇異之處：相信轉世的佛教徒，認爲涅槃可以幫助他們擺脫無休止的輪迴。但這個關於涅槃的故事，關於你如何從無盡的輪迴中脫逃的故事，可以無縫接軌到更自然主義的故事，這是個關於受苦和滿足機制的主張。在從一個故事到另一個故事的過程中，你可以在新的亮光中看待正念靜坐。這種亮光凸顯出，正念靜坐可以成爲多麼基進的事物。

在古代文本中，涅槃經常被描述成「無爲」。我聽到這個詞已經很多年，也想知道它的意思，但我認爲在沒有眞正達到涅槃的情況下，要了解這個詞的意思是無望的。而且就我的目的來說，這並不是那麼重要。事實證明，這兩個方面我都錯了。

「什麼是無爲？」這個問題有非常明確的答案，而且這個答案非常重要，且讓奇異的形上學和自然主義形成交會。

要解讀「無爲」，明顯的方法就是拿掉**「無」**，然後尋找**「有爲」**的涵義。佛教術語中，「有爲」大致上就與「因果造作」同義。①這是有道理的。畢竟，當我們談論某些狀態會導致某些事情，例如會導致水沸騰、下雨，或是犯罪率上升狀態，基本上就是說這些狀態牽涉到導致這種情況的因果鏈。受到狀態所影響的事物，就佛教意義上指的，就是受制於原因的事物。

因此，如果涅槃是「無爲」。那麼，你可能會認爲這就關乎從「因果造作」逃脫而出。你是對的！但是，**這是什麼意思？**

這個問題的答案涉及佛教中最重要的專有名詞之一——**緣起**。這個術語有很多應

① 佛教思想家有時會無法區分佛教「有為」的概念，與西方的因果概念。然而，在我看過那些做出區別的努力之後，只是讓我認為兩者並不具深刻意義的差別。這些區分有時會以過分簡單的術語描述西方的因果概念，彷彿西方科學無法容納多種影響的複雜相互作用。

用和衆多解釋。②就當前目的來看，我們要闡明涅槃的邏輯時，就可以將之解釋爲「緣起」。

從最一般的意義上來說，「緣起」指向了因果關係的基本概念：在某些狀態下，會出現某些事物；在別種狀態下，會出現別種事物。但這個詞也被用來指特定系列因果連結：十二緣起，也就是因果相續的十二種狀態。這十二緣起在無盡的輪迴中奴役著人類。③而涅槃要打破的，正是這種因果鏈。

✦

我不會完全按照十二緣起的順序進行，部分原因在於其中有些涵義有點模糊。不過，我們對這個因果所關注的部分，能清楚地對奇異且富含自然主義的涅槃一詞，做出更細緻說明的部分。

那部分是從一個人的眼睛、耳朵、舌頭等感官形成之後才開始的。正是透過這些感官，人的意識才能與物質世界接觸。或者，正如在古代文本中更正規地表達出這十二緣起的因果鏈：「是名色中，生眼等六情，是名六入。情、塵、識合，是名爲觸。」（緣於眼、耳、鼻、舌、身、意，而產生外境接觸，緣於外境接觸而產生「受」。透過感官的狀態，引起接觸——緣六入處觸。）

這裡是下一個環節：「從觸，生受」（透過接觸的狀態，引起感受）。這是說得通的，因爲，記住在佛教觀點（以及許多現代心理學家的觀點），我們藉由感覺器官感知的事物，往往會帶著感受，無論這感受有多麼微妙。

接著，因果鏈的下一步——感受引起了「渴愛」，讓人有了「渴望」：我們渴望愉悅的感受，渴望逃離不愉悅的感受。

且讓我們先暫停於此，因爲行動從這裡開始。菩提比丘在一九八一年，於系列講座

---

② 實際上，這與第十二章中的「因緣」是同一術語。與佛教和其他傳統中的術語一樣，不同地方會有不同用法。當這個術語用於空的概念時，使用側重於相依性涵義的「因緣」會更貼切、更具啓發性；當這個術語用於涅槃的概念時，側重於因果涵義的「緣起」則更切題、更具啓示。

③ 嚴格來說，我對於緣起的一般意義描寫是不完整的。古代文本中的經典表述繼續補充，如果某事物不存在緣起，那麼該事物就不會出現；如果某事物的緣起終止，那麼某事物就會終止（當然，以上都與西方的因果概念一致）。至於緣起較不通用的意義，則是並非所有的早期佛教文本在談論因果時，都會出現「十二」這個數字，但十二緣起的序列已成為迄今最廣泛接受的表述。

中說道：「戰鬥就在感受和渴望之間的空隙中展開，這決定了束縛是否會無限期地持續到未來，或者會由開悟和解脫來取代。因爲如果一個人不屈服於渴望、不屈服於對愉悅的渴求；如果一個人以正念進行沉思，並且覺知到感受的本質，且了解這些感受本然的面目，那麼這個人就可以從成形和固化的因果鏈中，防止渴望。」

就是在這裡，我們開始從奇異過渡到自然主義。菩提比丘所說的解脫，首先就是脫離永世輪迴，也就是在這個生命輪迴終結時完全解脫。但是，這也是在此時和當下的解脫，從讓人受苦的「渴愛」中掙脫出來，亦即從「渴望獲得愉悅的感受」和「逃避不愉悅的感受」、從「持續渴望事物成爲與本然不同的樣子」之中解放出來。

這兩種解脫的意義也反映在佛教觀念中，也就是有兩種意義的涅槃。④一旦你在此時和當下獲得解脫，你就進入涅槃，並在餘生好好享受這種生活。接著，在死亡之後（這會是你最後的死亡，至此脫離輪迴），就會進入第二種意義的涅槃。

我很遺憾地說，我無法從個人經驗去描述第一種涅槃，而且對於自己無法描述第二種涅槃，我也深感矛盾。但重點在於，無論你關注的是哪種涅槃，抵達那個境地的機制，主要都在於正念靜坐：培養你對感受的覺察，這能從根本上改變你與感受的關係。不管你的渴望有多麼奇異或多麼實際（不管你是否相信輪迴並想脫離，或者只是想在此時和當下獲得完全解脫，更或者只是希望在此時和當下獲得**部分**解脫），解脫的基本方式是一樣的。

因此，一些基本術語是相同的。即使你並沒有試圖脫離永恆的十二緣起，即使你只想讓此生此世過得更好，你仍然在尋求從**狀態**中解脫，從因果關係給你套上的枷鎖中解脫。你周身環境中的事物，那些景象、聲音、氣味、人、新聞、影片，都微妙地在促動、激發你的感受，有時甚至是以不幸的方式，把控制你行爲的思緒和反應列車往前推。這些事物會一直這樣運作下去，除非你開始關注它們。

這一直是本書的重點。人類大腦是透過天擇設計而出的機器，以非常反射性的方式回應衝擊它的感官資訊。在某種意義上，大腦被設計成由輸入的感官資訊所控制，而控

④這兩種涅槃有時被描述為實現涅槃的兩個階段，其中因死亡而實現的涅槃，稱為「般涅槃」，也就是完全涅槃；在死亡之前經歷過的涅槃，在某些古代文本中被稱為「有餘涅槃」。在這種狀態中，當事人已經獲得開悟，也已克服了「渴愛」造成的痛苦，但是他的存在繼續涉及肉身的體現，以及不可避免的疼痛（例如身體傷害），但他能在正念以及平靜之下忍受痛苦，並且不會帶來那種在開悟之前所受的苦。雖然如此，他仍無法經歷一天二十四小時的純粹妙樂。

制機器的關鍵要件，就是回應這些感官資訊所產生的感受。如果你透過「渴愛」與這些感受互動，也就是藉由對愉悅感的自然、反射性渴求，以及對不愉悅感的自然、反射性厭惡，那麼，你就會繼續受到周遭世界的控制。但如果你正念觀察這些感受，而不是對它們做出反應，你就可以在某種程度上脫離控制。你可以無視那些通常會塑造你行為的原因，更接近無為。

無為會有多怪？

對涅槃和無為的設想，可以有多戲劇性？佛教內部對此也有一番辯論。那是指有個如超驗形上學（編注：康德的主張，即以「道德」為進路、基於「理性批判」展開，超越經驗的形上學）般的「空間」，一旦你完全解脫，就可以進駐嗎？或者涅槃是凡俗一點的東西，就只是擺脫那控制著你的因、那狀態的盲目反應？

擁抱自然主義佛教而不相信輪迴的人，傾向於採用不那麼戲劇性的解釋。實際上，有些人不喜歡**無為**這個詞，因為它**聽起來**太戲劇化了。長期支持「世俗佛教」，並寫出《無信仰佛教》一書的史蒂芬．巴徹勒寫道：「沒有無為這種東西，這只是在說不受某些事物限制的可能性。」

就個人而言，我甚至不會阻止「世俗」佛教徒使用「無爲」一詞。把在此處和當下獲得完全解脫，視爲一種隱喻性但非形而上的區域，可能是有用的。而無論你把該區域視爲實際上可以到達，或者只是不斷逼近的事物，都可能會有用。

我可以證明，是有可能會進入某個領域。第一次禪修營後，我打電話給我的妻子時，她說我聽起來像個完全不同的人，當時我甚至還沒提到任何關於禪修營或是任何跟靜坐有關的內容。她說，我的聲音聽起來很不一樣，她很喜歡這個新的男高音。

現在，我要告訴你，以下是對「舊男高音」而非「新男高音」的評論。

幾年前，我妻子試著表達她喜歡我哥哥的哪些部分時，她看著我說：「他就像是一個好版本的你。」（她當時邊說邊笑，我就把這當做是個好兆頭。）無論如何，重點是舊男高音已經發生了眞正的變化。

當然，我所看到的世界出現了一個新的男高音。我已經蛻去那平時自私自利的我，因而可以對周遭的人和事物帶來新的喜悅。我變得更開放，突然間也願意與陌生人交談。這個世界似乎煥然一新，且充滿活力。

我所身處的領域有點諷刺。科學取代了傳統上的宗教世界觀，有時我們會說這是爲世界進行「除魅」，也就是剝除魔法。而你會認爲，在某種意義上，靜坐訓練致力於排除感受對知覺的影響，其所培養出的清晰澄明觀點，則有助於除魅。但是巴徹勒說，靜坐練習可以讓世界「復魅」，而我懂他的意思。在第一次禪修營之後，我覺得自己活在一個充滿魑魅、充滿奇蹟和奇異的美麗境界。

這並不是一個神奇不受因果關係影響的領域。至少我仍然會對作用在我身上的因，做出某種程度的反射性回應。儘管如此，我認爲要讓世界復魅，就是減少花在回應這些因、促動我產生感受的時間，而是花更多時間來進行觀察。而這麼做的獎賞是——讓我能對事物做出更周詳的回應。我認爲生活在無爲／無狀態的情況中會很棒，但要是達不到，生活在較少受到狀態所限的情況中，也很不錯。

你可以採取本書中所涵蓋的許多佛教觀點，並就所處的狀態、所承受的因，予以重鑄。事實上，你可以說佛教哲學在很大程度上，就是非常認眞地對待因果關係所構成的。

考慮一下無我的概念：我們所謂的「自我」，會與環境持續產生因果互動，並且全面受到在那裡的世界所影響。以至於會懷疑「自我（在此指的是自我的核心）的邊界究竟有多堅實」？還記得佛陀在原初的無我論述中如何強調，我們認爲屬於自我的各種事物，實際上並不受我們控制嗎？而它們之所以不受我們控制（至少直到我們獲得解脫爲止），是因爲受到外部力量所控制：它們受限於狀態。

還記得佛陀強調自我一部分的諸行無常嗎？思緒、情感、態度的起落來去，也都是不斷變化的力量作用在我們身上的結果，這些力量引發了我們內在的連鎖反應。我們內在的事物受制於原因和狀態，而當狀態發生變化時，所有受限於狀態的事物也會跟著變化。而狀態幾乎是一直在變化。

你可能會說，靜坐的進程主要在於覺察那作用在你身上的因，覺察到事物是如何操縱你，並且覺察到操縱的關鍵環節，就在於感受可以引發「渴愛」（可以引發對於愉悅感的渴望，以及對不愉悅感的厭惡）的那個空間。而這剛好是正念可以產生決定性干預的空間。

我談論的**覺察**不是對這些因果鏈的抽象理解——**學術**意義上的覺察，而是精心培養的**經驗性理解**，一種能夠打破（或至少鬆開）因果鏈的正念覺察。

也就是說，強化這種經驗性理解，並經常伴隨它，乃是佛教哲學更抽象理解的那一部分。在正念靜坐中取得眞正的進步，幾乎不可避免地意味著，更能覺察到你的感受在塑造你的感知、思緒和行爲的機制，並且變得更能覺察到環境中最能激發這些感受的事物。你可以說，佛教的開悟與西方科學上的啓蒙，頗有共通之處：兩者都關乎更能覺察到導致事情如此發展的原因。

這些都是刻板印象：正念靜坐通常被認爲是溫暖和模糊的，以及在某種程度上是反理性的。據說這都和「與你的感受連結」以及「不做判斷」有關。

沒錯，正念靜坐確實和這些事情有關。它可以讓你獲得前所未有的嶄新靈敏度，體驗憤怒、愛、悲傷、喜悅等自身感受，甚至感覺到這些感受的質感。而這一切是可能發生的。從某種意義上來說，原因在於你不去做判斷。也就是不會盲目地將自己的感受標記爲壞或好，不會急於逃避或是擁抱它們。所以你可以靠近它們，卻不會迷失其中。你可以關注它們實際上所帶來的感受。

儘管如此，你這樣做並不是爲了放棄你的理性能力，而是爲了成全：你現在可以對自己的感受進行理性分析，讓你明智地判斷哪些感受是好的指引。因此，「不做判斷」，最終意味著不要讓你的感受**爲你**做判斷。而「與你的感受連結」表示，不要輕忽它們而遭受擺布。所有這一切都顯示，要盡可能以最清晰的世界觀來回應世界。

這整個過程的基礎，都與心智運作的高度機制化概念有關。重點在於精確感知機制的運作，並利用這種理解來重新建置、翻覆它的運作邏輯，從根本改變它對所遭遇的因和狀態會做出的反應。這麼做不會讓你進入嚴格意義下的「無爲」，也不會讓你實際上脫離因和果的界域。就像飛機並沒有眞正違反萬有引力的定律，但它們仍然能飛翔一般。

我不想誇大佛教開悟和西方啓蒙觀念之間的相似之處。佛教哲學和現代科學有不同的探索取徑、不同的證據標準。但近來，這兩種傳統開始以富有成效的方式互動。有對靜坐者的腦部進行掃描，也有關於靜坐的生理和心理影響的研究等等。

然而，我認爲在天擇理論的協助之下，兩者最重大的互動始於十九世紀中葉。兩千多年來，佛教一直在研究人類心智是如何建置以對環境做出反應，而「狀態」又是如何對心智產生作用。現在，借助達爾文的理論，我們了解到這建置的內容。在隨後的一個半世紀，隨著達爾文理論的成熟和證據的累積，我們對心智的建置細節有了越來越清晰的認識。我認爲，所有這一切使我們能夠從全新的角度來看待「涅槃」，爲捍衛佛教開悟的基本有效性提出新的論證。

這是下一章的主題。

15 開悟能帶來啓發嗎？

多年來，開悟（啓蒙）和解脫（解放）的等式以多種形式呈現，且各自擁有衆多追隨者。美國中央情報局原總部在牆上刻著耶穌版本的等式：「你們必曉得眞理，眞理必叫你們得以自由。」在本書開頭，我們也看見電影《駭客任務》提供了眞理與自由之間的關連，且與佛教哲學相呼應：日常生活所見的是種錯覺，在你看穿錯覺並深入事物的核心之前，你不可能獲得眞正的自由。正如墨菲斯對尼歐所說，除非你「親眼看見」，否則你將繼續處於「束縛」狀態。

但是《駭客任務》和佛教的場景之間存在著重要差異。首先，《駭客任務》的眞相更容易描述。當然，墨菲斯說你必須「親眼看見」，但其實他是可以口頭清楚描述給尼歐知道的：「機器人母體主宰已經把人類放在培養槽中，並把夢灌入人類的大腦！」這樣描述會有多複雜？比起「自我不存在」或是「一切都是空」，這當然更容易理解。

但在另一層意義上，那些機器人主宰讓尼歐的處境變得簡單得多：它們給了他可以反抗的東西，激發人類謀反！敵人的壓迫讓你集中心智，使你決心爲前方的掙扎戰鬥。這對靜坐很好用，因爲這眞的會是掙扎：就算你不喜歡，每天還是得在墊子上靜坐，並努力將正念帶入日常生活。但在佛教中，你沒有邪惡的幻想敵人要戰鬥，這眞是太糟糕了！

只是在**傳統佛教**中，其實是有敵人的：有個名叫魔羅的邪惡超自然存在，於佛陀獲得大徹大悟的靜坐期間，企圖誘惑佛陀未果。然而，魔羅在西方卻沒有一席之地。一如本書對佛教的設定（就是世俗佛教），這眞令人有點失望。

但如果你想將靜坐練習視爲叛軍在對抗壓迫的主宰，這點我們是可以辦到的：那個主宰就是創造你的天擇，而你要與之對抗。畢竟，如果你願意將天擇擬人化，可以進一步把天擇比擬爲機器人主宰：天擇設計了可以控制我們的幻想，並把它內建到我們的大腦，使我們如奴隸般堅守它擬定的計畫。

當然，它的計畫就是讓基因進入下一代。這是天擇價值體系的核心，是指導我們大腦運作的標準。我們完全有權像尼歐一樣決定我們的價值觀，讓自己脫離那控制我們的力量。這首先意味著，將自己從控制我們的幻想中解脫而出。（即使幻想在現代環境中，往往無法滿足天擇的遺傳擴散計畫，也不會因此破壞這種獨立宣言。）

將「佛教之道」視爲「反叛天擇」還有第二個好處。以這種方式看待事物，有助於我們對解脫和開悟的意義提出更細緻的觀點，並且回答這個大哉問：開悟（啓蒙）眞的有啓發性嗎？顯然，西方的啓蒙就是具有啓發性，不然也不會稱之爲啓蒙。但**佛教**版本的啓蒙，也就是開悟，同樣具有啓發性嗎？它對事物的觀點，是否比我們日常經歷的更眞實？這是**終極**的眞相嗎？

我已在本書指出，就各種意義而言，當你靜坐時，你看事情會比你之前看得更清楚一點，而且這種澄明度可以漸進增長。但這些增長最後會引你到哪裡？如果你成功抵達道路的盡頭了呢？開悟會讓你得到純淨、不含雜質的眞理觀嗎？

這個問題似乎難有定論，因爲我們大多數人要達到完全開悟是幾乎無望的。儘管如此，永遠無法企及並不代表不能接近。即使開悟是理想化的假設狀態，我們也永遠經歷不到——而且沒有人經歷得到，也沒有人經歷過。但這就是我們理論上要前往的靜坐之道。因此，如果我們想知道自己是否正朝著眞理前進（不論我們已經走了多遠），靜坐都有助於了解這種狀態是否就是眞實本身。

開悟清單

我們應該從一個基本問題開始：什麼是開悟（啓蒙）？當你獲得開悟，世界看起來會怎樣？

嗯，從廣義上來講，你會看到佛教哲學中心思想的眞相。當我說「看到眞相」，我說的確實就是**看到**，也就是眞正藉由經驗理解到眞相。透過智性要得到自我不存在這般結論是一回事。正如有些心理學家和哲學家在數據、邏輯和內省的某種組合引導下，會對此產生懷疑。但是他們大多數都沒有那種能夠傳達深刻信念的無我強大**經驗**，這種信念改變生活的能力超越了智性勸說。

對於空或無色的想法也是如此。這個想法有哲學論據，也有些人覺得這些論據具有說服力。但是，要獲得開悟不能僅是智性上的遊說，還要能從經驗上被說服，也就是「**看到**」空。

好吧，所以開悟得具備無我和空的經驗，那麼還有其他的嗎？嗯，並沒有衆家佛教徒所認可的單一、官方開悟定義，也沒有你可以查看的「獲得開悟證書必備要件」的列表。但是，倘若眞有這種東西（也就是開悟的必備列表），按照主流佛教的想法來推算，即使無我和空是必備基本經驗，開悟也不會僅止於此。

至少我們已經在該列表中看到了一些附加要點。其中一些比較像是洞察力（例如看到萬物無常），還有一些則較像是功績（例如克服「渴愛」、克服渴望）。①其實，在一處或多處佛教文本中，還列出了與開悟相關的各種其他特徵。有需要克服的特定「羈絆」，如欲望、自負和惡意。也有要遵守八正道中的規定：不偷竊、不傷害其他生靈、不沉迷於惡意八卦等等。

因此，最完整、最傳統佛教意義上的開悟，並不僅止於本書主要陳述的形而上向度（也就是內在和外在於我們的實相，和表面所見的非常不同），還有明確的道德向度。

另一方面，正如我們所見，在佛教思想中，形而上向度和道德向度是相連的。經由靜坐理解佛教中心的形而上主張，據說能瓦解不良行爲的心理根源。事實上，放掉欲望、自負和惡意這樣的事物，就是無我的根本，也是形而上的理解。

① 當然，不同的「要點」之間會有重疊和交互作用。例如，對無常的洞察力有助於達成「克服渴愛」。而且，正如我們所見，另一個普遍引用的開悟元素——「根除三毒」，就相當於克服了「渴愛」，而三毒乃虛妄這一事實便蘊含著對無常的洞察。而對無常的洞察，特別是第五章所討論的五蘊無常，則有助於對無我的洞察。諸如此類。

正是這種由形而上與道德的關連、某種由形而上開悟所**隱含**的道德價值，造就出對實相更清晰的感知，而這相當於「反叛天擇」。因爲這種澄明、達到完全開悟所充分體現的價值，在許多方面，與我們一般對實相所必然包含的價值（也就是該觀點中所深植的天擇價值）不盡相同。

我們特別嗎？

首先，想想有些人所謂的開悟核心經驗：無我經驗。更具體來說，想像我所謂的「外部無我經驗」。這種經驗如何隱含抗拒天擇的價值觀？

正如我們所見，這種經驗會削弱「你」與世界上其他人事物之間的分離感。事實上，你的「內部」和「外部」世界之間，會開始存在著某種連續感，因而你可能會開始認爲傷害他人等同於傷害自己。當這種經驗發展到最極致，你會開始覺得他人的利益與你的利益，並沒有任何眞正的差異。

當然，從天擇的角度來看，這是異端邪說。如果要說天擇內建了什麼觀念在我身體裡，那就是「我的利益是獨特的，而我應該專注於它們」。當我的利益與他人利益重疊時，這樣很好，我們可以互惠。但如果彼此利益沒有重疊，那麼我會優先考慮自己。

這個原則遵循著天擇的邏輯。如果我體內的基因之所以中選，是因爲這些基因擅長把自己複製到下一代，那麼它們的首要工作就是照顧可以承載著它們的載體，也就是我的身體。這也表示這些基因會在我大腦中輸入這樣的想法——照顧這個身體比照顧其他身體重要（除非其他身體是近親）。換句話說，我很特別。我的特殊性非常靠近天擇價值體系的核心。

這個前提也輸入了所有動物的生命中，你可以透過各種方式看到這點。例如，動物會互相殘殺。這包括人類這種動物，儘管人類通常會以更巧妙的方式維護自身的特殊性，例如會靜靜地破壞競爭對手。事實上，「特殊性」的這個前提，指導了我們最一般的行爲。如果你正想招計程車，發現旁邊也有人想招車，即使你知道對方是醫生，正要趕去救人，你還是會自然而然把手臂抬得更高，好讓自己趕在對方之前招到車子。

「外部無我經驗」這個開悟的元素，消解了你和世界之間的邊界，因此你和所有生命之間的利益會維持連續狀態。這要放棄天擇內建在我們身上的最基本戒律：我很特別，因爲我是我。而**這是**反叛。

但這是眞的嗎？開悟過程中所抗拒的天擇價值眞的是錯誤的嗎？是的，從某種意義上來說是錯的。思考當前形勢的荒謬：這個星球上，充滿許多人要把自身利益擺在幾乎其他所有人之前，但是不可能每個人都比其他人重要。因此，天擇價值體系的核心原則其實有內在矛盾。那麼，抗拒它，幾乎可說是讓你更接近眞相了。在外部無我經驗的例子中，反叛主宰我們的價值，似乎相當於日常意義上的開悟：它使我們朝向更眞實的世界觀。

至於內部的無我經驗呢？在內部經驗中，你不再「擁有」你的思緒和感受，並且也會抗拒天擇的價值觀。畢竟，我們大腦會有的各種思緒和感受，最初就是透過天擇來設計的，以照顧承載著我們基因的載體。因此，認定這些思緒和感受屬於自己，從而讓它們擁有我們，通常只是維護自我特殊性的另一種方式。

因此，當我試著招攬那輛計程車，並試著阻礙我旁邊那個比較不重要的人時，我就是「擁有」自己的欲望，想盡快坐進計程車，然後前往我特別重要行程的下一站。如果我放開那種感受，並停止認定它屬於我（也就是說，我朝著內部無我經驗邁出一步），我就是拒絕天擇的主張，拒絕認爲自己很特別。

天擇，接招吧！

對於前一章靜坐打鼾者的情況也是如此。一旦我認同了自己對他的厭惡，我就是遵守天擇的指示，認爲自己很特別（一定比那個在我靜坐時補眠的傢伙特別！）。當我不同意這些感受，我便經驗到一點無我，並蔑視了天擇的價值觀。

我不知道極致的無我經驗究竟是什麼樣子，但我有一種感覺，就是我的特殊感、我的特權，將接近消失點。而如果這種特殊感確實是錯的，是藉由天擇植入我們的錯覺。那麼，它有多麼接近這消失點，我就有多麼接近眞理。

空的真理

佛教所宣稱違反直覺的形而上眞理中，最著名的除了「無我」，就是「空」。兩者既是哲學理論，也是靜坐經驗。

如果你要求「佛教哲學家」捍衛空的觀念，他們就會談論萬物如何透過相互連結，以至於不能擁有獨立且自給自足的存在。如果你要「**我**」捍衛空的想法，我會採取不同策略：我會專注於空的經驗，而不是哲學理論，並申論這種經驗在某種意義上比我們對世界的一般經驗更有效、更眞實。

關於空的眞相論證，基本上與我剛爲無我眞相所做的論證是相同的。空的經驗就像無我經驗，蔑視並否認天擇的荒謬斷言，也就是否認我們每個人都比其他所有人更重要。但是在此處，這個論證的邏輯並不如在無我的例子中明顯。所以，就讓我們仔細探究它。

你可能還記得，所謂的空，大致上就是事物沒有本質。而本質的感知似乎是隱約圍繞著感受旋轉，任何事物的本質都是由它喚起的感受所塑造。當事物沒有喚起太多感受，當我們對事物的正常情感反應被削弱，我們會認爲這些事情是「空的」或「無形的」。至少，這是我的觀點，而這種觀點獲得心理學的支持，也獲得某些十分老練的靜坐者的證實。

因此，如果你想知道：「空是否比我們一般對世界的理解更接近眞理？」可能也會想了解：「是怎樣的感受會帶來這些一般的理解？是怎樣的感受會創造出本質感？那些油然而生的感受，是否應該成爲眞相的指南？」

能讀到這裡的讀者，應該都已經知道答案了。我們已經在書中各處（包括本章前面）碰觸過這個問題，而答案自始至終是：對實相而言，我們的感受在某種意義上並非是可靠的指導。因此，在某種程度上已經確定，如果我們對事物本質的直覺，確實來自我們對事物隱約的感受，那麼這個事實本身就應該激發我們去懷疑這種直覺。

但是從某種意義上來說，我們的感受應該比我到目前爲止所提及的更不可靠。這是頗爲宇宙論的意義，而要解釋清楚，則需回頭重新審視：感受一開始是爲了什麼而存在。但是，如果你現在無法以宇宙論的層次來思考開悟的意義，要到何時才可以？所以，讓我們回頭並重新審視吧！

感受在宇宙論背景下的意義

在生物出現知覺之初，當感受首次出現在生活世界之中，它們的任務，就是照顧生物，尤其是讓生物去接近有益的東西（如食物），並避開有害的東西（如毒素）。隨著生物越變越複雜，感受引發的行爲也越變越繁複，而不僅僅是單純的接近或避開，例如向那些對你不利的人大聲吼叫，以及恭維可能對你做出有益事情的人。

換另一種方式來說，從演化目的來看，感受是對環境中事物的隱含判斷，推測它們是對生物體有益還是有害，以及哪些行爲（接近、避開、尖叫還是奉承？）會對生物體有用。

正如第三章所闡述，這顯示感受有眞假之分：這些判斷是否準確？特別是在現代社會，這些感受有時並非分毫不差。我們目睹了路怒、焦慮，以及各種不符合典型二十一世紀人類利益的感受。

但請注意「符合……利益」這句話。以特定生物體的利益做爲判斷，是否就是準確的判準，就是接受天擇的基本參考架構？你，這個特定的生物體，是特殊的。你的利益才是最重要的利益，因此你的特定觀點（用來判斷與這些利益相關的一切），是評估世上事物善惡的恰當觀點。天擇所培養出的感受與知覺，是否就該從你的特定觀點（或是任何人的特定觀點）來評量？

在繼續往下談之前，我要保證的是，我不會要你開始忽視所有爲自己著想的感受。每個人都會花費一定的時間來照顧自己以及我們所愛的人，這樣做也是有道理的。我不會建議你，放棄過去基於你和自己所擁有事物的特殊性而做的所有事情。例如，你應該繼續吃東西，還有刷牙。（想想，要每個人去刷對方的牙齒有多麼尷尬！）你應該把生病的親戚帶到醫院，雖然這些親戚實際上並不比你鄰居的親人重要，但是人們會照顧那些住在同屋簷下的人，一定是此舉爲社會帶來了一定的功效。鼓動你去做這些事情的，是感受，而在這些情況下，我會說你可以相信自己的感受。

這當然包括傳遞本質感的感受。儘管如此，嚴格來說，這是一種爲自己著想的感受，讓你的家能擁有家的本質，而我想不到有什麼理由要與這種感受對抗。受到自己的家所吸引是很好的，比被吸引到隨機選取的家庭更舒適。一旦你在家裡，一定都會感受到狗、貓、兒子、女兒、配偶或伴侶的本質（除非，家庭內部的緊張關係，已經把其中一種本質從溫暖柔順的感受，轉變得冰冷尖銳）。在某種程度上，從你的角度看世界，對於社會功效甚至社會和諧而言都有好處。而且，當然還有能讓你感到簡單的愉悅。而這也是你處理日常事務時，頗能自我防衛的方式。

但是，如果你不是在處理你的日常事務，而是在問基本的形上學問題呢？如果你想問的是，當你試著去釐清這些感受在傳遞本質感時所培養出的知覺，是否在某種客觀意義上爲**眞**？我們應該從你的角度，還是從任何特定者的角度，提出這類問題呢？

愛因斯坦，以及開悟

愛因斯坦因爲問了類似的物理問題而聞名。

他承認我們對物理世界的直覺（例如物體移動速度有多快），能有效引領我們應對這個世界。畢竟，出於實際目的，重要的是**相對於我們**，東西移動得有多快。但是他說，如果你想要更深入了解物理學，你需要從自己的特定角度，甚至從任一個特定角度脫離出來，並且問：假設我不占據任何位置呢？這樣一來，既然我無法問東西相對於我移動得有多快，那麼質疑東西移動得有多快，確切意義爲何？這樣的問題引導他提出了相對論，並認識到 $E=mc^2$。（編注：亦稱爲質能轉換公式，探討能量與質量相互的關係）

好吧，既然這種探究問題的方式對愛因斯坦來說已經足夠，那對我來說也就綽綽有餘！一個問題能夠引導人類以前所未有的方式理解物質與能量之間的關係，會在啓蒙人類的歷史留下良好紀錄。因此，讓我們用類似的方式，來探問關於本質的問題：當我們放棄自己特定的視角（也就是感受在形成所感知事物的本質時，所要服務的視角），本質會發生什麼改變？

我認爲答案是：**本質消失了**。畢竟，沒有要服務的視角，就不會有感受。正如在第十一章提到心理學家羅伯特．札瓊克的解釋：「情感判斷總是跟自我有關。他們以被判斷的物體爲參照點，來認定判斷的狀態。」在沒有特定觀點的情況下（不根據你，也不根據其他人的觀點），情感判斷這整個想法（也就是感受）毫無意義。如果你眞正並完全採納愛因斯坦所採用的觀點，也就是你超越了自我（任何自我）的角度，並且不從任何特定角度來觀察事物，那麼本質就會隨著一開始所創造出的感受一起消失。

當我們這麼做，當我們超越了自我的視角，就會感覺自己也超越了整個物種的視角。畢竟，引導我們度日的基本思緒和感受（也就是那些旨在照顧我們的事物），從廣義上來說，就是我們物種的特徵。雖然在細看之下，我的屋子散發出「家的感覺」可能很獨特，但粗略來看，很多人對自己家的感覺都是一樣的。

但是，其他物種當然也有自己看待事物的觀點。如果我們要徹底遵循愛因斯坦的方法，並假設**沒有**任何一種觀點具備獲致眞理的特殊地位，那麼我們不僅要超越個體的視角，還要超越整個物種的視角。我們必須放棄這樣的假設，不再認定自己看事物的方式，本質上比其他動物更有效。

因此，例如：人類被灌輸對蛇的恐懼，等於判斷蛇是壞的、應該要避開。但是，同一條蛇對同物種成員所引發的欲望，卻意味蛇是好的，是可以交尾繁衍後代的東西。腐爛的肉讓我們感到厭惡，因爲接近它有可能會接觸到微小的寄生蟲；但是從微小寄生蟲的角度來看，腐爛的肉是理想的用餐環境。類似的例子不勝枚舉：惡臭、不流動的沼澤令人退避三舍，但如果你是蚊子或鱷魚，這沼澤會讓你趨之若鶩。小熊貓把母熊貓糞視爲美食，但我想我不敢領教。

✦

佛教徒在談論日常感知的虛幻性時，有一部分就是在講這種判斷的相對性。生活在公元七世紀的印度佛教學者月稱表示，人類眼中的水，在某種神的眼中可能像是甘露，而在餓鬼眼中則可能像膿或血，而且嘗起來也是這樣。（所謂餓鬼，我只能說是一種你絕對不會想轉世成的東西，其他我就不想多說了。）

如果月稱在達爾文出現後才開始寫作，他可能會這樣說：我們對好壞的整體觀念、對感受的整體景象（恐懼、欲望、愛，以及其他許多傳達給我們日常思緒與知覺的感受，不論有多顯著或有多隱約），是我們物種特定演化史的產物。

如果與犰狳發生性關係是我們祖先可以將自身基因帶入下一代的唯一途徑，我和你就會認爲犰狳很有吸引力。不僅僅是離奇得可愛，而是非常誘人。你可能無法克制自己去愛撫牠們。德州鄉間道路上的司機可能得時時警戒，且三不五時就緊急煞車，好跟犰狳來場即興的翻雲覆雨。而且，不用說，殺害無辜的犰狳會是最嚴重的道德罪過。

這讓我們很想摒棄這種演化假設，將之貶低爲毫無意義。當然，若水果對我們的物種來說有毒，而塵土中含有碳水化合物，那麼就不會有人愛吃甜，而節食最大的挑戰會是控制自己吃土的欲望。

但這又如何？我們一直都知道，有些東西（例如好吃或是性感的東西）是「主觀的」。所以，關於「什麼食物和伴侶是有吸引力的」這種問題，並不適合用來思考「某些認爲是眞的事物，是否確實爲眞」。沒有人會認定「可口可樂比百事可樂好喝」跟「四大於三」具有同樣意義。

但事實上，我對此並不那麼確定。我見過人們爭論著什麼是偉大的葡萄酒？什麼是偉大的藝術？彷彿他們確信自己眞的是對的，而另一個人是錯的。感受，就是這回事。當我們談論感受在塑造本質時所發揮的作用時，這一點尤其正確：感受可以如此隱約地做出判斷，以至於我們沒有意識到，正是這種感受在爲我們做判斷。所以，我們認爲判斷是客觀的。

當我看到一輛法拉利，並感受到「新奇、昂貴跑車的本質」時，我不會想著「但這只是某個特定物種的特定成員意見」，因爲這種感覺太隱約，甚至無法成爲正式的意見。更重要的是，當我在駕駛身上看到「愛現有錢人的本質」時，我可能也不會對這種判斷打折扣。因爲我的反思能力可能不足以意識到這是一種判斷，而感覺這更像是個簡單的事實。這就是本質感知的作用方式：它把判斷隱藏在本身就很微妙、平凡，甚至經常逃過意識監測的感受之下，再偷渡到我們的心智。而這些感受，即所感知本質的這些基本要素，天生就與特定的視角相關，也就是某個物種的視角，或者是（如上述的法拉利之例）同物種內某個體的視角。從愛因斯坦認爲最眞實的觀點（沒有特定視角的觀點）來看，感受甚至不存在，因此本質也不存在。

再次強調，我並不是鼓勵你放棄我們從演化資產中獲得的全部感受和思緒。如果你跟我一樣，把生存列爲你的優先事項，那麼你逃避蛇的傾向就是可以理解的。

不過，假設（只是個思想實驗）你的目標不是要盡可能活得久，而是盡可能看清事物；假設你想要以比其他物種都要寬廣的視角來看待這個星球上的生命，以及大體上的實相；假設你想從更客觀、更超越、更「眞實」的視角來看待它，那麼，你就不會想帶著任何物種的情感偏見，不帶著人類與生俱來的恐懼、厭惡和嫌惡，也不帶著公蛇對母蛇那種自然產生的欲望來看待蛇。你不會想從人類的角度，也不會想從蚊子的角度來看沼澤。你希望不要以自身物種（或任何其他物種）爲了把基因帶入下一代而演化出的感受，來看待實相。

像愛因斯坦一樣，你希望的是：不從特定視角出發的觀點。

宇宙的觀點

說到**「不從任何視角出發的觀點」**，就一定會想到哲學家湯瑪斯·內格爾，他還以此爲標題寫了一本書。這本書不是關於佛教，而是關於知的整體本質以及哲學的使命，其中包括道德哲學。例如，是否存在如此完整的客觀性，以至於你可以毫不偏私地處理與自身利益相關的道德問題？

這種道德客觀性的程度，將是獲得開悟的重要結果（有人會說是最重要的結果）。鑑於人類心智的天性，要完全了解佛教開悟的這種道德向度，唯一方法可能是去了解其他向度（也就是形而上的向度），才能從經驗上理解最著名的無我和空的眞理。也許要獲得不從任何角度出發的「道德觀點」，你需要先獲得不從任何角度出發的**「完整觀點」**。

不論是何種情況，不從任何角度出發的觀點，可能是描述開悟最簡潔有力的方式：不帶著以我爲中心，或以你爲中心的偏私觀點，而在某種意義上甚至不帶著特定的人類觀點，或任何其他物種的觀點。

這確實會是一種違背天擇權威的觀點，因爲天擇只在乎特定觀點。天擇就是創造了許許多多不同的觀點，而每個觀點基本上都是根據能打敗敵對觀點的原則所形成，而且沒有任一觀點天生就充分覺察這一事實，遑論覺察其荒謬性。佛教開悟則是超越所有這些觀點。

不從任何視角出發的觀點，也就是不偏私的觀點，不應該與漠不關心的觀點相混淆。我認爲，不從任何視角出發的觀點，可能（也應該）要關注所有人的福祉（而且，如果我們要忠於佛教教導、依循直接的道德邏輯，則需要關注衆生的幸福②）。關鍵在於，這關注是要均勻分配的，沒有人的福祉會比其他人都重要。

如果**「不從任何視角出發的觀點」**聽起來像是以過度否定的方式來描述這種仁慈的超越，不妨利用十九世紀道德哲學家亨利．西德奇維克所創造出的短語。他提到：「從宇宙的觀點（如果我可以這麼說）來談，任何個體的利益，並不比其他任何個體重要，這是不證自明的原則。」

無論你喜歡哪一種術語（不從任何視角出發的觀點，或是宇宙的觀點），結果都是一樣的：我們的一般觀點，也就是我們天性所賦予的觀點，是嚴重的誤導。

所以，我們的確可以認爲天擇有點像《駭客任務》中的那些機器人主宰，對我們施加普遍且具壓迫性的錯覺，但這樣的計畫是我們有權拒絕的。如果以這種方式看待事物，有助於你決心持續認眞地進行靜坐練習，那麼無論如何你都要這麼做。

與此同時，佛教的精神是對任何人或任何事物的妖魔化抱持懷疑態度，所以容我說一些關於天擇的事：天擇確實創造出有知覺的生命（有情衆生），而有知覺的生命可能是一件美妙的事。事實上，如果天擇沒有創造出知覺，那麼那些被認爲隸屬於眞正開悟的妙樂是不可能的；如果天擇沒有創造出知覺，當你在靜坐的道路上慢慢推進，幸福也就不會跟著逐漸增長。你甚至可以說，是知覺賦予了生命意義，讓生命成爲道德關注的問題。當然，如果周圍沒有任何有知覺的生命，佛教在道德上強調要尊重有知覺的生命就不具太大意義。

從這個意義來看，佛教和天擇似乎意見一致：有知覺的生命是件好事。但是，如果天擇確實給予有知覺的生命高度評價，那麼它就是以某種玩笑的方式呈現出來！畢竟，要創造出複雜的生命，會讓許多生物過早死亡（經由天擇判斷遺傳上較差的生物），這

② 就邏輯層面來看，「不從任何視角出發的觀點」（也就是認為沒有人的福祉比其他人更重要）可以相當直接導向「要關注所有人福祉的觀點」。畢竟，你只需再補充一個前提：人類的福祉優於人類的痛苦，而這是相當無可爭議的命題。就此而言，進一步把衆生都置於道德關懷之下並不難，因為在所有其他條件都相同的前提下，大家對於衆生的福祉優於衆生的痛苦一事並無太大分歧。

論還會造就大量的暴力和痛苦。這就是爲什麼自我的特殊性是如此強烈的直覺。對我們祖先來說，特殊的往往不是自己，就是另一個人。而基因說服他們，把另一個人看得和自己一樣重要，不會有什麼好結果。因此，只要生命是通過天擇創造出來的，無論你有什麼想法，特殊感以及伴隨而來的「自我」，都是有知覺的生命不可避免的特徵。

說實話：如果你不得不在「一個充滿自認特殊生物的行星」，和「一個如火星般貧瘠的星球」之間做選擇，你會選擇前者吧？我會。確實，貧瘠也可以是美麗的，但如果缺乏有知覺的生命，美麗就得不到欣賞，甚至在某種意義上就不曾存在。

但是，這是不幸的悖論：當特殊感實際上可能危及有知覺生命的長久繁衍，我們就來到人類歷史的交叉點。

我在第二章說過，我會放過大家，避免聆聽我要拯救地球的長篇大論，也就是關於部落主義心理如何威脅著人類，如何依循著宗教、民族、種族和意識形態來劃分人們。而我是個信守諾言的人。儘管如此，仍值得花幾段文字來傳達這一前景的宇宙背景，看看我們在整個生命歷史的背景下，站在什麼樣的十字路口。

生命簡史

四十億年來，地球上的生命組織型態一路攀升。一開始，只有裸露的、自我複製的訊息束。接著，它們把自己包裹在細胞裡，其中一些細胞中進一步聚在一起，形成多細胞生物。然後，其中一些生物體發育出複雜的大腦，其中又有一些聰明的生物體變得高度社會化。這種群居又聰明的生物是如此社會化和聰明，因而發起了第二種演化：文化演化，也就是思想、習俗和技術上的演化。這種演化將這個物種帶往越來越高度的社會組織：從狩獵採集村落，演化成古代國家，再到帝國等等。直至今日，我們正要踏入一個有凝聚力的全球社會。要強調生物和文化演化的自然產物是什麼，那就是還有一種新興的全球大腦：網絡，透過人類大腦創造出的網絡神經元而驅動。

如果你從外太空縮時觀看這一切，當數十億年被壓縮成數分鐘，這看起來可能像是正在觀察單一行星生物的生長和成熟。確實，該物種的生長在這種強大的發展邏輯推動下，生物的持續凝聚（也就是出現和平有序的全球文明）似乎是不可避免的。

但這並非無法避免，而這就是問題所在，不過這個過程背後的邏輯確實是強大的。

首先，天擇是如此善於發明創造，以至於一旦出現聰明到足以發動文化演化的物種，之後很可能就會一路發展下去。我們的物種隨後在社會組織上的擴展，也很可能會從狩獵採集村落一路擴展到地球村，因為文化演化就像生物演化一樣，背後有個強大的創造引擎。

至少，我在《非零年代：人類命運的邏輯》一書中所說的就是這種情況。我認為，自石器時代以來，人類社會組織的擴張就受到與其相依成長的技術所驅動。隨著時間推移，相距甚遠的人群也開始接觸，並且多方進行交易或以其他方式相互合作。今天，我們比以前更仰賴世界各地的人們，好維持我們所需的產品和服務。換句話說，世界各地的命運變得越來越相關。這就是相依性。

怪的是，實際上加強這種相關性的，是氣候變遷等全球性問題。這些問題對世界各地的人們都是不利的，因此解決方案對所有人都是有益的。在各種意義上，身處不同大陸的人都在同一艘船上，共同合作符合我們的共同利益。這還會有什麼問題？

好吧，如果你拉近距離觀察整件事，答案就有可能浮現。

這是我腦海中浮現的答案：一群人互相戰鬥。戰線有可能是種族、宗教、國家或是意識形態，但近年來，敵對狀態似乎同時在這些戰線不斷延長。更重要的是，似乎有一些危險的正向反饋：一方的敵對會在另一方產生更多敵對，而這又會在原來那方製造出更多敵對，依此類推。這種動力會長期助長螺旋式下降。即便我們不是生活在核武時代，不是生活在越來越致命也卻來越容易取得生物武器的時代，這種情況都令人擔憂——何況我們**確實**生活在這樣的時代。

更重要的是，我們所生活的時代，能讓身在各處卻擁有相同敵意的小群人，藉由資訊科技輕易找到彼此、凝聚在一起，然後合力展開暴力行動。因此，即使是散落各處的仇恨，其致命的能力仍在增加。

這些仇恨是由什麼導致的？在某種程度上，這始終是同一回事：人類的運作，受到以自身特殊性爲前提的大腦所影響。也就是說，人類在扭曲的現實影響下運作，這種影響以許多微妙的方式控制著我們，說服我們有權利以自己和我們的事物爲中心、相信自己本性爲善。而當我們偶爾做壞事，反映出的並不是「眞正的我」。至於他們，他們沒有權利以他們和自我事物爲中心，而且本性不是善的。當他們偶爾做好事，反映出的並不是「眞正的他們」。而扭曲的現實經常會放大（甚至徹底捏造）由他們和他們的事物所構成的威脅。

因此，此處出現兩個價值：

一、首先，我們的確需要拒絕自我特殊性的核心演化價值。事實上，當我們能拒絕，此時此刻可能是人類歷史上最重要的時刻。

二、但我們不想拒絕天擇在某個意義上的價值：創造並維持有知覺的生命是好的。令人高興的是，正念靜坐非常適合在為第二個價值效勞時，與第一個價值進行鬥爭。而我們獲得的獎賞是，這使我們更接近眞實。

你甚至可以在某種意義上將正念靜坐視為生命自然展開的一部分，並且也是共同演化現在進行式的一部分。也許，鑑於這個宇宙運作的限制，要讓擁有複雜意識的生命出現在這個星球，唯一方法就是在這個過程中自我提升、扭曲變形。也許，一旦形成全球級的社會組織，複雜意識的生命要在這個星球上生存繁衍的唯一途徑，就是讓自己不再扭曲變形，或者至少有部分不再曲解失眞。

我們可以感謝佛教，讓我們得以通往這不扭曲變形的實相。佛教並不是唯一值得獲得感謝的。從古代開始，許多宗教和哲學傳統中的思想家，在某種意義上也看到了這個問題，並提出了解決方法。這很好，因為這意味著當人類面對集體挑戰時，可以從許多傳統中汲取資源。

但我們應該承認，在這個問題上，佛教極具先見，且能如此敏銳、有系統地做出診斷，並提供如此全面的處方。現在，科學也證實並揭示了問題的根源就內建在我們身上，就在創造我們的天擇。幸運的是，天擇也爲我們提供了解決問題的工具，讓我們擁有可能超越當下處境的理性和反思能力。

誰知道，也許我們眞的能超越。

16 靜坐，以及看不見的秩序

二〇〇三年夏天，在我參加的第一次禪修營裡發生了許多美好的事情，以及一件不那麼美好的事情：有一首歌卡在我的腦海裡。當你處在寧靜的靜坐環境，因爲沒有太多的輸入資訊來取代，一首歌是可能長時間停駐腦海中的。而這首歌我並不特別喜歡。

這首歌叫做〈感覺就像第一次〉，由我大學時代爆紅的外國人合唱團演唱。副歌合唱著：「感覺就像第一次，就像從未有過／感覺就像第一次，就像我們打開了這扇門。」

這首歌從我參加禪修營不久之後就糾纏著我，而這也詭異地具有某種預言性。禪修營結束時，我確實感覺有扇門第一次被打開。

事實上，確實在某個特定時刻，眞的就像有扇門打開了，而我走進一個陌生的全新領域。這發生在我於第四章提到的那次如排山倒海而來、令人震顫的禪悅經歷裡，在那個蟲鳴鼓譟的夜間靜坐中。雖然我閉著眼，但是過程十分具有視覺性。我記得在某個特定時刻，我覺得自己跨過了一個門檻，踏進一個由橙光和紫光模糊構成的穴室。

在解釋我在那個穴室裡看到什麼之前，我需要再補充先前就提到的一些事情：我對於自己在禪修營期間無法成為好的靜坐者而自責不已。這實際上是某種長期模式的一部分。因為我一直擅長說服自己犯了錯，擅於為此懲罰自己，而有時也眞的因此厭惡自己。數十年來，人們一直告訴我，我不該如此。他們會說「別因此痛打自己」之類的話，而這種話總是會惹惱我。我的感覺一直是：你應該為自己做錯的事情而痛打自己，否則你可能繼續犯錯！而且老實說，世界上有多少人做了壞事卻不覺得需要自我懲罰，這不是個大問題嗎？

這也是我一開始就對這些老師感到困擾的一件事：他們經常堅持靜坐者不要太苛責自己。我也經常遇到人們認為「不要太苛責自己」是佛教核心教義，是遍及古代佛教文獻的訊息。但其實不是。這是佛陀的一段話：「諸比丘！以明為前，因生善法，隨生慚愧。（編注：出自《相應部》第四十五卷。表示在日常生活當中，所有的身業、語業、意業都不能脫離「明」，如此才可以保持慚愧之心，並且擁有正見。）」你必須要花費一番功夫，才能在現代美國找到鼓勵學生對自己感到羞恥的老師。

但我離題了。

我那晚的經歷並不全然是幻覺。當我踏入那個奇怪的視覺空間時，我並沒有失去與現實世界的連繫。我意識到自己坐在禪堂裡，而高度的專注使我的心智進入了一個前所未見的地方。而這是哪裡？我環顧四周才意識到，我的心智進入的地方，就是「我的心智」，或者至少是我的心智對「自我心智」的再現。

線索來自我所「看到」（但我想其實是「聽到」）的某個特定想法，這是每當我做了某些可說是愚蠢、無能、錯誤的事情之後，多次冒出來的想法：「你搞砸了。」實際上，「搞砸了」還是經過美化的用語。無論如何，我要說的是：我現在看到這個想法以前所未見的形式出現。

我從來沒有見過這種想法以任何形式現身。但它現在看起來（眞的是可以**看得到**），好像是我某部分的心智，把這個想法講給我另一部分的心智聽。甚至還有某種用來追蹤訊息的路線，像是圖表中指示溝通方向的箭頭那樣。我彷彿是以外部觀察者的身分，觀看了自己腦袋中的對話，看著訊息從發送者傳遞到接收者，儘管我認爲接收者在某種意義上就是我。

要用文字表達這種經驗的力量及其意義的光環，幾乎是不可能的。我覺得自己好像被引導到內在的聖殿，深刻的眞理在此得以揭露。

這種獲得啓示的感受，究竟有多少是由麻醉般的禪悅所撐托著，我不知道。但隨著經驗的展開，我也因被這種禪悅所包覆著，而感到越來越溫暖。但我認爲禪悅可以是威力強大的啓示強化劑。無論如何，不管神經化學物質爲我們的理解加入了什麼信念，讓我們確信自己已經看到了眞理，那晚的神經化學物質一定是無限量供應。

我看到了什麼眞理？當時重擊我的是，有史以來我第一次發現，「你搞砸了」這個標準想法似乎不是來自於我。這只是我腦中某個人在說話，而目前還不清楚他是否值得關注。無論如何，這個人到底是誰？

✦

現在，經過了十多年，我仔細思考了這個經驗並動手寫了這本書之後，我可能會回答：「他是我心智中的一個模組。」但當時我並沒有用這麼學術的方式在思考，那時學到的似乎是，往後在面對來自內在的批評者時，即使無法全然嗤之以鼻，至少也要保持某種臨界距離。我已經盡可能拒絕把自己痛打一頓的懇求，也盡可能減少其對我的損耗。但擁有一個不再自我折磨的未來，似乎有非常強大的吸引力。我不是愛哭的人，此刻卻哭了起來。我試著要靜靜地哭，結果卻嚎啕大哭。

沒過多久，愉悅的興奮之情取代了禪悅。我記得靜坐時間結束後自己有多麼沮喪。我看著人們安靜地魚貫走出大廳，卻無法與任何人分享我的重大體驗。這不僅是我征服了對自己的厭惡，我還感覺到過去只會帶來痛苦和掙扎的事情，現在對我來說容易多了。我已經達到一個高度的精神層面，尋獲某種靜坐技巧，可以讓我一次又一次前往那裡。要重建這種經驗很難，但我認為這種幸運的精神成就，就隱藏在我的眼淚之中。我所知道的是，這眼淚有部分是出於感恩，而大部分則來自獲得解脫。

從此以後我就過著幸福快樂的日子——才怪。在外國人合唱團那首歌中，「感覺就像第一次」後面接著的歌詞是「就像以後不會再有」。

確實，我此後再也沒有如此強大、震撼的靜坐經驗。我相信自己能夠不斷自由出入這個空間，編排個人的靈性復甦之旅，實在是天真幼稚的想法。而相信自己從此不再痛打自己，也是一派地天眞幼稚，儘管痛打的頻率和嚴重程度似乎有稍微降低。

我並不是說自己再也沒有在靜坐時進入強烈的禪悅狀態。有幾次在禪修營期間，我甚至能夠精確控制流入身體的禪悅之流，我能打開龍頭，或者如果我覺得需要調整自我的步調，也能把龍頭關閉一、兩分鐘之後再打開。

當然，我也不是說自己在麻州巴爾鎮那個夏夜的經歷，對我的生活沒有帶來任何改變。我只是要說，跟一般這類書籍不同的是：本書作者不會聲稱擁有某種能帶來持續轉變的單一戲劇性經驗。

澄明從家裡開始

這在在都提出了一個問題：爲什麼我仍持續進行靜坐？爲什麼我每天要花費三十到五十分鐘在這顯然不會讓我於短時間內就逼近開悟的練習？有幾個原因，我就從微小的開始說明：

一、發現眞相的關鍵時刻

想像一下冰箱發出的嗡嗡聲，這聲音聽起來很單調，對吧？但事實並非如此。我早晨靜坐時，如果我辦公室裡的桌上型冰箱開始嗡嗡作響，而我的心智也澄明得足以眞正專注於它，我就會發現嗡嗡聲至少由三種不同聲音所組成，每種聲音的強度和質地，都會隨著時間的推移而變化。這種關於世界的眞相通常是對我隱藏的，但是透過正念的基本練習便得以揭示。這是個**客觀眞相**，你絕對可以設置出聲音感應設備，把這三種聲音描繪成圖形上的不同線條。

這個眞相看似微不足道，也確實無足輕重。而且我必須承認，嚴格來說，能幫助我每天持續在墊子上靜坐的，也不只是這個經驗中的**眞相**本身，還有在經驗中的愉悅感。如果我的心智夠澄澈，可以分辨出冰箱嗡嗡聲的細微差異，那麼我就得以擺脫對日常勞務的關注，看到這個小巧三重奏的美，這個無限豐富圖案的美。而我所**感受**到的美，有時眞的是非常、非常賞心悅目。

但是，恕我直言，我不想在這裡淡化眞相的角度，也就是對冰箱嗡嗡聲的純粹清晰感知。因爲重要的是要認識到，即使完整且全然的開悟對我們大多數人來說是遙不可及，部分開悟仍是可能的。即使我們無法理解所有實相的眞相，並懷著這種理解來度過整個人生，我們仍可理解到實相的吉光片羽，並懷著這種理解度過日常生活的微小片段。關鍵在於：以嚴謹、有紀律的方式，把這些微小到幾乎無足輕重的眞相視爲固定基礎，能幫助我們看到更大、更重要的眞理。這讓我們來到第二件讓我持續靜坐生活的原因。

二、發現更重大眞相的關鍵時刻

如果我感到焦慮、恐懼或仇恨，而藉由靜坐，我得以僅僅**觀察**而不是參與這個感受，這就是關鍵時刻。畢竟，觀察這種感受，就牽涉到留意它停駐在身體的哪個位置，以及它以何種形式呈現，而那個位置和形式（有點像構成冰箱嗡嗡聲的三種獨立聲音）是客觀事實。假定有朝一日會有種身體掃描，把你各種感受的物理表現以三度空間展現出來，我很確定，畫出來的圖像會與我在觀察感受時的理解，具有大致相同的結構。

令人著迷的是，這種感受的客觀事實所伴隨的主觀經驗，究竟可以有多少變化？你越關注客觀事實（也就是感受本身及其在你身體內的例證），你可能就越不會覺得不悅。這不是件容易的事，卻是可行的。而且，這也支持佛陀所宣稱的「苦」，在某種意義上是可選擇的，而苦如果無法消除，至少也能減少，方法就是看清實相，看清它們是什麼，且僅只於此。

三、澄明的智慧

如果我在晨間靜坐時，已經清楚聽到冰箱嗡嗡聲的三個組成部分，或者如果我正在觀察自己的呼吸或某種感受，這意味著我的心智是平靜的。因爲如果它不平靜，我就無法如此清楚看到這些東西。但更重要的是，處於澄明的狀態有助於平靜心智。這是平靜心智的一個有趣特徵：如果生活中冒出某些問題，我很可能會用非比尋常的智慧來看待它。例如我突然看到草稿信件匣中有一封待寄郵件，我故意在信件中加了一句話隱約表達我的惱怒，因爲收件者就是個令人生氣的人。但加了這句話不會帶來任何益處，還可能導致一些壞處。

四、道德眞理的關鍵時刻

我修正了對於寄出這封電子郵件的觀點，部分原因或許來自我調整了對收件者的觀點。在心智不那麼平靜時，我只要一想到他，就會伴隨出現一股敵意。而確實，整個修正的關鍵可能在於我不再對那個人抱持敵意。突然之間，我願意接受這樣的假設，也就是我從他那裡收到的惱人郵件，並不能證明他是個混蛋。也許有一些環境因素，致使他在郵件中加入一些惱人的東西。也許我猜得出原因，也許不能，但無論如何，誰未曾因身處於某種環境而導致自己做出一些令人生厭的事呢？事實上，我不也差點就寄出一封令人生氣的電子郵件嗎？

五、及時干預

如果我在下午五點或六點出現不安、生氣、怨恨、喪氣或其他任何我不想要的感受，我可以在靜坐墊上觀察那種感受，接著情況就會好轉，屢試不爽。如果我在晚上醒來時焦慮不安，我可以躺在那裡思索著我的焦慮，情況也會好轉。雖不保證每次有效，但通常都會有幫助。有時候，我甚至可以表現出至少自己以前認為不可能的壯舉：坐在電腦前，盯著我正在寫的東西，去感受那股能讓我放下寫作去做其他事情的強烈衝動。我閉上眼睛，觀察這股衝動，直到它削弱，然後再繼續寫作。我之所以有辦法做到這些事，甚至是讓我有辦法銘記去做或不去做都是可選擇的，是因為我每天早上都會花一些時間靜坐。同樣的原因也讓我不再痛打自己：我坐在墊子上的時間越長，自我懲罰的爆發就越少。

開悟的滑坡

以上就是讓我持續靜坐的五個原因，儘管我並不真正冀望自此便一路通向開悟，但至少這是一種說法。另一種說法就是，我**正在**追求開悟，只不過我不把開悟視為一種狀態，而是一個過程。而且我也以同樣的方式來思考解脫，從苦獲得解脫。

遊戲不是為了要在某個遙遠的未來得到終極的解脫和開悟，而是在不必太遙遠的某日獲得一點解脫和一點開悟。像是今天！或者今天不行，那就明天！再不然後天也可以，或者看何時何日可行。最重要的是，儘管有時候倒退了幾步，但隨著時間的推移，前進會比後退來得多。

以這種方式思考開悟和解脫，有助於充分表達出眞相／眞理與自由之間的關係是多麼隱微。但這兩者的關係有個常見又不那麼容易察覺的概念是：當你在一瞬間看到了眞相，你就獲得了自由。聽起來很棒！而且節省了很多時間！但我不認爲眞相有那麼常讓你獲得自由。有時它是反向而行：自由讓你看到眞相。請記住，讓我看到關於冰箱嗡嗡聲以及郵件往來眞相的部分原因是，我的心智很平靜，並不受焦慮、憤怒，或是苦的任何其他主要來源的控制。

也許，最好的方式就是開悟和解脫相輔相成：你越是努力讓自己從痛苦中解脫，你就看得越清楚，也就更容易讓自己從痛苦中解脫，進而讓你擁有更加澄明的視界。

例如，假設你從一個中度的靜坐練習開始，每天進行二十分鐘的紓壓正念靜坐。主要是爲了幫助自己，而非假設這樣能獲得精神上的成就。但就算你不是以此看待正念靜坐，但能擺脫或是稍微放下壓力，也是一種解脫，更深具啓發性。畢竟，如果你不是因爲壓力、不是因爲你在趕時間，就不太可能會覺得結賬時排你前面還在櫃檯翻找信用卡的人是個混蛋。

每次進步一點點，每次在他人身上少看到一點點混蛋本質（畢竟他所做的其實也是你做過的），就是一點點開悟。

更重要的是，這一點點開悟可以帶來更多解脫，進而帶來更大的開悟。如果你在人們身上看到較少混蛋本質，從而減少漫無目的謾罵，更進而減少你生活中的壓力，也許這種效果會讓你感到滿意、感到解脫，而鼓舞你每天靜坐的時間從二十分鐘進展到二十五分鐘。而這又會讓你從更多壓力之中解脫，進一步澄清你對其他人的看法。現在，你不僅能容忍那些在翻找信用卡的人，而且還能容忍他們翻找之後把信用卡撒了一地。恭喜！

靜坐時間不須很久，你就能明顯發現紓壓在實際上比聽起來更有趣。這並不是讓你在結束時感到更放鬆，而是當你以正念觀察著你的焦慮、你的恐懼、你的仇恨或其他感受時，在某個時刻你會發現，這些感受並不屬於你。

你可以留意這些經驗有多麼深刻（或至少是漸進變得深刻）。要在翻找信用卡的人身上少看到一點混蛋本質，就是要去體驗些許的空。要看到你的焦慮或恐懼並不屬於你的一部分，就是要去體驗一點點無我。空和無我，是佛教哲學中最神祕、聽起來最瘋狂，也最基本的兩個觀點。你每天爲了紓壓和理解而靜坐，現在這些都在這裡了，至少在某種程度上是如此。

✦

我不想把整件事說得很容易。雖然漸進開悟和漸進解脫可以互相協助來集結動力，但這兩者並不能自動地維持自身。開悟和解脫的過程會遇到障礙，可能會令人沮喪，而靜坐也可能是痛苦的事。好消息是，如果你堅持下去，如果你沒有從焦慮或悲傷中退縮，反而以正念觀察它們；如果你不因無盡的無聊而放棄晨間靜坐，反而以正念觀察它（怪的是，正念觀察無聊可能比觀察焦慮或悲傷還難），那麼你就能從靜坐的痛苦中獲益。我永遠不會忘記在我第一次禪修營時，娜拉央說的話：「無聊也可以很有趣。」這是眞的，不過，要看到這個眞相，首先得花一些時間來吸收另一個眞相：「無聊可能眞的很無聊！」並在面對這個眞相時堅持下去。

也許，藉由靜坐持續獲得進展的最大障礙是時間有限。如果你身兼重任：有工作要做、有孩子要養、有課要上等等，不可能每天投入大量時間靜坐。而且，根據我自己的經驗，一天三十分鐘和一天五十分鐘的差別很大。根據和我聊過的人所說，一天三十分鐘和一天九十分鐘的差別更大。但即使只有二十分鐘，你的練習也能具有某種深度，尤其如果你牢記佛教靜坐哲學的基本功課：每天所獲得的那些短暫眞相片刻（至少是你在順利**體驗**到眞相的片刻），都是更大眞相的一小部分，也就是關於實相的本性、關於由我們強加在實相的預設知覺之上的扭曲，甚至是幻想的一小部分。

當然，如果你獲得開悟並傾注畢生時間去感受這個巨大的眞相，會是件很棒的事。但即使你無法辦到，即使得花費一番功夫才能把這個眞理斷斷續續記在心裡，這樣的眞相仍可能具有引導性。

以澄明拯救世界

好吧，如果那些不靜坐的人問：爲什麼要靜坐？這就是我的論點。我會談論很多關於眞相的微小片刻，以及孕育、澆灌那些時刻，如何能讓一個人變得更快樂、更好。

但這並不是我希望更多人加入靜坐的眞正原因。我之所以想寫這本書，不僅僅是期望這些眞相的吉光片羽能撒入讀者的生活之中，甚至也不僅是去傳達出這些片刻所指向的更遠大「引導性眞理」。

我寫這本書的動機，是出於經驗那個「關鍵時刻」，那個唯一的、單數型的時刻。

根據《韋伯字典》，所謂的「關鍵時刻」就是「關乎一切的緊要關頭」，把這個詞用在我前一章所描述的種族、宗教、國族和意識形態衝突等全球性困境上，並不會太過分。這些問題可以自我餵養、壯大，創造出一股不斷增長的仇恨螺旋，進而導致眞正的災難。

認為靜坐有助於拯救世界，很容易就被視爲是無效又無望的天眞。因此，請容我強調，這裡的想法不是要激發全球性的慈愛浪潮。如果能發生當然很好，但我不認爲這在短期內就能發生，而且我也不認爲這是拯救世界所需要的。

我認爲，培養平靜、清晰的心智及其所容許的智慧，可以確保世界獲得拯救。一方面，這樣的心智可以阻止我們對威脅反應過度，從而避免加劇衝突的惡性循環。平靜、清晰的心智也有助我們清醒評估是什麼激發了威脅，從而釐清衝突的因果，例如，是什麼事情鼓動或阻止人們加入或支持暴力事業。我們不必愛自己的敵人，但是清晰看待敵人是至關重要的。而佛教哲學和現代心理學的一個教訓是，要做到這點，就得減少恐懼和厭惡，還要超越更微妙的感知與認知扭曲，而這些曲解通常是基於更微妙的感受。

這種清晰的視界不必突然間全面覆蓋這個世界。即使平靜和智慧如孤立的小島，也可以帶來改變，繼而以此擴張到整片海洋。當個人朝著開悟推進，全球也就能漸進地朝著開悟而前進，並在託付中獲得自身的動力。

也就是說，我認爲整體的開悟會逐漸大量增加。事實上，從長遠來看，我認爲人類意識的革命必將發生。我不確定該如何命名這個革命，也許可稱爲「後設認知革命」，因爲這將牽涉到與心智運作保持某種距離、更加意識到心智的運作方式。但我認爲將會出現某些戲劇性發展，以至於未來史學家——假設眞有未來史學家——會爲這個轉變而確實標誌它。但如果沒有，無論如何，這或許就意味著沒有出現成功的轉變可茲標誌！

✦

我在本書開頭就把自己視爲一隻實驗鼠。因爲我特別無法平靜和專注，如果我能從靜坐中獲得很多好處，那麼所有人也都可以。實驗結果是：我獲益良多，因此大概所有人也都可以從靜坐中受益。

但那些並非全部的結果。

我最初的問題不僅僅是自己能否從靜坐中獲得足夠的益處，讓我願意每天都回到墊子上靜坐，甚至能在某種程度上澄清自己的日常道德觀。我還問過，我是否能夠處理特定的道德挑戰，也就是激發我書寫此書的主要動機：克服或至少瓦解部落主義心理學。正如我所指出的，在這個向度上，我是具備指標性意義的實驗鼠，因爲（帶著我應有的謙卑）我是如此強而有力地展演了這個問題。

在某種程度上來說，我會表現地如此部落主義是件奇怪的事。因爲種族、宗教、國族等會引發強烈且危險的部落忠誠情懷，這些我都沒有。也許這就是爲什麼我把這麼多情感能量投入由意見所定義的部落邊界，爲什麼我會強烈認同那些贊成我的人，又能夠思考那些不同意之人所說的不中聽話語。當分歧的意見是關於意識形態、關於應該或不應該採用某些政策時，這種部落主義仇恨甚至會飆漲至兩、三倍。

這是個令人難堪的諷刺：那些因支持「某些會引起部落主義仇恨政策」的人，是最能在我身上引起部落主義仇恨的。舉個例子來說，我認爲過去幾十年來美國軍隊大多數的干預都是錯誤的。這都是對威脅反應過度，從而加劇了這些威脅，而那些最強烈支持這些干預政策的人，都讓我瘋狂。而我希望他們繼續讓我發狂。因爲我不想在前往涅槃的道路上走得太遠，以至於完全喪失了戰鬥精神。如果全然開悟意味著要放棄任何價值判斷，也放棄推動變革，那麼我寧可不要開悟。

但請相信我，在這條開悟的道路上，要抵達這樣的境界並不是迫在眉睫的危機。

眞正的問題在於，我在這條道路上是否能走得夠遠，引導我明智且誠實地與這些人進行意識形態的戰鬥。而這反過來意味著，我要比以往更客觀且更有雅量地看待他們。我認爲，靜坐在最低限度上有助於我更接近這個目標。但這是一場掙扎。當我勸告人們要克服那滋養部落主義的認知偏見，來進一步推動後設認知革命時，我無法做爲具有說服力的榜樣。

我所沒有的，是循序漸進的革命計畫。但我的重點更爲抽象：如果生命經過數十億年來的努力，終於走到全球性心智社群的邊緣，而我們卻因這些心智固有的扭曲讓整個社群分崩離析，那將會是場悲劇。倘若我們已知這些扭曲是科學確立的事實，也有辦法糾正——其中一個方法就是靜坐練習（且不限於此），卻仍任憑這件事發生，那就更加是個悲劇。

我眞正要說的是：拯救地球的方法，就在你面前。

說到拯救

說到拯救。我想自己之所以在禪修營大哭，是遺漏了一個可能相關的東西。

我從小是在美南浸信會虔誠長大的。為了思考人類如何成為現在的樣子，我比較了天擇理論和《聖經．創世記》，於是在青少年時期開始離開這份信仰。我從來沒有渴望再尋找其他事物來取代自己的基督教信仰，但失去這份信仰有可能使我內心留下了某個空缺，導致我對靈性相關問題一直很有興趣。

在巴爾鎮那個夏夜，也許我不僅僅覺得自己登上了山頂，也許我覺得自己打從十幾歲起就離開了那座山，離開了我原生的靈性部落。不管是什麼情況，我都不認為自己在那晚獲得了拯救，這樣說是誇大其詞。這就跟我在九歲或十歲那年，驅使我在牧師的邀請下，走到教堂前面，並接受耶穌為我的救主時的感受一樣強大。

我離開基督教的過程，並不像有些人那樣苦澀。我從不覺得這份信仰傷害了我。若要說有什麼傷害，我猜想從小在上帝無時無刻的嚴密看管下，有可能讓我格外敏銳，甚至痛苦地關注自身的缺點。確實，也許我內心殘存的一點罪惡感，就是驅使我開始全面探索佛教靜坐的原因，而也許這就是我在那個夏夜明顯感到獲得拯救的原因。佛教和基督教都說：我們在出生時便繼承了某種道德混亂，而遊戲的目標就是驅散它。

無論如何，我從未覺得自己的基督教信仰時期，是種殘酷專制的洗腦。我仍然喜歡浸信會的讚美詩，特別是〈最真實的我〉，這首詩經常在禮拜尾聲時輕聲頌唱，搭配著牧師邀請人們到臺前。這首詩的訊息基本上就是：雖然你一點都不完美，但你值得拯救。

這是我對主日學最鮮活的美好回憶，頌唱著：「耶穌喜愛小孩，世上所有的小孩，不論紅黃黑白棕，都是耶穌的寶貝，耶穌喜愛世上所有的小孩。」也許我是選擇性地記憶基督教倫理中較具啓發性的部分，但在某方面來說，從耶穌過渡到佛陀似乎是很自然的轉變。

我心智大開的那個夏夜，就是在內觀禪修學會，這個經驗恰好接上了這場轉變。禪修學會所在的紅磚建築一直是天主教修士受訓時的宿舍，其後才被葛斯丁、薩爾茲堡和孔菲爾德收購。當你從衣帽間走向禪堂，走道兩側的彩色玻璃上就有耶穌圖像，其中一幅是他在最後的晚餐，還有一幅則是全神貫注地祈禱，應該就是在受難前夜。每當我走進去（現在我已經走過不下數百次），我都會注視著耶穌的圖像。這些圖像總是能給我一些激勵。這是相合的，因爲耶穌說我們對這個世界的看法是扭曲的，我們應該努力改正自身的盲點，而不是抱怨別人的盲點：「你這假冒爲善的人，先去掉自己眼中的梁木，然後才能看得清楚，去掉你弟兄眼中的刺。」阿們。

我不稱自己爲佛教徒，因爲傳統的佛教有許多面向，有信仰的面向、儀式的面向，而這些我都沒有採納。我不相信輪迴或與業有關的觀念，我不會在進入禪堂時對佛陀像鞠躬，更不會向祂或其他佛教神明祈禱。在我看來，自稱為佛教徒，對亞洲和其他地方的許多佛教徒來說幾乎是不尊重的。是他們繼承並維持比宗教豐富而美麗的傳統。

儘管如此，特別是考慮到我個人的過去，追問「我的靜坐練習及其哲學是否可稱為宗教信仰」這個問題，其實是公允的。佛教為我所做的，是否就像基督教為我父母所做的那樣？（儘管我已經拋棄了佛教的超自然部分，並且確實選擇性地保留了自然主義的部分。）

「世俗」佛教是一種宗教嗎？

如果你認為答案是肯定的，並希望提出充分的理由，那麼你可以求助於美國哲學家威廉．詹姆斯。他在一個多世紀之前，就嘗試藉由《宗教經驗之種種》一書來尋找一種框架，來涵蓋所有我們稱為宗教的經驗形式，包含東方宗教和西方宗教。詹姆斯說，從最廣泛的意義上而言，宗教可以被認定為「相信有一種看不見的秩序，而我們的至善就在於和諧地調整自己」。

我認爲，即使是自然主義的「世俗」佛教，也會提出一種「看不見的秩序」。迎著開悟的曙光，實相似乎全被切碎，結果揭露出背後潛在的連續性，一種相互連結的基底。有些人稱之爲「空」，有些人稱之爲「一」。但所有人都同意，實相看起來並沒有原先以爲的那麼支離破碎。

而詹姆斯所謂的「至善」，的確在於讓自己和諧地適應這種通常看不見的秩序，無論你是否認爲這種至善是我們最深的幸福或美德。當然，對自己進行這種調整，有一部分意味著不把自己視爲原先以爲的那麼具有實質，或至少不是那麼顯著的實質。確實，自我的瀰散，以及自我邊界的可滲透性，是「看不見的秩序」的一部分，這是我們內部與外部之間新感知到的連續性。

佛教教義也提出了第二種看不見的秩序。請記住，佛教的一個基本前提是，看到形而上的眞相，在某種意義上就相當於看到道德眞理（也就是以其眞實的樣子來看待事物的內外，也因此看到事物內外之間的連續性，這也就是表示自身福祉與他人福祉在道德上是等價的）。換句話說，形而上的眞相與道德眞理的結構是一致的。這是一種秩序，如果我們不實踐能使秩序浮現的規則，那麼，這個秩序仍然是看不見的。

我們不應視這種看不見的秩序爲理所當然。

你可以想像一個形而上的眞相與道德結構不一致的宇宙。在這個宇宙中，你對待其他生物的方式不會受到形而上眞相所影響，或甚至會讓你對其他生物更不仁慈。但是根據佛教（甚至是西方佛教，較爲世俗的佛教形式有時被認爲不夠虔誠），因爲我們生活的宇宙，認爲了解形而上眞相有助於你看到道德眞理。開悟本身便與自然是種統一。

這種結構上的一致性還有第三方：我們的福祉。幸福（消除或至少減輕痛苦、不滿足、苦）往往與看到形而上眞相以及回應隨之而來的道德眞理是相符的。這也是種一致，可能是我們宇宙未必要擁有的一致性。

當你想到世界會以這樣的方式建立起來，會感到多麼驚奇：你爲了減輕受苦而踏上這條道路，而如果你勤勉地追求，這條道路不僅會讓你變得更快樂，而且會讓你更清楚看到形而上的眞相與道德實相。這就是佛教的主張，並且有大量證據支持著。

形而上眞相、道德眞理以及幸福，這三個部分的一致性，體現在佛教實踐核心當中：佛法（dharma）。這個古老的詞彙豐富而含糊，最常被定義爲「佛陀的教導」。

目前爲止，這個定義都是正確的，但這也指佛陀教導所**傳達**的核心眞理。因此，佛法指的是超越我們幻想的實相，在此所指的就是這些幻想如何導致人們受苦的這個實相。佛法表明了所有這些對我們行爲的影響。換句話說，佛法既是關於事物的眞相，也是關於在這樣的眞相之下，如何行爲表現才是合理的。它是對病症的描述，也是處方，既是眞相也是道路。

而且因爲佛陀的處方不僅是爲了解脫痛苦，也是爲了正確的行爲，因此佛法一詞還特別包括了道德意義。實際上，佛法可被認爲是物理宇宙所遵循的自然定律，同時還有我們努力遵守的道德定律。

使用單一詞彙來表示這一切，本身就證明了：根據佛教，這樣的秩序通常是隱藏的。但正如詹姆斯所說，當我們勤勉努力讓自己適應這個秩序，這個秩序就會變得更加顯著。

爲了避免上述這些聽起來過於抽象、過於哲學，我可以試著用更實際的方式，來回答這個常見的問題：靜坐會讓我更快樂嗎？如果會，會有多快樂？

好吧，就我而言（而且你要記得，我是個特別難搞的案例），答案是肯定的，靜坐讓我更開心。這很好，因爲我喜歡幸福，特別是我自己的幸福。與此同時，我在對人們提出爲什麼要靜坐的論點時，所說的無關乎幸福的數量，而是關於幸福的質量。總的來說，比起過去的幸福，我現在的幸福涉及了更眞實的世界觀。我認爲，建立在眞相上所獲得的幸福，勝過未建立在眞相上的幸福，不僅是因爲建立在眞相上的事物更牢靠，也是因爲依照這個眞理行事，意味著你更能善待你的同類。

這就是爲什麼我會說，內觀禪修可能爲你生活增添的任何快樂，都特別値得爲之努力：因爲這些增添的是**有效的幸福**，而這種幸福是建立在多面向的澄明，是以更眞實的觀點看待世界、看待他人、看待自己。而且我相信，這也更接近道德眞理。深植在佛法一詞中的，正是幸福、眞理和善的匯流，而我也認爲，這也使自然主義佛教符合威廉・詹姆斯的宗教概念。

如果這股匯流還能再添加一個元素，也就是如果佛法獲得的廣泛關注，可以拯救世界，那這眞是莫大的獎勵。

眞理與美

某天傍晚，我在禪修營的戶外步行沉思著。走著走著，我抬頭看了地平線，發現太陽下山了。天空只剩下粉紅和紫色餘暉，被光禿的冬季樹木肅穆地框著。

我當時正處於中度鬱悶的狀態，一直在思索著一些個人問題。而現在，我感受到一股明顯的憂鬱之浪。過去看到冬陽餘暉時，有時就會出現這樣的症狀。因爲我人正在禪修營，每天也花了許多時間來觀察自己的感受，因此我幾乎是反射性地立即檢視了我的憂鬱情緒。這份感受瞬間耗盡我的力量，但並沒有立即消失。現在，它看起來只是個物理性的波浪，不好也不壞，慢慢地穿過我身體。

隨著憂鬱成了中立事物，地平線的景色也呈現出不同的樣貌：美極了！它已經從悲傷的映射，變成快樂，甚至是敬畏的源泉。

我並不太懂這種美（以及我因靜坐練習而得以更深刻欣賞的其他美）。我的意思是，如果靜坐可以讓你與自己的感受保持一定的距離，並減少它們對你的控制。那麼，原則上對好的感受和壞的感受，豈不應都帶來同樣作用？你的感受最後豈不應多少都是中立的？也就是說，或多或少都成了無感？然而，靜坐的作用方式似乎會強化某些感受，而且最首要的就是美的感覺。

我有時會認爲，就是這種增強的美感，使得「空」具備一種諷刺的道德力量。你可能會認爲，一旦你在人們身上看到越少本質，也就是對他們的感知越不帶好壞判斷，你就越不會對他們產生任何感受，包括同情。但是，如果我們自然傾向於認爲事物和人都是美的，那麼這種傾向可能會轉化爲對他們福祉的關注。至少，這是一個理論，解釋爲什麼靜坐能使人們更具同情心。

無論如何，對於靜坐練習似乎會自然增強我們對美的感受，我仍感到困惑。我想其中一個解釋是，在沒有眞正意識到的情況下，你會用正念靜坐來過濾自己的感受。比起對於美的愉快感受，你會更努力去和不愉快的感受保持距離。但是，對於美的感受並不像那樣，這也是美所値得的對待。當我們不再把心神貫注在自我，這**感覺**上更像是心智自然放鬆而陷入的東西。

我很想念誦約翰．濟慈的著名詩句：「美即是眞，眞即是美。」也許當你更清楚、更眞實地看待這個世界時，你享有的就不僅是解脫，還有對世界眞實之美更直接、更連續的感知。另一方面，世界具有眞實之美、**固有之美**的想法，似乎與佛教強調我們會對世界施加意義的傾向不一致。這當然也與演化心理學的觀點不同。因爲演化心理學認爲，我們對知覺所發配的感受，確實是由大腦所負責，目的是要以特定的方式來感受特定事物，而如此設計的唯一基礎，就是這些事物與生物在傳遞基因上的利益關連。

另一種可能性是：對宇宙的某種喜好，是意識的某種預設狀態。當意識沒有參與這與生俱來以扭曲來運作自我的工作時，它就會回歸到這種狀態。但在這裡，我們勇於超越心理學，進入「意識是什麼」的哲學問題。而我對這個問題的一般看法是：這難倒我了。

我們出生的世界，有很多東西令人討厭。正如佛陀所指：在這個世界裡，我們看事情和存在的自然方式，使我們遭受痛苦、也帶給別人痛苦。而且，正如我們現在所知，這個世界必然如此，因爲地球上的生命是由天擇所創造。儘管如此，這也可能是形而上的眞相、道德眞理以及幸福可以一致的世界。而當你開始意識到這種一致性，世界會顯得越發美麗。如果是這樣，這個深埋在天擇底下的隱藏秩序，著實令人驚歎。而我對此也越發感激。

深入了解……

「我不想在前往涅槃的道路上走得太遠，以至於完全喪失了戰鬥精神。如果全然開悟意味著要放棄任何價值判斷，也放棄推動變革，那麼我寧可不要開悟。」

我在此處提出對開悟的想法，並不是我的原創。佛教學者長期以來就在思考著：佛教實踐的最高峰，是否有可能就是虛無的極端形式，也就是拒絕把任何價值歸於任何事物之上。

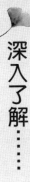

畢竟，靜坐教學中常見的戒律就是你不應該做出論斷：你不應該論斷感受的好壞、聲音的好壞、景象的好壞。那麼，如果你在不做論斷一事上不斷精進，最後不就完全不對任何事進行任何論斷嗎？甚至不去論斷對錯？那麼你是否也毫無動力去扭正通常認為是錯誤的事情？

另一種看待問題的方法，就是透過佛教強調的平靜。佛教修行的目的之一是讓你保持穩定的幸福感，無論你的客觀處境為何，能讓你即使身處暴風雨中，也仍是座平靜的島嶼。

然而，要達到這個境地，難道不會需要你對島嶼以外的所有事情保持冷漠，包括真正糟糕的事情嗎？如果你不那麼冷靜，難道你不會因為心境受到攪擾而想要做些什麼事情嗎？只要稍微放大這個邏輯：佛教保持平靜、維持內心安定和幸福感的方法，會要你去超越厭惡不愉悅事物、渴望愉悅事物的天性。那麼，如果你成功達成這項任務，從某種意義上來說，你不就成了沒有偏好的人嗎？

又，偏好難道不是價值體系中最重要的部分嗎？如果你沒有偏好公正的世界，你就不會努力讓世界變得更公正。確實，如此你也無法分辨出人們口中公正和不公正之間的重要差別。而且，就此而言，為什麼你會有同情和愛的感受？這難道不是一種偏好？不是因為你偏好讓某些事情發生在你感到同情或愛的人身上？

這聽起來像是來自佛教思想的假設和極端推斷，但這與某些受敬重的佛教思想家的相關看法相差不遠。有一首詩，一般認定是第六世紀中國僧侶禪宗三祖僧璨所寫。這首詩開頭是這樣說的：

至道無難，唯嫌揀擇；但莫憎愛，洞然明白。

毫釐有差，天地懸隔；欲得現前，莫存順逆。

這首詩是在特定的社會與知識背景下做出的宣言，是對佛教的某種解釋，以及對當時流行的其他解釋做論證。儘管如此，這段文字可說是直接從佛教核心思想推斷而來。這就是為何「虛無主義問題」，長期以來被認為是佛教的嚴重問題。

我對這個問題沒什麼新的見解，但我願意試著去釐清問題在哪裡。正如我所看到的，虛無主義的問題並**不是**我在第十二章所提到的問題，也就是有人會憑藉著靜坐所帶來的平靜和澄明，更有效地剝削他人。畢竟，想要剝削他人就要有所偏好，認定某些事物具有某些價值，並且可以透過剝削來獲得。我在第十二章所提到的「上東城獵豔禪師」，就喜愛與眾多女性發生性關係，他也賦予性滿足高度價值。而在最廣泛的意義上，這都不是虛無主義。虛無主義指的是任何事情都不重要，這個世界毫無意義，沒有目標值得追求。

獵豔禪師絕對相信有值得追求的目標。換句話說，他並未遵照禪宗三祖的建議，他走得不夠遠、未獲開悟。我會這麼說，並不僅是因為放棄這種色欲的「羈絆」有時會被列為開悟的先決條件，也因為從最嚴格的意義上說，開悟是完全拋棄一般的渴望，而色欲是渴望的一種形式。如果你達到禪宗三祖所談論的境界，來到不事揀擇、沒有偏好的境地，那麼你已經徹底勝過了渴望，不會做出獵艷禪師那樣的事情。

可以肯定的是，要說獵艷禪師看似是名虛無主義者，就是因為他似乎缺乏我們大多數人所認定的道德價值，因此可以不受羈絆地去追求他個人的價值。在我看來，這不是「虛無主義問題」，而是從佛教哲學的實際邏輯合理衍生而出的部分。佛教哲學合理衍生而出的虛無主義問題，就是毫無價值觀可言。你只要坐在那裡，不帶著改變事情的任何欲望，沒有實現社會正義的欲望，也沒有發生性關係的欲望。

就實際層面來說，我們無須為那些受佛教思想和實踐引導，而成為虛無主義的人擔心。一個原因是，儘管他們無法解決問題，但至少不會製造問題。他們可能沒有特定的道德價值觀，但根據定義，他們失去了所有自私的欲望，所以不會四處剝削他人並造成嚴重破壞。

我們不需要太擔心的另一個原因則是，這樣的人並不多。你有認識什麼真正獲得開悟的人嗎？我花了好幾年的時間尋找那些十分老練的靜坐者，並與他們交談，但我不確定其中是否真有開悟者。至少，我不確定自己是否知道任何嚴格意義上的開悟者，也就是能克服所有渴望和厭惡的開悟者，這樣的人是在最廣泛的意義上體現了虛無主義的問題。

此外，當我們談論虛無主義的問題，談論的是那些已經獲得開悟的人——不僅僅是嚴格意義上的開悟，還有可能會稱為狹義的開悟。要完全體現佛法，就要吸收佛教的道德價值觀，並培養憐憫之心。事實上，在佛教的世界中，開悟的理想體現就是「菩薩」，這是用來稱呼致力於幫助他人的人。

總而言之，我認為需要擔心的只有兩種人。

首先，當然就是像獵豔禪師這樣的人。這些人使用靜坐的強大能力讓自己得以超越，以更有效地操縱他人、達到自私目的。但這個問題不是因為在佛教的道路上走得太遠，而是因為走得不夠遠，來自於他沒有成為好的佛教徒。

其次，有些人在佛教道路上已經走得夠遠，也變得更快樂，比以往更加平靜，而這種平靜也確實削弱了他們讓世界變得更美好的熱情。這些人通常不是問題的一部分，因為，在大多數情況下，他們的自私也或多或少被削減。從某種意義上來說，他們是解決方案的一部分，因為在他們的人際互動中，他們往往比尚未遵循佛教之道時更善良、更溫和。儘管如此，他們並沒有發揮應有的解決能力。

我希望他們能在解決方案中扮演更重要的角色。我希望將來會看到更多人誠心遵循佛教的道路，並且是深刻的行動主義者。雖然，還有比在解決方案中扮演更重要的角色還要糟糕的事情，但如果你對世界上任何一個人所能做出的最強烈控訴，就是他們無法在解決方案中扮演更重要的角色，那麼我們的問題其實小多了。

總而言之，我要說的是，從抽象邏輯和假設意義上來說，虛無主義的問題是佛教的嚴重問題，但在實際意義上，這也根本不是個問題。

〈附錄一〉佛教眞理列表

在寫這本書時，我意識到這本書確實將會有效地爭論構成我所認爲的佛教核心思想（或者至少是「自然主義」佛教的核心思想，也就是「西方佛教」主要的關注面向），所以我戒慎恐懼地選擇探討佛教爲什麼是眞的。

爲了向自己確保這個方向確實無誤，我開始列出這本書所捍衛的特定佛教思想。我認爲這個列表對讀者可能也會有用，因此我提供列表如下。這是本書論證的綱要總結，以及相關章節的提要。

我列出的所有「眞理」並不都是佛教**教義**。有些更像是**精要**，是佛教思想的明確涵義。但我要說的是，所有這些都從現代科學中得到了大量證據，包括現代神經科學和心理學，尤其是演化心理學，即研究天擇如何塑造人類心智。

談到現代科學的大量證據：嚴格來說，重要的是要理解，科學所能提供的也僅止於此。那些**證實**爲眞的科學理論，並非數學意義上的眞。（編注：邏輯實證論者將科學分類爲經驗的形而上知識，數學則爲形式的形而上知識，而且在「核證的脈絡」中，數學依據假設進行演繹過程，而非透過觀察、實驗等經驗手段。）可以肯定的是，出於實用目的，我們認定有些理論十分值得信賴，因此將這些理論視爲已被證明爲眞。例如，我認爲天擇理論的眞實可能性遠高於九九．九九％，而這對我來說已經足夠了。但是，一些可信度遠低於此的理論，仍然主導了這個領域。

問題的關鍵在於，當我們隨口說某個科學理論爲「眞」，嚴格來說，我們的意思是它擁有對自己有利的大量證據，並且尚未遇到與它不相容的確鑿證據。這就是本書指稱佛教核心觀念爲「眞」的意義。這些觀念從現有證據中得到了證實——在某些情況下獲得了壓倒性的證實，某些情況則是大量但尚不足以稱爲壓倒性的證實。

我已試著在這本書大致指出，我認爲不同的佛教觀念能爲我們擔保多少信心。但我當然認爲，佛教對人類狀況的評估核心（人們爲什麼受苦、又何以讓他人受苦的基本觀點，以及更廣泛來說，是關於心智如何運作，以及我們如何能改變心智運作方式的某些基本面向概念），能擔保我們獲得足夠的信心，以獲得「眞實」賦予它的標籤。

好的，話不多說，以下就是佛教的一些「眞相／眞理」：

一、人類經常無法看清這個世界，這會導致他們受苦，也使其他人受苦。這種對世界的錯誤理解代價高昂，根據不同佛教文本所述，會以不同形式呈現。例如後列所述。

二、人類對達到目標的長久滿足感之期望，常常比實際得到的還要多。做爲天擇的產物，這種幻覺，以及由此而生對永久願望的思維方式，是有道理的（見第一章），但這並不眞的是終身幸福的處方。

三、當生命如常在運行，「苦」（dukkha）就是生命殘酷重現的部分。如果你將苦單純地理解爲「受苦」，而非跟「不滿足」有關的重要元素，這樣的理解較無法彰顯上述事實。包括人類在內的生物，都是透過天擇所設計，目的是讓生物以有利於自身繁衍的方式來應對環境。這意味著牠們在某種程度上幾乎總是警戒地搜索那些會讓牠們不愉快、不舒服、不滿意的事物。而且，「不滿意」顯然至少會涉及些許痛苦，因此把「苦」視爲蘊含著不滿意，能使人們信服——「受苦」是生活中普遍存在的一部分。（見第一、三章。）

四、「苦」的來源就在「四聖諦」之中：「渴愛」（或譯爲「渴」「渴望」或「欲望」），可以在演化的背景下獲得理解。你可能會說，「渴愛」是天擇灌注在動物之中，好讓動物不會從任何東西獲得長期滿足（見第一章）。將「渴愛」視為受苦的根源，在廣泛解釋下更具意義。這不僅是獲得和依附於愉快事物的欲望，也是逃避不愉快事物的渴望（見第十三章）。很顯然的是，如果你移除了會帶來厭惡感受的痛苦，也會除去許多折磨。

五、帶來苦的兩個基本感受，就是「渴愛」的兩面：對事物的執著和厭惡。但我們不需要讓這兩種感受像往常那樣奴役我們。正念靜坐等訓練可以削弱它們施加於我們自己的控制。全然且持久的解脫（也就是涅槃的傳統意義）是否可能達到？對此，人們仍沒有一致的見解。但毫無疑問的是，生命可以因為靜坐練習而獲得改變。重點是要去「強調」，削弱渴望和厭惡對我們的奴役，並不意味著感受會變得麻木，而是意味著可以與這些感受建立不同關係，並且可以選擇是否要全然參與。事實上，這種修正後的關係可以更**強化**某些感受，包括奇蹟、同情和對美的感受。（見第二、五、八、十、十三、十六章。）

六、我們對「自我」的直觀概念，充其量只是誤導。我們傾向於不加批判地把各樣的想法和感受視為「自己的」，納入自己的一部分，但實際上這種對感受的認同並不是必須的。認識到自己可以選擇是否認同感受，並藉由靜坐學習如何削弱這種認同，可以減少受苦。理解天擇將各種感受融入人類心智的原因（見第三章），有助於驗證我們爲何該停止不加批判地接納感受的引導，也能幫我們選擇要承接哪些感受的引導。要行使這種自由裁量權，就要嚴格且務實地實踐佛教著名的「無我」觀念。這是對無我基礎文本提交出的合理解釋，是佛陀在開悟之後的第二場演說。（見第五章。）

七、佛陀在第二次無我論述中，表達了「自我」並不存在的觀點。其更廣泛、更通俗的解釋，就呈現在各種佛教文本之中。一種常見的表現就是：沒有所謂的CEO自我，沒有所謂「行爲的行動者」「思想的思想者」這樣的自我。現代心理學已經大量證實這個觀點，顯示出有意識的自我，對我們行爲所承擔的責任，似乎比我們以爲的還少。許多心理學家，尤其是演化心理學家，都贊同心智的「模組化」模型，這與沒有CEO自我的觀點不謀而合。這個模型有助於解釋在資深靜坐者身上常見的理解：「思想會自行思考。」總而言之，我所謂無我經驗的「內部」版本（也就是質疑你對自己思想和感受的「所有權」，也質疑你通常認定擁有這些東西的「CEO自我」存在），能從實驗心理學以及關於天擇如何塑造心智的盛行觀點中得到驗證。（見第六、七、八章。）

八、我所說的無我經驗「外部」版本（圍繞著自我邊界感的消融，以及錯覺起始點的消融），並沒有像無我經驗「內部」版本那樣，獲得經驗上和理論上的證實。事實上，我認為外部版本在原則上無法像內部版本那樣獲得證實，因為這比較像是形上學的主張，而非心理學的論點（在此，**形上學**是採用主流哲學中的定義，而非超自然的奇異定義）。與此同時，演化生物學對自我提出了一種獨特的意義，也就是自我邊界可以是任意的。這反過來表明：對自我邊界消融的感知，並不會比一般對自我邊界的感知更不準確。（見第十三章和十五章。）

九、拋開我們對自我的一般理解，以及其他替代選項在形上學的有效性，這裡還有關於**道德**有效性的問題。尤其是自我邊界感的消融（可能會搭配無我經驗的「內部」版本，從而削弱了對自私衝動的認同），導致「我的利益」不再明顯優於「他人利益」，這會使一個人更接近道德真理嗎？我認為，演化生物學當給予這個問題肯定的答案。（見第十五章。）

十、根據佛教的「空」之教義，我們認為物體和生命都具有「本質」的直覺，不過是種幻覺。具體而言，這是天擇所設計出的幻覺，以生物在演化上的利益來感知已認定事物的重要性。（見第十、十一章。以達爾文主義來為「空」的概念進行辯護，全然迥異於佛教傳統上的申辯，但這兩者是相容的。）在事物中看到本質，不必然導致自己受苦或是造成他人受苦，但這是有可能的。特別是，以「本質主義」的觀點來看待他人和群體，會使我們想要、甚至故意造成他人受苦（見第十二章）。因此，認識到本質是知覺上的建構而非實相，是有價值的。特別是如果搭配靜坐練習，更會削弱本質感，讓自己得以選擇是否參與其中。老練的靜坐者對事物失去本質感，這樣的情況已頗爲常見（他們提到自己已經頗爲徹底地了解到空或是無色），在我極爲有限的經驗中看來，他們也都是快樂又仁慈的人。（見第十三章。）

十一、前一點提到的本質和本質主義，是更廣泛命題的一個例證，也就是：沒有看清世界，不僅會導致我們受苦，也會導致他人遭受不必要的苦。或者，可以用較積極的方式來說：看清這個世界，不僅可以讓你更快樂，還會更有道德。但這不是**保證**一定得到的結果。一如我們所見，就有非常老練的靜坐者顯然非常快樂，也顯然非常糟糕。儘管如此，使我們受苦的心理動力，以及讓我們惡待他人的心理動力之間，關連十分密切，以至於佛教減輕或終結受苦的處方，往往會使我們更快樂也更善良。由於靜坐無法保證道德上的進步，因此通常會與佛教不斷強調的道德教育相結合。（見第十六章。）

十二、許多佛教教導，包括這裡列出的幾種，都可以歸結爲「對條件的意識」。其中，「條件」可粗略說是原因。正念靜坐會更加關注那些引發我們行爲的事物，去留意知覺如何影響我們的內部狀態，以及某些內部狀態如何導致其他內部狀態和行爲。這種關注包括意識到感受在這些影響鏈中扮演的關鍵角色，也就是天擇所塑造的角色。天擇似乎已經把感受設定爲大腦運作方式的一部分。重要的是，靜坐練習提高了我們對這些影響鏈的認識，也使我們能夠干預並改變影響模式。在很大程度上，這就是佛教的解脫：從先前綑綁我們的影響鏈中逃脫，而且這影響鏈是我們先前看不到的。（見第十四章。）

以上這些就是我主要考慮的因素，希望能夠證明「佛教爲什麼是眞的」。但是，如果你想要知道這個問題最簡單的答案，那就是：

因爲我們是天擇創造出來的動物。在當時手邊科學資源少得可憐的情況下，早期佛教思想家在評斷天擇於大腦中內建的傾向，就展現出驚人的成果。如今，在現代對天擇的理解，以及對天擇創造出的人類大腦理解下，我們可以爲這種評斷，提供新的辯護。

〈附錄二〉術語討論

寫一本關於佛教的書，就要處理許多關於術語的選擇。

首先是梵文和巴利文的問題。通常會用這兩種古代語言擇一表達佛教術語（儘管也有以其他亞洲語言書寫的古代佛教文本），而有些書寫佛教相關著作的作者，從頭到尾只會選擇一種語言。但我不這麼做，原因我稍後解釋。

本書首先以大篇幅談論的佛教重要概念是「無我」，上座部佛教比大乘佛教更強調這個概念。前者以巴利文書寫，所以本書中的「無我」，是選擇巴利文的「anatta」，而非梵文的「anatman」。但本書處理的第二個佛教重要概念「空」，在大乘傳統中獲得更多重視，因此這個術語本書採用梵文「sunyata」來指稱。還有些重要術語在兩大傳統中都獲得顯著重視，但剛好是以梵文形式大行其道，特別是涅槃「nirvana」和佛法

「dharma」（而不是巴利文的「nibbana」和「dhamma」），所以這些術語本書選擇梵文的版本。

然而，若以這個方式來決定使用梵文或巴利文，就得面對邊緣情況，也就是兩大傳統都沒有特別強調的術語。我不會一一詳述我做出每個選擇的理由，免得你覺得乏味。而且在某些情況下，我索性就丟擲銅板來決定。

關於「經」，要用梵文的「sutra」還是巴利文的「sutta」？對於這個問題，我兩種都用，主要取決於所討論的文本跟大乘佛教還是上座部佛教的關係較爲密切。但是這個問題比較不是出現在正文中，而是在注釋。因爲正文中，我傾向使用「論述」一詞。原因之一是，我認爲在某些圈子中，「sutra」一詞意指詩歌或反思，而非論證。總的來說，我所關注的是佛教文本中的論證部分。這些可能不是現代意義上的論證（也就是一一定義所有術語，並清楚說明論證中的每一步驟），而是直接提出心理學或哲學上的命題，然後再給出支持的理由。而這些命題就是本書的核心。

最後，我在書中大量使用了「開悟」一詞。事實上，即便普遍將之譯爲開悟的古代術語，使用「覺醒」會是更精確的翻譯。這個詞是「佛陀」（被喚醒的人）和菩提樹（據說佛陀是在這棵樹下大徹大悟的）此樹名的基礎。由於佛教觀點認爲，我們日常生活所身處的幻想，是某種夢中世界，而我在本書一開始也接受了這個想法，因此覺醒當然會是較具吸引力的翻譯。

然而，儘管這個譯名有隱喻上的適切性，但佛教的覺醒不僅僅涉及到「醒來」，還有眞正的「啓蒙」，也就是通常艱辛地理解到關於這個世界難以捉摸的眞理。恰巧，啓蒙一詞也有另一個相關維度，它標誌著西方對理性分析做出決定性轉變的時代。考慮到這本書對佛教世界觀的論點，或至少是其自然主義的部分，以那個時代發出的哲學和科學的光芒來看，用啓蒙一詞來指稱開悟，是很有道理的。

銘謝

禪學老師丹尼爾．印格蘭在他所寫的《掌握佛陀核心教導》一書中，於書名頁標題下方寫著：「相互依存的宇宙／著」。然後，在這行作者身分下方，還有一行較傳統的作者身分：印格蘭本人。這是自己人才看得懂的笑話，在認可下敘述事實：根據佛教哲學，你的勞動成果並不眞的是你勞動的成果，而是多年來多方對你影響的產物——而這些影響如此之多，要一一指認出來是不切實際的期望。

但我會盡我所能。

首先，我要對普林斯頓大學致上深切的感激。在我動筆寫這本書之後不久，就在普林斯頓大學爲大一新生開設了「科學與佛教」的研討課程。我連續兩年，都有幸與一群充滿好奇、勇於挑戰的學生共處一室，他們很樂於協助我釐清並組織這個主題，更讓我對未來益發感到樂觀。

普林斯頓大學還進一步支持我，開發了該課程的線上版本，稱爲「佛學與現代心理學」的在線版本，在Coursera平臺上免費提供課程。這使我得以接觸到成千上萬名學生，他們的精力和好奇心，即使是遠距理解課程內容，都是對我的祝福。而這一切，若沒有Clayton Marsh一直以來的支持，和Shirley Tilghman最初給予的鼓勵，是不可能實現的。除此之外，普林斯頓大學的其他人，還給予我許多重要的幫助，包括：Jeff Himpele、Laura Shaddock、Lisa Jackson、Jim Grassi、Mona Fixdal和Shakuntala Sanyal。

此外，還有Rachel Connor和David Nowakowski，這兩位心理所和哲學所的研究生，不僅是優秀的課堂研究助理，協助準備線上課程，並對本書首稿部分內容提供了意見回饋。

在普林斯頓大學開課之後，我也成了紐約協和神學院的科學與宗教客座教授，並在那裡獲得坦伯頓基金會的慷慨資助。協和神學院是美國靈性史上最重要且最具大公精神的教育機構之一，也是地球上最友善的地方之一。

在這裡，我找到同樣對東方哲學感興趣，且能互相支持的同事，特別是John Thatamanil、Greg Snyder、Chung Hyuh Kyung和Paul Knitter。本書有好幾個章節，得助於我與幾位學生的討論：Andre Daughtry、Guthrie Graves-Fitzsimmons、Kate Newell、Duke Kwadwo Yeboah、Isabel Mares、Julio Torres和Carole Wilkins。這一切都是在協和神學院院長Serene Jones（他創下多項壯舉，其中包括在協和開設了佛教學程），以及副總裁Fred Davie的持續支持下完成。

許多具有相關專業知識的人，也都慷慨同意閱讀部分或全部書稿，並給我意見回饋。我非常感謝Miri Albahari、Stephen Asma、Paul Bloom、Bhikkhu Bodhi、Susan Gelman、Joseph Goldstein和Scott Barry Kaufman。

另有三人還給我全面的回饋：我在第一次禪修營中認識的Josh Summers。Jonathan Gold寫了一本關於佛教哲學家世親菩薩的好書《鋪設偉大的道路》，對我也很有幫助；還有Philip Menchaca，也在協和神學院的各種工作上給予我很大的幫助。（Bhikkhu Bodhi應該獲得二次感謝，因爲他透過Skype和電子郵件，耐心且愉快地向我講解本書使用的一些古代文本，會遭遇的翻譯和解釋問題。）Reid Hoffman和Ben Casnocha親切舉辦的聚會，讓我得以獲得許多對本書有價值的意見。

許多學者、靜坐老師和僧侶與我進行的對話，也惠我良多。除了書中正文所提到的，我還要感謝Shinzen Young、Jay Michaelson、Sharon Street、Kenneth Folk、Daniel

Ingram、Buzzy Teiser、Erik Braun、Vincent Horn、Annabella Pitkin、Dale Wright、David Yaden 和 Miguel Farias。我們大多是在 lifeof.tv 對話，這是由 Aryeh Cohen-Wade、Brian Degenhart、Nikita Petrov、Brenda Talbot 以及前述 Philip Menchaca 所建造和維護的平臺。

我已經在內觀禪修學會進行了為期七週的止語禪修營，那裡的工作人員總是非常樂於幫助和支持他人，可說是佛教的活廣告。我很想一一唱名感謝，但是在止語禪修營中，你無法得知所遇見人們的個人資料。不過，我確實知道內觀禪修學會三位共同創辦人其中兩位的大名：Joseph Goldstein 和 Sharon Salzberg。我也非常感謝他們十五年來與我進行許多深具啓發性的對話。

在出版社 Simon & Schuster，我的編輯 Priscilla Painton 在我寫作初期就不懈地給予我支持和引導。當我需要她時，她總是能提供幫助（而且我還經常需要她的協助）。Priscilla 的助理 Megan Hogan 以高超的技巧和交際手腕來處理各種問題。這本書的潤稿編輯 Judith Hoover 孜孜不倦地詳讀了整份書稿，並幫我刪減一些頻繁出現的累贅用語，讓文字讀起來更順暢。隨著這本書進入製作階段，我喜好擺弄文字的重擔大多落在 Alex Su 身上，他總是以愉悅的態度來處理，這為本書帶來了莫大幫助。我還要感謝出版社的

Cary Goldstein、Nicole McArdle、Richard Rhorer、Alison Forner、Erin Reback，以及Jon Karp。我的經紀人Rafe Sagalyn也在書籍的構思到出版過程中，再次給了我很好的引導。

言歸正傳，我要感謝我的狗，Frazier和Milo，牠們出現在我上述提到的線上課程「辦公時間」影片中，並在我需要時撫慰了我。我的兩位自行車友John McPhee和Steve Kruse，幫助我把思緒從書上移開，但有時也說了一些對這本書很有幫助的話。我的兩個女兒Margaret和Eleanor在我的寫作生涯中，對我一直很寬容，並且在她們成長過程階段，一直提供跟寫作有關和無關的可靠回饋來源。而且，她們真的很棒。（如果開悟意味著我不再能從她們身上看到令人驚奇的女兒本質，那麼我很高興我還沒有開悟！）

最後，最重要的是，我要感謝我的妻子Lisa，她讀了這本書每一個字，而且不止一次，因此本書所有的錯漏都由她負責。哈，開玩笑的。但實際上，她確實是這本書誕生的原因，由於她提供的意見，本書有許多地方都變得更清楚，也更好。三十多年來，沒有任何事情比Lisa讀完我寫的東西，並告訴我不需要再修改，更讓我感到欣慰了——儘管我深知，她的特點就是心地格外善良。

Eurasian Publishing Group
圓神出版事業機構
用心與你對話・視野無限寬廣
究竟出版社
Athena Press
www.booklife.com.tw
reader@mail.eurasian.com.tw
心理 045

令人神往的靜坐開悟：
普林斯頓大受歡迎的佛學與現代心理學

作　　者／羅伯・賴特（Robert Wright）
譯　　者／宋宜真
發 行 人／簡志忠
出 版 者／究竟出版社股份有限公司
地　　址／臺北市南京東路四段50號6樓之1
電　　話／（02）2579-6600・2579-8800・2570-3939
傳　　真／（02）2579-0338・2577-3220・2570-3636
總 編 輯／陳秋月
主　　編／賴良珠
責任編輯／蔡緯蓉
校　　對／蔡忠穎・蔡緯蓉
美術編輯／林韋伶
行銷企畫／詹怡慧・陳禹伶
印務統籌／劉鳳剛・高榮祥
監　　印／高榮祥
排　　版／杜易蓉
經 銷 商／叩應股份有限公司
郵撥帳號／18707239
法律顧問／圓神出版事業機構法律顧問　蕭雄淋律師
印　　刷／祥峯印刷廠
2018年12月　初版
2024年8月　13刷

定價 380 元　ISBN 978-986-137-263-1

在靜坐冥想中，在上一個思想停止之後，下一個思想尚未冒出頭之前，
在這樣的時刻裡，會出現一種內在的沉默、
一種心裡不再聒噪的狀態、一種當下一刻的清新。
理想上，我們可以讓精神停留在這種內在清明而單純的一刻。
經過靜坐冥想的操練，我們可以在塞車時、在吵雜的地鐵中，都保持內心的沉默。

——馬修·李卡德，《三個朋友的人生智慧大哉問》

國家圖書館出版品預行編目資料

令人神往的靜坐開悟：普林斯頓大受歡迎的佛學與現代心理學／羅伯·賴特（Robert Wright）著；宋宜真 譯. -- 初版 -- 臺北市：究竟，2018.12
400面；14.8×20.8公分 --（心理；45）
譯自：Why Buddhism is true : the science and philosophy of meditation and enlightenment
ISBN 978-986-137-263-1（平裝）

1. 佛教心理學 2. 靜坐

220.14 107017829